폭주하는 남성성

폭주하는 남성성

폭력과 가해, 격분과 괴롭힘, 임계점을 넘은 해로운 남성성들의 등장

초판 1쇄 펴낸날 2025년 7월 15일
초판 2쇄 펴낸날 2025년 9월 5일

기획 한국성폭력상담소
지은이 권김현영 김효정 유호정
　　　　 이리에 이우창 이한
　　　　 추지현 황유나
펴낸이 이건복
펴낸곳 도서출판 동녘

편집 김현정 김혜윤 이심지 이정신 이지원 홍주은
디자인 김태호
마케팅 임세현
관리 서숙희 이주원

만든 사람들
편집 김유라 홍주은　**디자인** 김태호

인쇄·제본 영신사　**라미네이팅** 북웨어　**종이** 한서지업사

등록 제311-1980-01호 1980년 3월 25일
주소 (10881) 경기도 파주시 회동길 77-26
전화 영업 031-955-3000 편집 031-955-3005 **팩스** 031-955-3009
홈페이지 www.dongnyok.com　**전자우편** editor@dongnyok.com
페이스북·인스타그램 @dongnyokpub

ISBN 978-89-7297-163-4 (03330)

- 잘못 만들어진 책은 구입처에서 바꿔 드립니다.
- 책값은 뒤표지에 쓰여 있습니다.

폭력과 가해, 격분과 괴롭힘,
임계점을 넘은 해로운 남성성들의 등장

동녘

한국성폭력상담소 기획

권김현영　김효정　유호정　이리예
이우창　이한　추지현　황유나　지음

추천의 글

"폭주하는 남성성의 시대는 끝났다."

12.3 내란 이후 광장에 등장한 외침은 지금, 여기 정치적 권력의 성격을 날카롭게 겨누는 페미니스트 선언이었다. 윤석열은 2022년 대통령 선거에서 '이대남'들의 피해의식을 자극하며 '석열이 형' 이미지를 팔아 표를 결집했다. 주요 전략은 청년 여성과 페미니즘 공격. 이 캠페인의 설계자는 한국형 대안 우파의 대표 주자 이준석이었다. 여성을 도구화하고 짓밟음으로써 구성되는 '폭주하는 남성성'에 대한 비판이 탄핵 광장에 등장한 이유다.

이후 치러진 조기 대선에서 20~30대 남성의 다수는 김문수와 이준석에게 표를 던졌다. 무슨 일이 벌어진 것일까? 우리는 이 문제를 이번 대선에만 국한하여 볼 것이 아니라 더 깊고 넓은, 역사적이고 구조적인 관점에서 접근해야 한다. 그래서 이 책의 출간이 반갑다. 이 책의 저자들은 웹하드 카르텔, n번방, 사이버레커의 사이버불링, 딥페이크 등을 비롯해 이번 대선까지 이어진, 더 이상 외면할 수 없는 성별화된 폭력의 구조를 집요하게 추적한다.

여성혐오와 성폭력이 어떤 메커니즘을 경유해 돈이 되고 표가 되는지, 이 구조가 어떻게 유구한 여성혐오 문화에 뿌리내린 채 청년 남성들과 뜨거운 화학작용을 일으키는지, 거기서 미디어는 어떤 역할을 하는지 등을 이해하고자 하는 모든 이들에게 일독을 권한다.

손희정 문화비평가·경희대학교 비교문화연구소 학술연구교수

'구조적 성차별은 없으니 남자를 잠재적 가해자로 취급 말라'는 주장을 한국 사회는 단칼에 끊지 못했다. 성폭력의 사회적 이유를 외면한 공동체의 민낯을, 이 책은 여덟 저자의 시선으로 묵직하게 드러낸다. 단어 하나로 페미니스트를 식별하는 마녀 사냥꾼과 손가락을 '남성혐오'와 연결하는 음모론자를 마주할 때 필요한 논리와 통계를 명쾌히 제시한다. 20~30대 여성들이 비상계엄에 항의하며 어렵게 연 공론장의 틈을 무엇으로 채워야 사회가 진보하는지를 이 책은 생생하게 풀어낸다. '젠더 갈등'의 덫을 넘어 불편한 진실을 정면으로 마주하려는 이들에게 강력히 권한다.

오찬호 사회학자·작가

일러두기

1. 본문에 언급된 단행본, 신문, 잡지 등은 겹화살괄호(《 》)를, 단편, 기사, 논문, 법률, TV 프로그램 등은 홑화살괄호(〈 〉)를 사용해 표기했다.
2. 인용문 내에 들어간 지은이의 부연은 대괄호([ ])를 사용해 표기했다.
3. 본문에서 인명, 지명 등 고유명사의 외래어는 관행상 굳어진 표기를 제외하고는 국립국어원의 외래어 표기법 및 용례를 따랐다.

들어가는 글

우리의 질문은 흉기 난동 사건에서 출발했다. 세간에서는 '묻지마 범죄'라 불리었고, 경찰은 '이상 동기'라고 명명한 그런 사건들 말이다. 2016년 강남역 살인 사건 이후 페미니스트들은 여성혐오 범죄를 더 이상 '묻지마'라 부르지 말라고 목소리를 높였다. 그런데 2023년 여름의 흉기 난동 사건들은 뭔가 좀 달랐다. 신림역과 서현역, 서울 지하철 2호선, 광명역 등에서 일어난 이 사건들은 남성이 흉기를 사용했지만, 성폭력을 하지도 여성을 대상으로 범행하지도 않았다. 하지만 연속적으로 살인을 예고하고, 건물을 부수고, 사람을 해친 이들이 모두 남성이었다는 점은 무엇을 의미할까? 흉기 난동 사건을 일으킨 남성들은 우리 사회에 뿌리내린 성폭력, 성차별, 혐오 발화와 어떠한 관련이 있는 걸까? 반성폭력운동을 하는 우리들은 그 상관관계를 찾고자 노력했다.[1]

그런 상황에서도 여성혐오 범죄는 계속되었다. 흉기 난동 사건이 문제가 되던 시기에 의왕 엘리베이터 강간상해 사건과 서울 관악산 생태공원 강간살인 사건이 일어났다. 2023년 11월에는 진주 편의점 숏컷 여성 폭행 사건이 벌어졌다. 일면식도 없는 여성을 대상으로 범죄를 저지른 가해자들은 범행의 동기를 "성관계가 하고 싶었기 때문에"라고 말하거나 "(피해 여성의) 머리가 짧은 걸 보니 페미니스트라서"라고 밝혔다. 언론과 수사기관은 이 폭력들의 구조적인 원인을 살피는 대신, 이 사건들을 여타 강력 범죄와 비슷하게 취급했다. 그 연장선에서 정부는 번화가에 장갑차를 배치하고, 범죄자들의 신상을 공개하며 '강력'한 대응을 하는 중이라 주장했다. 익숙한 어이없음과 분노가 밀려왔다.

익숙한 일들은 그뿐만이 아니었다. 페미니스트들이 오랫동안 '친밀한 관계 내 폭력'이라고 불렀던 사건들도 끊임없이 발생했다. 흉기 난동 사건의 보도 경향 때문인지 혹은 마침내 우리 사회가 친밀한 관계 내 젠더폭력 문제를 심각하게 인식했기 때문인지는 모르겠으나, 체감상 더 많은 사건이 '교제 폭력'이라는 이름을 달고 언론에 등장했다. 2024년, 여성가족부는 하나도 새로울 것 없는 이 폭력을 '신종 범죄'로 규정해 공공부문 폭력 예방 대상으로 선정했다. 이 신종 범죄에는 딥페이크 성폭력도 포함됐다. 이는 신종 범죄라는 명칭이 무색하게 그 가담자가 22만 명에 이른다는 사실이 밝혀져 우리 사회를 큰 충격에 빠뜨렸다. 하지만 우리는 이미 그 전조를 보고 있었다.[2] 딥페이크 기술은 새로울지라도 불법촬영물 유포와 텔레그램 성착취와 같은 기술 매개 성폭력의 역사는 유구하고 만연했으며, 이에 제대로 대응할 수 있는 제도와 문화 개선은 늘 미흡했다.

이토록 켜켜이 쌓여 있는 폭력을 어떻게 설명할지 망설이며 우리는 영미권의 '인셀' 담론과 온라인 극우주의 문화전쟁에 대한 책을 읽고, 미투 운동을 둘러싼 담론, 안티페미니즘 정서를 중심으로 한 남성성 규범, 강남역 10번 출구 이후 여성혐오와 페미니즘 논의를 탐구했다. 그리고 지금 우리가 마주한 '여성혐오 기반의 유해한 남성성'을 설명할 수 있는 페미니스트 언어를 함께 만들고자 노력했다. 그리하여 찾아낸 표현이 바로 '폭주하는 남성성'이었다. 우리 사회는 분명 남성의 폭력과 가해, 격노, 괴롭힘을 제어하는 데 실패하고 있으며, 그런 지점에서 해로운 남성성들이 폭주한다고 말할 수 있다. 이 남성성들의 폭주는 서로 연관되어 있고 상보적이기도 하다. 이상 동기 범죄, 여성혐오 테러, 친밀한 관계 내 폭력, '정의'를 말하며 착취로 돈을 버는 사이버레커, 딥페이크 성폭력의 남성 공모, 자신의 루저됨을 안티페미니즘 '운동'으로 추동하는 일군의 사람들과 이들에게 구애하는 정치권, 그리고 12.3 내란 이후 가시화된 극우 남성성까지. 서로 전혀 다른 것처럼 이야기되던 일들이 모두 남성성과 남성문화와 분

들어가는 글

명히 관련되어 있었다.

　이 책은 '폭주하는 남성성'이라는 개념을 주창하려는 것이 아니다. 여러 필자들이 기술하고 분석하는 남성성들의 폭주는 각기 다른 모습으로 작동하며, 사회와 관계를 맺는 방식도 다르다. 너도 나도 루저임을 자처하며 서로 연민하는 남초 커뮤니티의 남성성과 한 나라의 수장이었던 윤석열의 독재적 남성성이 분명 다른 것처럼 말이다. 이 책의 목표는 해석의 언어를 만드는 것이다. '폭주하는 남성성'이라는 구호를 통해 일상의 젠더기반폭력을 둘러싼 역동을 살피고, 온라인 커뮤니티와 제도 정치에서 남성 집단이 행하는 결속과 배제, 착취의 역학을 설명한다.

　이 작업은 지금 우리 사회의 폭력, 차별, 혐오의 폭주에 대한 지형도를 그리는 작업이기도 하다. 모든 지도가 세계의 모습을 알기 위해 만들어졌듯 이 책 역시 폭주하는 남성성들의 사건과 현상이 어떻게 연결되어 사회를 구성하고 있는지 가늠할 수 있는 자료가 될 것이다. 이 작업은 폭력들을 나열함으로써 그저 '이만큼 세상이 험악하다'는 공포와 불안을 자극하고 무력감을 느끼게 하려는 것이 아니다. 이 책의 목표는 폭주하는 여러 사건과 현상들을 남성성이란 해석 틀로 살펴보고, 현실을 바꿔나갈 수 있는 분석의 토대를 제공하는 것이다. 우리는 서로 다른 것처럼 보이는 이 모든 현상들을 관통하는 언어를 제안하며, 그를 통해 더 많은 논쟁을 만들고, 최종적으로 더 나은 세상을 만들길 희망한다.

  우리가 '폭주하는 남성성'을 생각해낸 뒤 말하기 시작했을 때, 가장 많이 받은 오해는 이 조어가 남성에게 내재한 해로운 특성을 가리키는 게 아니냐는 것이었다. 물론, "남성성과 남자 사이에 본질적인 관계를 가정하지 않"기란 어려운 일이다.[3] 하지만 이 책의 1장에서 추지현이 명확히 밝히듯, 남성성이란 개념은 남성 집단 일반의 특성이나 경향성을 뜻하지 않는다. 남성성은 여성성을 평가 절하하며 구성되는 비대칭적인 개념이며, 단일하지 않고 늘 복수의 것으로 존재한다.[4] 우리가 '남성성들'에 주목하는 이유는 사회가 어떤 방식으로 정상성을 구축하는지를 살펴볼 수 있기 때문이다. 그렇기에 이 책은 결국 젠더에 대해 이야기하는 기획이기도 하다. 젠더란 남성과 여성의 관계에 대해 문화와 사회가 구성한 지식과 권력관계를 의미화하는 방식을 뜻하며,[5] 성에 따라 의미를 다르게 부여하는 사회문화적 구조를 의미한다.[6] 젠더는 인종이나 계급과 같이 사회를 조직하는 구조이고 체제다. 다시 말해, 우리 사회의 폭주하는 남성성들을 살펴보는 이 책은 사회의 권력관계와 체제를 해석하고 결국에는 균열과 변화의 가능성을 찾아낼 수 있게 한다.

이 책은 우선 익숙한 폭력 사건들을 남성성이라는 해석 틀로 새롭게 바라보는 것에서 시작한다. 1장은 '폭주하는 남성성들'이라는 언어로 우리가 맞닥뜨린 현실을 어떻게 분석할 수 있는지에 대한 나침반 같은 글이다. 이 장을 쓴 추지현은 남성성 연구란 무엇인지 개괄하며, '폭력의 연속선'이라는 관점에서 남성들의 흉기 난동 사건에 어떻게 젠더가 작동하는지 분석한다. 남성성들이 젠더 질서를 재생산하기 위해 배치되는 방식은 사회구조의 문제이기도 하지만, 개인의 삶에 구체적으로 체현되는 일이기도 하다. 이 글은 개인과 구조와 정치를 넘나들며 폭력을 넘어 공존으로 나아갈 과제까지 탐색한다.

2장을 쓴 김효정은 친밀한 관계 내 여성폭력 사건들의 언론 보도 방식과 법률 및 정책 담론을 통해, 이 폭력에 대응하기 위한 개입과 예방, 보호조치가 왜 계속 미끄러지고 실패하는지 톺아본다. 그러기 위해서는 먼저 친밀한 관계 내 여성폭력이 남성들에게 가지는 의미가 무엇인지 살펴볼 필요가 있다. 가장 일상적인 영역에서 가장 극단적인 형태로 남성성을 표출하며 권력관계를 확인하는 이 폭력에 제대로 대응하려면 젠더 관점이 필요하다. 결론적으로 이 글은 '구조적 성차별'이 우리 사회에 명백히 존재하고 있음을 논증한다.

이제 몸을 온라인 공간으로 돌려보자. 오늘날 우리 사회는 온라인과 오프라인의 경계가 흐릿해진 지 오래다. 온라인에서 일어나는 폭력들은 오프라인에도 영향을 미치며, 오프라인의 사건들도 온라인에서 다시 조립되어 새로운 얼굴을 가지고 또 다른 영향력을 행사한다. 3장은 2024년 여름, 한국 사회를 강타한 딥페이크 성착취물 대량 제작 및 유포 사건을 다룬다. 남성 페미니스트이자 남성 청소년 성교육 활동가인 이한은 디지털 성폭력, 특히 딥페이크 성폭력 사건이 가부장적 남성연대의 문제라는 점을 짚어낸다. 겹치는 지인 여성을 함께 '능욕'하며 자신의 남성됨을 다른 남성에게서 승인받고자 한 이 폭력의 순간들이 일상의 어떤 영역에 스며들어 있는지 교육 현장에서 관찰한 언어를 통해 이해의 단초를 제시한다.

4장에서 유호정은 반성폭력 활동가로서 밀양 성폭력 사건 신상 공개 논란을 마주하며 정의를 구현하겠노라 나선 사이버레커의 모순을 지적한다. 얼핏 여성폭력 반대의 최전선에 서 있는 듯한 사이버레커들이 사실 성폭력을 콘텐츠 소재로 활용한다는 점을 세세히 설명하는 이 글은 주목 경제 시대의 '정의'가 무엇인지 돌아보게 한다. 동시에 '성폭력 엄벌주의'가 구조적 해결을 도모하지 못한다는 점을 논증하며, 젠더폭력의 피해자 중심 해결을 촉구한다.

5장을 쓴 황유나는 '불법'적인 한국 디지털 성폭력의 폭력적인 남성성이 '합법' 시장에서 어떻게 길들여지는지에 주목하며 벗방을 분석한다. 폭력을 거래로 전환한 덕분에 벗방의 남성 문화는 '문제적인 것'에서 벗어날 수 있는 변호 수단을 획득했다. 그렇기에 벗방을 둘러싼 구조가 무엇인지 알기 위해서는 합법과 불법의 이분법에서 벗어나, 벗방의 남성중심성과 젠더 권력관계를 질문하는 방식이 되어야 한다.

일상에서의 폭력과 온라인 공간의 혐오는 개인의 행위로만 경험되지 않는다. 그렇기 때문에 정치의 영역에서 폭주하는 유해한 남성성이 어떻게 다루어지는지 살펴볼 필요가 있다. 6장에서 이우창은 청년 남성 집단에서 안티페미니즘이 횡행하는 이유를 찾기 위해, 온라인 커뮤니티상의 구체적인 안티페미니스트 실천을 분석한다. 이 글은 페미니즘 리부트 이후 대중화된 한국 페미니즘 운동의 전략에서 영감을 받은 안티페미니스트들이 각계각층의 인물에게 페미니스트라고 '낙인'을 찍는 문화 전쟁을 벌이며 정치적 효능감을 얻던 과정을 자세히 기술한다. 그리고 '안티페미니스트 부족'이 되어 버린 청년 남성들이 '안산 선수는 페미다'라는 논쟁에서 참담히 실패하고, 사회에서 스스로의 자리를 찾지 못하며 '음모론적 남성성'을 형성하고 강화하는 현상을 비판적으로 조명한다.

7장을 쓴 이리예는 이러한 청년 남성들의 정서에 정치가 어떻게 공모했는지 '짤방'이라는 문법을 통해 관찰한다. 2022년 윤석열 대통령 후보가 페이스북에 올린 '여성가족부 폐지'라고 적힌 한 장의 이미지가 어떻게 청년 남성층의 지지율이 되어 돌아왔는지 분석하기 위해, 이 글은 2000년대 각종 '○○녀' 짤방의 유행으로 거슬러 올라간다. 짤방의 목적은 설파하는 주장이 진실되고 타당한지를 분별하는 것이 아니라 이미지에 깃든 정서에 공감하는 것이다. 정치인들이 남성화된 온라인 커뮤니티의 짤방 문법에 기대어 청년 남성의 울분과 피해 정서를 ⑷생산하는 이 시기, 우리 사회에 진정으로 필요한 것이 무엇인지 이 글을 읽으며 함께 질문할 수 있다.

8장에서 권김현영은 2024년 12월 3일의 실패한 계엄이 어떻게 청년 남성을 대상으로 한 극우 대중 동원에 성공할 수 있었는지를 질문한다. 이 글은 극우 유튜브와 SNS, 온라인 커뮤니티를 면밀히 관찰하며 2030 남성 집단 안에서 극우의 의미가 안티페미니즘을 중심으로 커졌다는 점을 짚어낸다. 극우 청년들이 '온라인의 사념체'에서 벗어나 서부지법 폭동을 감행하는 '계산'을 할 수 있게 한 조건은 무엇일까? 유해한 남성성의 폭주와 타자를 절멸하려는 욕구, 극우의 대중화 사이의 연결고리를 조밀하게 엮어내는 통찰은 극우의 조건을 탐색함과 동시에 극우의 시대를 끝낼 방안을 제시한다.

더불어 각 장의 말미에는 필자들이 꼽은 '더 찾아볼 자료'가 수록되어 있다. 이 책을 읽고 제시된 자료까지 찾아본다면 각각의 장면과 현상을 더 폭넓게 해석할 수 있을 것이다. 서로 다른 영역에서 활동하는 페미니스트들이 이 책을 읽고 각자의 공간으로 돌아가 더 깊은 논의를 나눌 수 있다면 더할 나위 없이 기쁠 것이다.

이 책을 계획하던 와중 2024년 12월 3일, 윤석열이 불법 계엄을 선포했다. '구조적 성차별은 없다'고 말하며 여성가족부 폐지를 공약했던 대통령이었다. 그는 여성 대상 폭력에 대응한다는 명목으로 번화가에 장갑차를 배치한 인물이기도 했다. 계엄 다음 날, 한국성폭력상담소와 동료 페미니스트들은 '폭주하는 남성성의 시대는 끝났다'는 피켓을 들고 거리를 걸었다. 남성들의 흉기 난동, 22만 명의 디지털 성폭력 가해자들과 온/오프라인을 아우르던 여성혐오 문화, 그리고 안티페미니스트 정치가 한 문장으로 엮이는 순간이었다. 불법 계엄, 반민주주의, 폭주하는 남성성의 시대에 맞서는 싸움을 하면서 우리는 이 책을 '폭주하는 남성성의 시대는 끝났다'는 구호가 현실화될 즈음에, 정확히는 윤석열 대통령의 퇴진 이후 발간하기로 했다.

안티페미니스트 정치인의 말로에 맞춰 짧은 기간 안에 책을 발간하기 위해 모든 저자들이 마음을 다하여 촘촘한 글을 써주셨다. 동녘 출판사의 홍주은 편집자는 '폭주하는 남성성'이란 구호를 중심으로 단행본을 만드는 것의 의의를 처음 발견하고 출간을 제안한 사람이다. 그의 제의가 없었더라면 이 내용들을 책으로 만든다는 생각은 하지 못했을 것이다. 한국성폭력상담소 단행본 기획팀 활동가들도 성폭력 상담과 피해자 지원과 집회 기획을 하는 도중에 함께 책의 취지를 검토하고 원고 내용을 살피는 등 많은 노력을 쏟아부었다. 한국

성폭력상담소 성문화운동팀 자문위원들도 이 책의 개념과 목표를 다지는 데에 도움을 주었다. 흔쾌히 이 책을 위해 원고를 보태주신 저자들과 책의 출간까지 많은 도움을 주신 모든 분께 이 자리를 빌려 다시금 감사의 말씀을 드린다.

'가장 개인적인 것이 가장 정치적인 것'이란 페미니즘의 통찰처럼 이 책은 개인과 정치의 영역을 분리하지 않고 아우르며 '여성'에 대한 구조적 폭력을 살피고 젠더 체제를 해체하는 실마리를 제공하고자 한다. 이 실마리를 통해 폭력을 끊어내는 변화의 가능성이 열리길 바란다. 연대와 환대가 늘어나길 바란다. 그리고 모두 함께 존엄하고 평등한 사회를 만들어갈 수 있기를 바란다.

저자들과 한국성폭력상담소 단행본 기획팀을 대표하여
2025년 7월, 류수민

차례

들어가는 글　　　　　　　　　　　　　　　7

1장　**폭력의 연속선과 남성성 '들'**　　　　21
　　　추지현

2장　**가장 일상적인 폭력,**　　　　　　　　53
　　　친밀한 관계 내 여성폭력
　　　김효정

3장　**어떤 남자들과 딥페이크 성폭력**　　　79
　　　이한

4장　**사이버레커와 여성폭력 사건들**　　113
　　　정의 구현에 활용된 성폭력
　　　유호정

| 5장 | '벗방' 시장의 탄생 | 143 |
| | 황유나 | |

| 6장 | 안티페미니즘 전략의 형성에서 음모론적 남성성의 등장까지 | 173 |
| | 이우창 | |

| 7장 | 짤의 시대, 안티페미니즘으로 공모하는 루저 남성 정서와 정치 언어 | 203 |
| | 이리예 | |

8장	윤석열은 어떻게 극우 청년들의 우상이 되었나	243
	12.3 비상계엄에서 1.19 백색테러까지	
	권김현영	

| 주 | | 276 |

1장 폭력의 연속선과 남성성'들'

추지현

서울대학교 사회학과 부교수

명명의 정치를 넘어, 젠더와 폭력의 관계 묻기

―

2023년 7월 21일, 지하철 2호선 신림역 4번 출구 인근 골목 어귀에서 34세 남성이 흉기를 휘둘러 남성 한 명을 살해하고 세 명에게 중상을 입혔다. 같은 해 8월 3일에는 22세 남성이 성남시 분당구 서현동 쇼핑몰에 차를 몰고 돌진한 뒤 그곳의 사람들에게 칼을 휘둘렀다. 이 사건으로 한 명이 숨지고 열세 명이 상해를 입었다. 그 보름 후인 8월 17일에는 30세 남성이 관악산 등산로에서 지나가던 여성에게 강간을 시도하고 살해했다. 언론은 이를 '흉기 난동 범죄'라 명명했고, 대통령과 서울시는 '묻지마 범죄'로 통칭하며 치안 강화를 대책으로 내놓았다.[1] 온라인 커뮤니티에는 이를 모방해 여성을 포함한 불특정인에 대한 살인을 예고하는 글들이 올라왔다. 이때 여성들은

2016년 '강남역 살인 사건'을 페미사이드라 주장했을 때와 마찬가지로 '묻지마 범죄'라는 명명이 여성들의 공포와 불안을 비가시화한다고 비판하며, 성차별의 (무)의식적 근간인 여성혐오 misogyny가 여성을 피해자로 만들고 있는 상황에 문제를 제기했다. '묻지마 범죄'와 '흉기 난동 범죄'를 대신해 '이상 동기 범죄'라는 명명이 등장하고 있던 2023년 8월 11일, 검찰은 신림역 인근에서 여성 스무 명을 살해하겠다는 글을 인터넷에 올린 20대 남성을 살인예비죄로 기소했다. 그리고 해당 사건이 "불행한 자신의 처지가 여성들 때문이라는 혐오심이 폭발해" 발생한 것이라며 여성혐오가 범행의 동기가 되었음을 인정하기도 했다.[2]

어떤 사건이나 사태에 이름을 붙임으로써 불평등한 젠더 관계를 정치화하는 것은 중요하다. 다만 이 글이 주목하는 것은 당시 여성혐오 범죄에 대한 논의가 여성 대상 폭력과 그 예고에만 국한되었고, 신림동 및 서현역 사건을 통해서는 촉발되지 못했다는 점이다. 주지하다시피 남성, 이성애, 이원 젠더 중심인 현행의 젠더 관계가 원인인 젠더기반폭력 gender-based violence(이하 '젠더폭력')은 젠더 불평등을 고착화하는 성차별의 하나로서 그 피해자는 여성에 국한되지 않는다. 그럼에도 불구하고 젠더폭력 피해자의 다수가 여성인 현실을 드러내기 위해 등장한 것이 여성에 대한 폭력 violence against women(이하 '여성폭력')이라는 개념이다.* 그런데 이 개념은 피해에 대한 여성의 취약성에 주목하게 만들지만 가해자, 즉 남성의 폭력 행사가 촉진되는 일련의 과정과 젠더의 작동 방식에 문제를 제기하거나 환기를 이끌어내지 못한다는 비판을 받기도 한다. 피해자가 여성에 국한되지 않았던 신림역, 서현역 사건에 있어서도 마찬가지였다. 여성폭력이든 '이상 동기 범죄'든 명명의 정치에서 누락된 젠더와 폭력의 관계를 묻는 것이 필요한 이유다.

이 글에서는 피해자가 아닌 가해자, 그리고 가해자 개인이 아닌 그의 구체적 행위 맥락으로 시선을 돌리고자 폭력의 연속선continuums 관점에서 남성성'들'을 살펴보려 한다. 40여 년 전, 영국의 페미니스트 사회학자인 리즈 켈리Liz Kelly는 성폭력의 연속선에 대한 이해를 요청한 바 있다.[3] 오늘날의 여성폭력에 가까운 당시 성폭력sexual violence에 켈리가 연속선이라는 은유를 가져온 이유는 두 가지다.

첫째, 강간, 아내 구타, 스토킹처럼 법적으로 명시된 범죄 행위와 친밀한 관계에서 일상적으로 행해지는 그 밖의 행위들이 이를 경험하는 여성에게는 명확히 구분되기 어렵다는

---

* 1993년 제18차 UN총회에서 채택된 〈여성차별철폐협약〉에서는 여성에 대한 폭력을 "젠더에 기반한 폭력행위 내지 그러한 행위를 하겠다는 협박, 강제, 임의적인 자유의 박탈로서, 그로 인해 공사 모든 영역에서 여성에게 신체적·성적·심리적 침해나 괴로움을 주거나 줄 수 있는 행위(제1조)"로 정의하고, 그것이 남녀 간의 불평등한 힘의 관계와 여성의 종속적 지위를 고착화하고 여성의 인권과 기본적 자유를 침해한다는 점을 짚었다.

점이다. 이성애 관계에서 동의와 압력, 강제는 연속선상에 놓여 있고 그 각각을 분리해 사고할 경우 이질적 형태로 여겨지는 폭력들이 서로의 맥락이 된다는 사실을 놓치기 쉽다. 둘째, 이렇게 서로 맥락을 형성한 폭력들이 젠더 불평등한 현실에서 한 개인의 생애 전반에 걸쳐 반복된다는 점이다. 예컨대 아버지의 학대를 피해 가출한 소녀는 거리 생활을 통해 만난 남성에게 의존하다 성매매 강요나 성폭력, 파트너의 강압적 통제를 경험하기도 한다. 연속선으로 성폭력을 이해해야 한다는 켈리의 주장은 다양한 형태의 폭력'들'과 그 밖의 여성들이 경험하는 이성애를 나란히 둠으로써 폭력과 일상 사이에 무엇이 놓여 있고 그것들이 서로 어떻게 연결되어 있는지를 살피려는 시도다. 이러한 연속선의 사고는 이성애 로맨스와 결혼이 강간, 포르노그래피처럼 여성을 통제하는 수단과 다를 바 없다는 주장, 즉 유사성 혹은 동일성의 사고와는 다르다. 예컨대 디지털 성폭력과 일본군 '위안부'가 경험한 전시 강간을 연속선 관점에서 사고한다면 각 피해의 해악과 발생 메커니즘이 동일하다거나 여성폭력으로서 다를 바 없다는 단순한 주장으로 미끄러지지 않는다. 일본군 '위안부', 한국군 '위안부', 기지촌의 성매매, 군대 내 성폭력, 디지털 성폭력, 이 각각의 사이에 무엇이 놓여 있어 공통점과 차이점을 만들어내는지를 묻고, 이를 통해 군사주의, 제국주의, 디지털 자본주의, 호모포비아 등 여성에 대한 폭력을 촉진하거나 맥락을 형성하는 젠더화된 사회·정치·문화적 조건의 구체적 형태를 식별하고 개입하려 한다.

페미니스트 미디어 연구자 캐런 보일Karen Boyle은 다양한 형태의 폭력과 일상이 불가분하게 얽혀 폭력의 맥락을 형성한다는 켈리의 논의가 여전히 유용함을 주장한다. 그리고 여성폭력을 둘러싼 오늘날의 담론들이 남성의 책임을 조명하기보다 여성의 취약성을 드러내는 것에 집중하는 한계, 즉 폭력 발생의 맥락에 대한 구체적인 젠더 분석이 이뤄지지 못하고 있는 현실을 지적하며 연속선의 사고를 여성의 경험이 아닌 남성들의 구체적 실천에 적용하기를 제안한다.[4] 예컨대 관악산 등산로에서 발생한 강간살인과 신림역, 서현역에서 발생한 사건이 그저 '흉기 난동 범죄' 혹은 개인의 정신병리가 원인이라 일축하는 것을 넘어 이 남성들의 폭력 사이에 무엇이 놓여 있고 그것들이 어떻게 서로의 맥락을 형성하는지 보자는 말이다.

**주변화된 남성성과
폭력의 정당화 자원이 된 피해자성**

보일의 제안을 따라 2023년의 위 사건들로부터 다시 논의를 시작해보자. 언론 보도에 따르면, 신림역 사건의 가해자는 '자신도 불행하니 다른 사람들 역시 불행하게 만들고 싶었다'고 말했다. 나아가 가해자는 평소 자신보다 외모, 경제력 등이 나은 또래 남성들에게 열등감을 느끼며 남성으로서 매력이 없는 자기 처지를 불행의 원인으로 인식해왔다.[5] 서현역 사건의 가해자는 조현병에 따른 스토킹 피해망상으로 범행을 저질렀다고 알려져 있다. 이 사건 판결문에 따르면, 그는 학교 생활에 적응하지 못해 고등학교를 자퇴할 무렵 불안장애 진단을 받았다. 성인이 되어 병무용 진단을 위한 종합 심리검사에서 조현성 성격장애 진단을 받은 이후에는 스스로 치료를 중단하고 은둔 생활을 하면서 남초 커뮤니티인 '디시인사이드'에서 활발히 활동하기 시작했다. 그리고 해당 커뮤니티에 "인생이 망한게 애비충 때문인 이유" 등의 글을 게시하며 또래와의 관계 맺기에 실패하고 원하던 학력과 학벌을 성취하지 못한 자신의 상황에 열패감을 표출했다.[6] 한 웹페이지 캡처 사이트에는 그가 전쟁을 옹호하고 자신의 육체적 "군사력", 흉기 및 무력 사용 능력을 과시하며 쓴 글이 여전히 남아 있다. 관악산 등산로에서 여성을 강간살인한 가해자의 경우, 판결문에는 그가 친구도 거의 없을 만큼 내성적이고 조용한 성격으로 고등학교 때는 같은 반 운동부원들에게 수시로 폭행당했고, 군 복무 중에는 탈영을 했다가 현역 부적합 판정을 받아 조기 전역한 것으로 기록돼 있다. 이후 은둔 생활을 하면서 무협이나 판타지 장르의 "성인물" 등을 탐닉하던 그는 여성에 대한 혐오의 감정과 폭력 행사 및 성관계에 대한 상상을 지속해오다 여성에게 강간살인을 시도한 다른 사건을 접하고 범행을 계획했다.[7]

가해자 셋 모두 자신의 주변적 지위에 대한 분노를 그 원인이 된 사회의 부정의나 억압에 대한 저항이 아니라 자신의 고립된 현실을 강조하고 폭력을 정당화하는 자원으로 활용하고 있다. 주목할 것은 그들이 남성 동성사회를 준거집단으로 삼아 외모, 경제력, 군 복무 경력, 여성에 대한 성적 지배 역량을 따져 자신의 지위를 판단했다는 점이다. 즉, 이들의 폭력 행사와 그 배경이 된 생애 과정에는 사회적 관계에서 남성으로서의 의미를 획득하는 실천, 즉 남성성이 놓여 있다.

남성성은 흔히 남성다움이라는 규범이나 남성적인 것이라 여겨지는 여러 특질들의 목록처럼 이해되지만, 무엇이 남성적이고 여성적인지는 본질적으로 구분할 수 없다. 젠더는 반복된 실천의 산물이기 때문이다. 남성성 역시 젠더를 체현하는 구체적 실천을 포착하는 개념으로서 함의를 가져왔다. 생물학적 남성이 행한 모든 실천이 남성성으로 평가되지 않고 여성의 남성성 역시 존재하듯이, 특정한 실천이 자기 혹은 타인에 의해 '남성으로서의' 실천으로 의미를 획득하는 과정에는 젠더 규범으로 환원되지 않는 욕망과 몸의 경험, 사회적 관계, 그것들의 변화와 경합 등이 작동한다. 그래서 일찍이 남성성을 개념화한 페미니스트 사회학자 래원 코넬Raewyn

Connell은 남성 집단의 행동 특성을 규명하는 것이 아니라 구체적 실천들이 어떻게 현행의 남성 그리고 이성애 중심적인 젠더 관계를 만드는 데 기여하는가를 질문했고, 남성성이라는 실천이 젠더 관계에서 배치되는 형태를 드러내고자 헤게모니적 남성성hegemonic masculinity, 종속적 남성성subordinate masculinity, 주변화된 남성성marginalized masculinity, 공모적 남성성complicit masculinity을 분류하고 그 관계를 설명한 바 있다.*

헤게모니란 동의에 의한 지배를 뜻하는 개념으로, 헤게모니적 남성성은 젠더 관계의 패턴, 즉 이성애, 남성중심적 젠더 질서를 정당화하고 유지하는 데 널리 수용되는 실천을 말한다. 많은 사람들은 물리적 힘, 강인함, 지배, 통제, 위험 감수 등의 속성을 중심으로 이 헤게모니적 남성성을 이해한다. 하지만 남성성은 그런 속성 자체가 아니라 구체적 실천이기에 실천의 맥락에 따라 사회적으로 달리 받아들여진다. 예컨대 여성을 죽이고 강간하는 남성의 행위는 헤게모니적으로 수용되지 않는다. 여성을 포함한 시민들을 향한 물리력 행사는 범죄로 간주되는 반면, 그들에 대한 보호를 표방한 소방관, 경찰, 군인의 물리력 행사는 바람직한 남성의 행위로 평가받는다. 심지어 경제적, 군사적 통제력을 장악한 권력자로 이해

---

* 이 헤게모니적 남성성은 상징적으로 '여성적'이라 여겨지는 것들을 구성적 타자로 삼는데, 코넬은 이때 남성적인 것에서 추방된 남성성을 종속적 남성성이라 명명했다.

되는 대통령의 물리력 행사조차도 그 정당성이 더 이상 수용되지 않는다면 헤게모니적 남성성이라 할 수 없다. 즉, 남성성은 그것이 가져오는 효과와 행위자의 지위, 맥락 속에서 해석되어야 하는 구체적 '실천'이다.

그런데 헤게모니적 남성성은 문화적 이상에 가깝고 그 실현을 위한 제도적 권력이 있을 때나 출현 가능하며 실제로 헤게모니적 패턴을 엄격히 실천하는 남성들은 거의 없다. 하지만 많은 남성들은 헤게모니적 남성성에서 이득, '가부장적 배당금'을 얻는다. 코넬은 이렇게 젠더 불평등에서 수동적으로 이익을 얻는 실천들을 공모적 남성성으로 분류했다. 또한 젠더는 늘 계급, 인종 등 다른 사회구조와 교차하면서 만들어진다. 그로 인한 주변적 지위가 맥락이 된 실천을 코넬은 주변화된 남성성이라 명명했다.[8] '초남성성', '부드러운 남성성', '유해한 남성성', '폭주하는 남성성', '식민지 남성성', '하이브리드 남성성' 등 변화하는 남성성의 특성와 맥락을 더 적확히 묘사하려는 명명들이 이후 등장했다. 하지만 코넬의 분류는 바로 그 남성성이 여성과의 관계는 물론 또 다른 남성성과 어떠한 관계를 맺어 젠더 질서를 만들어내는지, 그 효과에 기여하는 방식을 중심으로 제시되었으며, 이는 전자의 것들과 완전히 배치되는 것도 아니다.

코넬의 남성성 분류 중에서도 그간 폭력의 하위문화에 대한 많은 연구들이 주목해온 것은 주변화된 남성성이다. 헤게모니적 남성성을 실현할 수단이나 사회적 인정이 부재한 상황, 즉 권력을 얻을 수 있는 실질적 자원이 부재한 상황에서 남성으로서 권력을 주장하기 위해 폭력이 빈번하게 발생하기 때문이다. 그때 폭력은 가해자가 스스로 위험을 감수하고 금기를 위반했다는 것을 과시할 수 있는 수단이 된다. 예컨대 관악산 등산로 강간살인 사건의 가해자는 범행 전부터 "용기 있는 자가 미녀를 차지한다", "인간은 기회를 잡아야 해"라는 메모를 작성한 것으로 알려졌다. 극단적 친일 성향을 보였던 서현역 사건의 가해자는 일본 기업의 투자를 받아 빅테크 기업 창설 및 프로그램 개발을 꿈꾸기도 했다. 그들이 희구하거나 강조한 바와 같이 '미녀'와 결혼할 수 있을 만큼 남성으로서 능력을 갖추거나 경제적 성공을 위해 도전하는 것은 오늘날 헤게모니적 남성성의 척도 중 하나로 작동하고 있지만, 제한된 계층적 지위와 사회자본 때문에 그들이 사용할 수 있는 수단은 강간과 살인 같은 폭력뿐이었다.

이러한 주변화된 남성성은 김길태, 유영철, 정남규 등과 함께 한국 사회에 '사이코패스' 논의를 대중화시킨 사건 중 하나인 오원춘 사건에서 적나라하게 드러난다. 그는 2012년 수원에서 귀갓길 여성을 납치해 살해하고 사체를 훼손해 사형이 선고됐다. 판결문에 적시된 내용에 따르면, 그는 가족을 부양하며 더 많은 돈을 벌기 위해 한국으로 온 조선족이고, 노동 현장에서 만난 동료들의 소개로 성매매를 처음 접했다.

조선족이라는 이유로 받는 차별과 멸시가 지속되자 평소 버려진 쓰레기를 주워 생활할 정도로 절약하던 그는 성매매에 돈을 쏟아부으며 이를 용이하게 만들 스마트폰까지 구입했다. 이주 노동자라는 한국 사회의 주변적 지위에서 자신의 지위를 회복할 수단은 성매매와 강간으로 여성을 통제하는 것, 자신의 남성 정체성을 확인하는 것이었다. 법원의 심리분석관은 오원춘이 그렇게 '지배당해 마땅한 것'으로 여긴 여성조차 자신을 무시할지 모른다는 불안이 컸다는 점을 짚으며 '여성에 대한 열등감'이 범행의 배경이라고 진단했다.

주변화된 남성성은 여성은 물론 유사한 지위의 남성에 대한 폭력 행사로 나타나기도 한다. 재판 기록상에는 어릴 적 왜소한 체격이었던 오원춘이 또래 남성들의 폭력을 경험한 적 있고, 성인이 되어 신체적으로 성장한 뒤 그 남성들을 다시 만났을 때 폭력을 행사해 응징했다는 점이 적혀 있다.[9] 어린 시절 자신을 괴롭혔던 남성들에게 휘두른 폭력이나 이후의 강간살인 모두 남성적 지위를 회복하고 확인하려 했던 실천의 연속이었다. 이와 같은 사례들을 통해 남성들의 범죄가 여성폭력이 아니더라도 남성성 수행의 산물이라는 점을 이해할 수 있다. 페미니스트 범죄학자들이 범죄를 행한다는 것 doing crime이 곧 젠더 수행 doing gender이라는 주장을 제기해온 이유다.[10] 또한 조선족 하층 계층 남성으로서 오원춘의 강간살인은 그 범죄성을 중국인과 연결시키는 데 기여했을 뿐 해당 집단의 지위 향상에 영향을 끼치지도 못했다. 즉, 그의 범행은 헤게모니적 남성성에서 낙수효과를 얻지도 못하는, '사이코패스'라는 개인의 문제로 진단되었을 뿐이다.

**인셀 문화와
젠더 테러리즘**

———

세 사건 사이에는 가해자들뿐만 아니라 폭력의 맥락을 만들어내는 또 다른 남성들의 실천 역시 존재했다. 수사 기록에 따르면, 관악산 등산로 사건의 가해자는 '부산 서면 돌려차기 사건'으로 알려진 강간살인미수 사건은 물론 '동거녀 살인'이나 무장 탈영 군인의 총기 난사 사건 등 또 다른 남성들이 폭력을 실천한 '성공' 사례를 검색하며 범행을 감행했다. 신림역과 서현역 사건 가해자들은 디시인사이드의 여러 갤러리를 통해 남성으로서의 열패감을 드러내고 인정받았다. 그리고 2023년, 이 세 '흉기 난동 범죄' 이후 그곳에서는 다수의 '살인 예고글'들이 등장했다. 신림역 사건이 발생한 7월 21일부터 약 한 달간 '모방 범죄'를 예고하는 글이 게시된 것은 469건,[11] 사건 발생 보름여 만에 경찰이 협박죄 혐의로 검거한 인원은 46명에 달했다.[12] "다들 행복하게 사는데… 칼 들고 나갈거다"라는 신림역 사건 가해자의 발언은 커뮤니티 이용자들이 수능 성적, 연애, 경제력 등 자신의 '망한 인생'을 표현하는 밈meme이 되었고, 커뮤니티 내에서 이것을 집단적으로 공유하는 것이 놀이가 되었다. 즉, 글의 게시와 이용자들의 반응을 통해 열패감을 공유하는 하위문화가 폭력에 우호적인 맥락을 만들어낸 것이다. 이미 2023년의 '흉기 난동 범죄' 연쇄에 앞서 그곳에서는 자조적인 '모쏠아다(평생 연애와 성관계 경험이 없는 사람을 비하하는 표현)'의 서사가 등장했다. 자신을 페미니즘의 피해자로 의미화하고 여성에 대한 폭력을 정당화하는 한편, 여기에 동참하지 않는 남성들을 무력한 '베타 남성'으로 규정하면서 조롱했다.

  이성애 관계에서의 연애, 결혼, 취업 등 기존의 남성다움에 대한 정상성 트랙을 이행하기 어려워진 신자유주의 시대의 남성들이 자신의 주변성을 변화하는 젠더 관계에 따른 피해자로서 호소하고, 여성 및 성소수자에 대한 폭력을 정당화하려는 양상은 국내외에서 지속적으로 진단되어왔다. 이러한 하위문화의 성격은 흔히 '인셀' 문화로 지칭된다. 인셀incel, involuntary celibate은 비자발적 독신주의자로서, 통상 자신을 이성애 관계에서 매력이 없다고 정의하고 그러한 자신의 상황을 여성혐오로 귀인시키는 이들을 일컫는다. 인셀은 자신을 신체적, 성격적, 사회적 지위에 성적 매력이 없어 헤게모니적 남성성을 증명하는 데 어려움을 가진 '실패한 남성'으로 인식하는 동시에 성소수자 혹은 여성에 대한 폭력을 정당화하면

서 가부장적 젠더 질서 유지에 기여한다.[13]

　신림역, 서현역 가해자는 이 인셀 문화를 통해 자기 인식을 심화해갔다. 그러므로 해당 사건 이후 등장한 커뮤니티 이용자들의 '살인 예고'는 단순히 모방 범죄 실행에 대한 선언에 그치는 것이 아니라 여성혐오에 근간한 남성성의 전시, 나아가 불특정 다수에 대한 폭력의 맥락으로 이해할 필요가 있다. 즉, 디시인사이드의 여러 갤러리에 등장한 '살인 예고글'은 남성으로서의 피해의식을 집합적으로 공유하고 폭력에 우호적인 맥락을 형성했다는 점에서 특정 가해자들의 폭력 행사와 연속선상에 있는 것이다. 물론 남성으로서의 열패감을 바탕으로 웃음과 공감을 만들어내는 것이 놀이의 수준을 넘어설 때, 예컨대 범행의 장소나 대상, 방법 등 구체적 실행 계획이 언급될 때에는 커뮤니티 이용자들 사이에서도 "개걸배이 같은 놈", "사회에 하등 도움 안되는 놈"과 같은 조롱과 비하가 이어지기도 했다. 이런 조롱과 비하는 '묻지마 범죄'가 실익 없이 무용하고 한심한 행위일 뿐이라며 폭력을 행사하려는 남성들과 거리를 두려는 태도이기도 했지만, 한편으로는 범죄를 감행할 능력 없이 허세만 부리는 모습을 비난하는 의도도 담겨 있었던 바, 이는 오히려 그것이 허세가 아님을 증명하려는 남성들의 범행을 추동하는 것이기도 했다.

　이와 같이 남성으로서의 폭력 행사를 정당화 혹은 조롱하는 글들은 특정한 범행을 직접적으로 선동한다거나 그 범행과 직접적인 인과관계가 있다고 보기는 어렵다. 폭력의 원인이라기보다는 그것에 우호적인 맥락을 형성하는 데 그치기 때문이다. 이처럼 통상 법적 추론에서 상정되는 직접적인 인과관계 중심의 사고를 넘어 폭력의 젠더화된 맥락을 문제화하기 위해 '젠더기반 테러리즘gender-based violence', '확률적 젠더폭력stochastic gender-based violence' 등의 개념이 등장했다.[14] 일반적으로 테러리즘은 정치적 목적에서 조직적, 집단적으로 특정 집단에 폭력을 가하거나 이를 수단으로 지배하려는 태도를 말한다. 이때의 '정치적 목적'은 국가 안보에 한정해 논의되어온 탓에 폭력이 집단적으로 발생하더라도 여성이나 성소수자가 대상일 땐 정치성이 부정되었다. 이와 같이 기존의 테러리즘이 가진 한계를 넘어서기 위해 등장한 개념이 '젠더기반 테러리즘'인데, 젠더를 이유로 불특정인을 표적으로 삼는 테러를 의미한다.[15] 그런데 오늘날 이러한 젠더기반 테러리즘의 집단성은 명시적이고 조직적인 폭력 선동에 대한 목적 공유나 이를 수행하기 위한 조직 체계 없이 이뤄지는 경향이 강하다. 앞서 살펴본 '살인 예고' 글들과 마찬가지로 디지털 플랫폼상 개인들의 상호작용을 통해 합리화되고 조장되는 경우가 많기 때문이다. 이러한 성격을 드러내기 위해 '확률적'이라는 표현이 부연되는데, 폭력 행사에 대한 직접적인 교사가 없더라도 그 실행에 우호적인 적대감을 표출하거나 지지함으로써 폭력이 실현될 가능성을 높인다는 것을 의미한다.[16] 주변적 지위에 대한 남성으로서의 열패감을 여성이나 그 밖의 불특정 다수를 향한 폭력 행사로 이끄는 디지털 문화의 재생산은 외관상 고립된 개인들의 개별화된 실천을 통해 이뤄지는 듯 보이지만, 그것의 네트워크가 폭력 실행의 가능성을 높이고 있다.

 이러한 관점에서 볼 때, 불특정 다수에 대한 '살인 예고'나 인셀 정체성으로 여성과 성소수자에 대한 폭력 행사를 독려해온 온라인 커뮤니티는 더 이상 단순한 개인들의 집합이 아니라 남성으로서의 폭력 행사를 부추기고 정당화하는 체계적인 공간으로 기능하고 있다. 2023년 발생한 일련의 '묻지마 범죄' 역시 심리적, 정신적 문제로 인해 고립된 생활을 해온 개인들의 실천이 아니라 많은 지지자와 추종자를 가진 조직적 산물이라 할 수 있다. '루저' 및 인셀 문화를 공유하면서 살인을 예고하는 행위와 실제 범죄 실행 사이의 연속선은 여성혐오가 그저 가해자 개인의 범행 동기로 일축될 수 없다는 것, 주변화된 남성성의 네트워크를 통해 구조적으로 재생산된다는 것을 보여준다.

 2019년 캐나다 안보정보국(CSIS)은 테러리즘의 사유로 여성혐오를 포괄하기 시작했다. 그리고 2023년, 캐나다 온타리오주 토론토 경찰청은 한 17세 남성이 마사지 스파에서 근무하는 여성을 살해하고 스파 주인에게 상해를 입힌 사건에 대해 가해자의 행위가 인셀 커뮤니티에서 영감을 받은 사실을 근거로 테러 활동에 의한 1급 살인과 살인미수로 혐의로 기소했다.[17] 온라인 커뮤니티 기반의 테러를 인정한 이 사례는 여성폭력과 주변화된 남성성의 '묻지마 범죄'를 연속선의 관점에서 바라볼 수 있도록 해준다.

헤게모니적 남성성과
젠더 질서의 재생산

한국 사회에서 폭력은 법률에 따른 행위 양태로 구분되고 가해자 개인의 일탈과 병리로 이해되는 경향이 강하다. 특정한 사건을 여성혐오에 의한 살인femicide이라 명명하더라도 이때의 여성혐오를 가해자 개인의 혐오hatred라는 감정으로만 이해하는 것도 마찬가지다. 세 사건의 가해자들이 경험한 폭력 피해, 왜소한 몸과 경제력 부재, 군인으로서의 자격 박탈이 왜 남성으로서의 열등감과 좌절로 연결돼야만 하는지, 남성 동성사회성은 학교, 노동, 온라인 커뮤니티, 군대라는 장에서 어떠한 방식으로 지속되고 있는지를 묻고 그것을 변화시키는 것이 곧 성차별 구조의 근간으로서의 여성혐오를 문제화하고 폭력을 예방하는 과정이다. 이런 지점에서 주목해야 하는 것은 물질적, 상징적 자원을 가진 헤게모니적 남성성이 어떻게 이 과정을 방기하고 있는지다.

앞서 언급한 바와 같이 헤게모니는 완벽한 통제를 의미하지 않으며 그 형태 역시 사회 변동과 함께 변화하고 있다. 예컨대 돌봄은 전통적인 근대의 남성성에서는 폄하되거나 간과된 요소이지만 오늘날에는 그것들을 배제하고 부정하기보다 포섭하고 협상하는 혼종성을 보인다.[18] 또한 개인의 성취 역량을 강조하는 신자유주의 사회에서 헤게모니적 남성성은 폭력 행사나 타인에 대한 지배 등 전통적 성역할 규범에 따른 실천보다는 자기 계발을 통한 경쟁과 도전 등 젠더 중립적 외양의 기업가적 모습을 띠기도 한다.[19] 헤게모니적 남성성이 남성중심적 젠더 질서를 정당화하고 유지하는 데 널리 수용되는 실천이라 할 때, 오늘날 그 모습은 '묻지마 범죄'나 '흉기 난동 범죄'를 저지르기보다는 이를 단죄하고 사회정의 구현을 표방하면서 이득을 얻는 지식인이나 정치인의 대응이다.

2023년 8월, 당시 윤석열 대통령은 서현역 사건을 테러라 칭하면서 경찰력을 총동원해 초강경 대응을 지시했다. 경찰청은 이른바 범죄예방환경설계(CPTED)라는 신자유주의적 범죄 예방법을 대책으로 제시하고 기동대, 특공대, 장갑차 배치 등 물리적 감시를 강화해 범행 기회를 차단하려 했다. 이는 범행 '기회' 차단에 집중해 오히려 불안을 증폭하고 위험 회피의 책임을 개인에게 지우는 접근이라 비판받아온 정책의 반복이었다. 법무부는 가석방 없는 종신형을 신설하는 형법 개정안을 입법 예고했고, 국무총리는 중증 정신질환자에 대한 치료 및 집중 관리를 위한 사법입원제 도입 방안을 검토하라 지시했으며, 법무부 장관은 전국 4개 교정 기관에 사형 집행 시설 점검을 명령했다. 모두 폭력으로 치닫는 주변화된 남성성에 대한 초강경 대응을 표방하지만, 그 남성성의 등장 과정을 살피거나 대안적 남성성을 모색하는 것과는 무관한 해법이다. 서현역 사건 이후로도 '묻지마 범죄'가 이어진 것과 같이, 더 강력한 처벌과 물리력 행사는 예방 효과를 가져오지도 못했다. 심지어 이처럼 합법적이되 폭력 수단을 동원한 범죄 억제는 폭력을 더욱 심화시킬 수 있다. 디시인사이드의 '살인 예고' 글에 대한 댓글들이 범죄를 감행할 역량이 없는 허세를 조롱했던 점이나 폭력성의 과시가 범행의 맥락이 된 점을 고려하면, 강력한 처벌과 감시는 오히려 그를 무릅쓸 수 있는 남성성을 보여주기에 매력적인 조건으로 작동할 수 있기 때문이다. 예컨대 법과 질서를 명분으로 재소자에 대한 강력한 물리력 행사를 중시하는 교도소의 교정 활동은 정작 재소자 남성의 폭력성 교화에 실패할 수밖에 없다고 평가된다. 남성들 간의 그러한 상호작용이 힘과 공격성의 표출을 오히려 강화하기 때문이다.[20]

이런 상황에서도 젠더를 탈각한 범죄 진단과 대책은 지속되고 있다. 2016년 발생한 '강남역 살인 사건'을 여성혐오 살인으로 프레이밍하려던 페미니스트 움직임과 그 반발로 논쟁이 뜨겁던 당시, 이 사건의 성격을 규정한 것은 경찰청 심리분석관이었다. 그는 그 사건이 그저 "정신분열"이 원인일 뿐이며 여성혐오에 의한 범행이 아니라고 발표했다.[21] 또한 당시 법원의 촉탁을 받은 정신 감정인은 가해자가 "여성을 폄하하는 것이 아니라 남성을 무서워하는 경향"이 있었을 뿐이라고 말했다.[22] 이것은 남성성들의 관계 속에서 여성에 대한 폭력이 추동되고 있음을 보여주는 것이기도 했다. 하지만 젠더 중립적 외양의 지식과 언설을 통해 사건의 성격을 진단하고 규정한 이들은 이후 전문가의 권위를 바탕으로 폭력을 콘텐츠화해 소비하는 예능 프로그램이 한국에서 대중화되는 데 기여했다. 이를 통해 가해자 비난과 응보의 감정을 점철시키고 범죄 예방과 정의 구현, 사회적 약자에 대한 온정적 보호를 표방했지만, 주변화된 남성성과 여성의 종속은 개별 행위자의 일탈과 우연성의 문제로 축소됐다. 정신의학과 임상심리학이 가진 젠더 편향을 개선하고 갱신하지 못한 채 그들이 재생산한 지식과 담론은 더욱 공고해져 갔다. 2023년 세 '흉기 난동' 사건 중 신림역 사건은 경계선 지능과 반사회적 성격장애의 가해자가 무직 상태가 장기화되자 자기 고립에 빠져 분노가 발현된 것으로, 서현역 사건은 조현성 인격장애(분열성 성격장애)를 가진 가해자의 피해망상으로, 관악산 등산로 사건은 자기 조절력과 충동 통제가 저하된 가해자가 "원초적인 욕구와 성관계에 대한 호기심"을 해소하려다 범

행에 이른 것으로 진단됐다.[23]

결국 주변화된 남성성들의 폭력 행사는 여성 보호를 자임하는 헤게모니적 남성성을 지속시키는 데 기여했을 뿐, 바로 그들의 사회적 지위 변경을 끌어내지도 못했다. 오히려 주변화된 남성성은 기왕의 젠더 질서와 자신들의 권력을 유지하려는 헤게모니적 남성성 구축의 도구가 되었다. 2021년 6월, '20대 남성'의 대변인을 자처한 이준석은 페미니즘 때문에 남성이 피해자가 되고 있다는 서사를 이용함으로써 주변화된 남성성에 정당성을 부여하며 보수정당 최초로 30대 원외 당대표로 선출되었다. 그 밖에도 20대 대선 과정에서는 성폭력 사건 무고죄 처벌 강화, 여성가족부 폐지, 여성 징병제 도입 등을 공약으로 내세운 보수정당 후보가 난립했다. 그렇게 대통령에 취임한 윤석열은 2024년 12월, 군대와 경찰 인력을 동원해 폭력으로 '자유대한민국'의 질서를 바로잡겠다는 계엄을 선포했다. 폭력과 범죄는 주변화된 남성성만의 결과물이 아니다. '화이트칼라', '스위트 범죄suite crimes'에 대한 기존 연구들이 보여주듯이, 기업 운영이나 제도 정치의 과정에서 자신들의 사회적 지위와 권한, 전문성을 이용한 헤게모니적 남성성은 횡령이나 뇌물 공여부터 내란, 전쟁과 같은 폭력 행사에 이르기까지 수많은 범죄의 뒤편에 존재해왔다.[24]

그런데 세 사건 가해자에 대한 진단처럼 정신의학적 지식 자체가 필연적으로 젠더의 작동 방식을 간과하는 결과를 가져오는 것은 아니다. 사회구조란 한 사람의 삶에서 구체적 일반성을 띠고 나타날 수밖에 없다는 점을 고려할 때,[25] 무엇이 한 개인의 삶에 고립이나 망상을 야기했는지, 왜 하필 자해나 자살 등이 아닌 타인에 대한 공격성 분출이 나타나는지, 그때 젠더의 작동 방식이 무엇인지 역시 질문할 수 있다. 예컨대 상담학자들은 동일한 정신장애라 하더라도 여성들의 장애에는 그들이 살면서 경험한 성적 피해와 학대가 미친 영향이 두드러진 점을 지적하며 젠더 불평등을 개선할 것을 요구하고 있다.[26] 임상심리학자인 필리스 체슬러Phyllis Chesler도 남성의 정신분열 증상은 공격성, 여성의 증상은 우울 중심으로 상정돼왔지만, 실제 그들이 정신병원 입원 이후 보이는 행동 양태는 그와 정반대였다는 점을 근거로 전통적인 성역할 규범이 정신장애에 따른 공격성 발현의 양상에까지 영향을 미칠 정도로 강력히 작동해왔음을 밝힌다.[27] 그간 한국 사회에서 범죄, 심리, 정신의학 전문가로서의 위상과 자원을 가진 이들이 이러한 지점을 간과해온 것은 분명하다.

헤게모니적 남성성은 합법성과 시민 보호를 표방하며 인셀이나 루저와 같은 주변화된 남성성과 거리를 두고 단죄를 선언하지만 그들의 열패감과 페미니즘에 대한 적대를 묵인, 조장, 활용하며 현행 젠더 질서를 유지했다. '흉기 난동 범죄'를 포함한 여러 위험에서 여성을 보호의 대상으로 삼고, 그 주체를 남성으로 호명하며, 성소수자의 삶을 문제화하지 않는 방식으로 현행의 이성애 및 남성 중심적인 젠더 지배를 영속화해 경제적, 도덕적 이득을 얻었다. 국가 예산 활용의 경제적 효율성을 명분으로 여성폭력 피해자 지원을 축소한 것이 보여주듯 그들의 여성 '보호'는 시혜적이었고, 여성 경찰관 채용 확대를 반대한 것처럼 여성을 보호의 주체가 아닌 대상으로만 정박시켰다.

이런 방치와 방관이 또 다른 폭력의 맥락을 구성한다는 것은 관악산 등산로 사건으로 여실히 드러난다. 가해자는 앞서 언급한 바와 같이 부산 서면 돌려차기 사건을 모방했다고 진술했다.[28] 이 사건은 2022년 5월 귀갓길 여성을 폭행하여 실신시킨 후 강간한 사건이다. 당시 경찰과 검찰은 피해자가 진술을 할 수 없는 혼수상태라는 점을 들어 성폭력에 대한 적극적인 증거 수집에 나서지 않았다. 피해자 보호를 표방했지만 그것을 이유로 피해자의 진술에만 의존했다. 만일 해당 사건에서 수사기관이 피해자가 아닌 가해자, 가해자 개인의 범행 자체가 아니라 범행 동기를 형성한 맥락을 폭력의 연속선 관점에서 사고했더라면, 그가 청소년기에 또래 남성들과 함께 폭력을 행사하고 여성의 성을 구매하고 헤어진 여자친구를 스토킹한 것, 또 다른 범행으로 인한 수감 중 남성에게 폭력을 행사해온 것이나 성범죄를 키워드로 인터넷 검색을 해왔던 사실에 일찌감치 주목하고 여성에 대한 성적 지배로서 성폭력 혐의의 가능성을 더욱 빠르게 인지할 수 있었을 것이다. 이 사건의 피해자는 2023년 7월 발생한 신림역 사건 현장을 찾아 "아무런 도움이 되지 못해 죄송합니다"라는 메모를 남겼다.[29] 그로부터 20여 일 후 관악산 등산로에서 한 여성이 강간살인을 당했다. 아무런 도움이 되지 않았던 것은 부산 서면 돌려차기 사건이라는 '묻지마 범죄'의 피해자인 여성이 아니라 폭력에 우호적인 남성성이 등장한 맥락에는 눈감되 처벌 강화와 물리력을 통해 예방을 꾀하려 했던 법과 정책의 실행자들이다.

2021년 영국 정부는 피해자를 중심에 둔다는 명분으로 피해자의 진술 확보와 신빙성 입증에만 초점을 맞추며 가해자의 행위 맥락을 규명하는 데는 소홀했던 기존 성폭력 수사 관행의 한계를 인정하고, 후자를 우선하는 것으로 방향을 전환하는 수사 프로그램인 소테리아 작전Operation Soteria을 시행하기 시작했다.[30] 피해자가 아닌 가해자에게 눈을 돌려 남성성과 폭력의 연속선을 파악하고 수사의 단서를 발견하려는 시도가 곧 피해자 보호라는 원칙을 천명한 셈이다.

**어떠한 남성성,
어떠한 효과인가?**
———

폭력을 피해가 아닌 가해의 연속선으로 사고한다는 것은 폭력을 가능하게 만드는 맥락들이 '비폭력적'이라 여겨지는 것들과 어떻게 연결되어 있는지를 묻는 과정이다. 범행에 나선 이들의 뒤편에는 인셀 및 루저 문화를 공유하는 온라인 커뮤니티의 주변화된 남성성과 이 약자 서사를 용인하고 활용하면서도 자신이 가진 전문성과 국가권력을 자의적으로 행사한 헤게모니적 남성성이 있었다. 이러한 헤게모니적 남성성은 제도적 권력이 부재한 이들에게도 '가부장적 배당금'을 제공한다. 예컨대 2004년 밀양에서 발생한 여중생에 대한 집단 성폭력 사건을 두고 불충분한 법적 처벌과 그로 인한 사적 제재의 불가피성을 항변하는 이들은 '정의로운 공익 유튜버'로 나서거나 '딸 가진 아빠'로서 그 활동에 지지를 보냈다. 성폭력 가해자들에 대한 엄단과 정의 실현의 주체로서 남성을 옹립하려는 헤게모니적 남성성은 그것을 실행할 자원이 없는 이들의 공모적 남성성을 가능하게 만든다. 사이버레커가 공익을 표방하며 여성의 성적 정숙함을 강조하는 젠더화된 섹슈얼리티 규준 안에서 활개 치면서 이에 부합하지 않는 여성들의 성적 실천을 '부도덕한' 것이라 비난하는 콘텐츠를 생산하는 양태를 보라.

이러한 남성성'들'의 연결은 얼핏 개별적인 것으로 보이지만, 성차별적 사회질서와 조직의 불평등 레짐regime 형성에 함께 기여한다. 자신의 열패감을 '묻지마 범죄'로 표출하는 이들, 그 열패감을 추동하며 여성과 성소수자에 대한 혐오를 표출하는 이들, 그들을 단죄하려 들되 현행의 젠더 질서에는 눈감는 이들, 이 모든 행위에 적극적으로 나서지 않지만 그 질서에 편승하여 여성에 대한 통제 권한을 행사하는 이들에 이르기까지 각각의 남성성'들'은 여성 및 성소수자를 향한 폭력에 대해 누가, 무엇을, 어떻게 질문할 것인가를 할당하고 결정하는 과정에 영향을 미친다. 젠더폭력이 가해자 개인 혹은 사건 하나의 문제가 아니라 폭력을 용인하고 2차 피해를 가중시키는 문화와 관행, 집단과 조직, 나아가 법치국가의 사법 체계를 통해 완성된다고 설명할 수 있는 이유다.[31]

남성성에 대한 논의는 현행 젠더 관계에서 이득을 얻고 있는 이가 누구인지, 거기서 배제된 이들과 어떻게 함께 구조적 불평등을 문제화할 것인지에 대한 논의로 전환되어야 한다. 많은 페미니스트들은 극단의 폭력으로 치닫는 남성성에 분노하며 그 개인들을 어떻게 설득해 변화시킬 수 있을지, 가능한 것이긴 한지를 질문하다가 좌절한다. 물론 개인의 실천과 반복은 구조를 생산하는 주요한 매개다. 하지만 페미니스트 남성성 분석의 핵심이 구체적 실천과 그 맥락이 구조화되는 방식에 있다는 것을 상기하면 변화를 위한 개입의 지점은 개인에 대한 교육이나 설득을 넘어선다. 특정한 남성들 개개인을 어떻게 변화시킬지에 대한 개별화된 고심보다는 그들의 태도 형성에 영향을 미친 또래 문화의 남성 동성사회성, 어머니에 대한 아버지의 폭력이나 친밀한 관계에서의 강압적 통제, 남초 커뮤니티의 디지털 정동, 능력주의의 모순, 징병제와 정당정치의 언설 등에 문제를 제기하는 것이 나아 보인다. 2023년 일련의 '흉기 난동 사건'은 무차별 테러의 대상에서 남성 역시 자유로울 수 없음을 보여주었다. 그 불안을 이제야 호소하는 이들에게 그간 안전함을 느낄 수 있었던 남성으로서의 위치를 성찰하라고, 여성이 더욱 취약하다고 힐난하는 대신 그간 남성으로서 그들의 안녕은 어떻게 도모될 수 있었는지, 그 방식이 진실로 안녕을 담보했는지, 그리고 여전히 지속 가능하다고 생각하는지를 묻는 게 낫지 않을까?

생물학적 남성의 실천이 가진 한계를 모두 편의적으로 남성성의 문제라 명명하고 문제를 생물학적 성별에서 찾으려는 이른바 '랟펨'의 접근 역시 한계가 있다. 학교와 가정에서 젠더 불평등에 따른 폭력과 차별을 경험한 남성들 중에서는 지배적인 남성다움에 대한 요구, 심지어 폭력을 용인하는 성역할 규범과 젠더 질서에 문제를 제기하며 대안적 남성성을 실천하는 이들도 있다. 왜소한 몸, 여성적인 취향, 아버지나 또래 집단 남성의 폭력 행사가 일상이 된 상황에서도 그로 인해 경험한 분노를 자신의 남성됨을 통해 인정받으려는 것이 아닌 젠더 관계 변혁을 위한 에너지로 전환하는 이들이 있다는 뜻이다. 미국의 페미니스트 벨 훅스bell hooks는 대안적 남성성이 각자의 유약함과 취약함에 대한 인정, 그리고 타인과의 관계 속에서 살 수밖에 없는 인간 존재의 유한함에 대한 이해에서 출발할 수 있음을 강조한다.[32] 우리는 누구나 타자에 의존할 수밖에 없고 그만큼 사회적 관계에 취약한 것은 당연하다. 이런 의존성은 남성성 구축을 위해 부정해야 하거나 부끄러워해야 할 것이 아니라 자신은 물론 타인과의 관계를 갱신할 수 있는 동력, 생성적 힘의 원천이다. 여성에 대한 폭력에 저항해온 반성폭력운동이 여성 억압의 현실을 항변하는 것을 넘어 상호 의존성을 핵심으로 하는 모든 (비)인간 존재의 공생과 평화를 목표로 하고 있는 이유다.

더 찾아볼 자료

허윤, 《남성성의 각본들》, 오월의봄, 2021.

페미니스트의 시각으로 현대문학/문화를 연구해온 허윤이 한국 현대사를 관통하는 주요 대중문화 콘텐츠(소설, 영화, 연극 등)를 '한국의 남성성'이라는 화두 아래 해석한 결과물이다. 이 책은 남성을 '전사-일등 시민-가부장(아버지)'으로 소환하는 보편의 각본이 누구를 배제하며 어떤 지점에서 실패하는지를 보여준다. 그뿐만 아니라 민족국가의 탄생 과정에서 삭제된 비-남성들의 목소리를 복원함으로써 편견과 혐오를 뛰어넘는 다채로운 남성성의 각본들을 제시하고 있다.

벨 훅스, 이경아 옮김, 《모두를 위한 페미니즘》, 문학동네, 2017.

페미니스트이자 사회운동가인 벨 훅스가 쓴 페미니즘 입문서다. 이 책은 페미니즘 운동이 있는 그대로의 자신을 사랑하게끔 돕는, 나아가 우리 모두를 자유롭게 하는 해방 운동임을 보여줌으로써 페미니즘이 여성만을 위한 것이 아니라 '우리 모두를 위한 것'임을 말한다. 남성의 특권을 벗어던지고 페미니즘 정치를 기꺼이 포용한 남성들과 함께, 상호 배려의 관계성이 틀이 되는 사회를 만들어나가자고 제안한다.

2장 가장 일상적인 폭력, 친밀한 관계 내 여성폭력

김효정
한국여성정책연구원
부연구위원

'거제 교제살인 사건', '강남 오피스텔 모녀 살인 사건', '강남역 의대생 교제살인 사건', 그리고 '하남 교제살인 사건'까지, 친밀한 남성 파트너가 지속적으로 휘두른 폭력과 집착의 악순환은 피해자가 사망한 뒤에야 비로소 끝이 났다. 거제 교제살인 사건의 피해자는 생전 경찰에 열한 번이나 가해자의 폭력을 신고했지만 번번이 쌍방 폭행으로 처리되던 중 자택에 무단으로 침입한 가해자에게 심각한 폭행을 당한 이후 사망했다. 강남 오피스텔 살인 사건의 가해자는 자신과 교제 중이던 피해자 여성이 가족의 반대 등을 이유로 이별을 통보하자 피해자와 그 딸까지 흉기로 살해했다. 강남역 의대생 교제살인 사건의 가해자는 여자친구의 헤어지자는 말 때문에 범행을 저질렀다고 말했고, 하남 교제살인 사건의 가해자는 이별을 통보받은 지 여섯 시간이 채 흐르기도 전에 피해자를 유인해 살해했다.

한편 가해자의 죽음으로 마침내 막을 내리는 폭력도 있다. 군산 교제폭력 사건의 피해자는 전 연인이었던 가해자에게 약 5년간 심각한 폭력에 시달렸다. 맞아 죽을지도 모른다는 두려움과 자신을 도와줄 사람이 아무도 없다는 좌절감에 시달리던 피해자는 만취한 가해자가 잠든 사이 집에 불을 냈고 결국 가해자는 전신화상으로 사망했다. 이 사건의 1심 재판부는 피고인이 평소 반복된 폭력에 앙심을 품고 불을 질러 전 연인을 숨지게 한 것으로 판단했고, 폭력의 '피해자'는 그렇게 살인 사건의 '가해자'가 되었다. 모두 친밀한 관계 내 폭력에서 비롯된 살인 사건이지만 수사·사법기관의 판단은 달랐다. 장기간 극심한 폭력을 행사하다 피해자를 살해한 가해자에게는 살인의 고의가 없다고 판단해 폭행치사나 상해치사로 처리한 반면, 오랫동안 폭력에 시달려 생명의 위협을 느낀 끝에 가해자를 죽음에 이르게 한 피해자에게는 살인의 고의가 있다고 보아 살인죄를 적용한 것이다. 이렇듯 여성폭력 피해에 대한 수사·사법기관의 몰이해는 지금도 여전히 되풀이되고 있다. 친밀한 관계 내 폭력 피해자를 위한 적극적인 개입이나 보호조치가 이루어지지 못한 채, 피해자가 죽음에 이르러서야 폭력이 끝나는 이 악순환은 왜 이다지도 공고한가. 이러한 현실을 바꾸기 위한 노력은 어떻게 이루어져야 하는가. 이 글은 이러한 문제의식에서 출발한다.

가장 일상적이고
만연한 폭력

―――

앞서 언급한 살인 사건 가해자들의 범행 동기는 모두 동일하다. 친밀한 파트너 관계의 여성에게 결별을 통보받은 가해자는 피해자의 요구를 받아들이지 못했고, 피해자를 자신의 영향력하에 가두어두기 위해 폭행, 협박, 감시 등 다양한 유형의 폭력을 행사했다. 그럼에도 피해자를 자신에게 종속시키고자 하는 의지가 좌절되거나 좌절될 것으로 예상될 때, 가해자는 자신의 통제권을 회복하고 피해자를 완전히 지배하기 위한 가장 극단적이고 일방적인 방식으로서 피해자를 살해했다. '헤어지자고 해서', '이별을 통보해서' 친밀한 관계의 남성 파트너에게 살해당하는 사건이 잇따르면서, 어느새 우리 사회에서는 '안전이별'이라는 신조어가 통용되기에 이르렀다. 폭행, 협박, 스토킹 등의 피해를 입지 않고 파트너와 안전하게 이별하기 위한 다양한 방법들이 여성 커뮤니티를 중심으로 공유되고 있는 것이 우리의 현실이다. 이는 친밀한 관계에서 발생하는 여성폭력에 대한 국가와 사회의 미흡한 대응을 개인의 노력으로 극복하려는 여성들의 고군분투를 보여준다.

  친밀한 관계 내 여성폭력을 적극적으로 예방하고 대응하기 위해서는 현황과 실태 파악이 선행되어야 한다. 그러나 지금까지도 한국 사회에는 친밀한 관계에서 발생하는 여성폭력 및 여성살해의 현황과 실태를 구체적으로 파악할 수 있는 공식 통계가 부재하다. 범죄의 발생 양상을 확인할 수 있는 대표적 자료 중 하나인 대검찰청의 《범죄분석》을 살펴보면, 2023년 발생한 총 살인 범죄 건수는 801건으로 기록되는데, 가해자와 피해자의 관계는 친족관계인 경우가 34.4퍼센트로 가장 많았고, 다음으로 타인(22.1퍼센트), 이웃/지인(18.0퍼센트), 애인(11.0퍼센트) 등의 순으로 나타난다.[1] 젠더기반폭력의 대표적인 유형은 친밀한 파트너 폭력이므로, 친족관계에서 발생한 살인 범죄 중 배우자가 가해자인 비중은 상당히 클 것으로 예상된다.[2] 그러나 오랫동안 범죄 통계에서 가해자와 피해자의 관계에 배우자 항목 없이 동거친족 또는 기타친족으로만 입력하도록 되어 있어, 배우자 사이에서 발생한 폭력에 대한 정확한 파악이나 분석이 불가능했다.[3]

여성 대상 폭력 범죄에 대한 공식적인 통계가 구축돼야 한다는 필요성이 지속적으로 제기됨에 따라 경찰은 2023년에 처음으로 가해자와 피해자의 관계 분류 기준에 전·현 배우자, 사실혼, 전 애인 등을 추가하고 동거 및 기타 친족 항목을 세분화한 통계를 집계했다. 경찰에 따르면, 2023년 전체 살인 범죄 약 4건 중 1건(778건 중 192건)은 배우자 또는 파트너를 대상으로 한 살인 사건으로, 가족·친인척 살인 중 40퍼센트는 배우자 살인이고, 가족 외 아는 사람에 의한 살인의 약 20퍼센트는 교제 관계 관련 살인이었다.[4] 그러나 전체 살인 범죄에 대한 성별이 분리되어 있을 뿐 피/가해자의 관계별 성별 통계(어떤 성별의 가해자가 어떤 성별의 피해자를 살해했는지)는 발표하지 않아 친밀한 관계 내 여성폭력 피해와 여성 살인 범죄의 구체적인 규모는 여전히 파악할 수 없다.[5] 성별에 따른 불평등한 상황과 차이를 실증적으로 파악하고 분석하기 위한 첫걸음은 성별 통계의 구축인데, 가장 중요한 성별 구분을 뺀 반쪽짜리 통계인 셈이다.

친밀한 관계의 남성 파트너에게서 발생한 여성폭력 피해에 대한 공식적인 통계의 빈자리를 메꾸는 것은 현장 여성단체들의 노력이다. 한국여성의전화는 2009년부터 매년 《분노의 게이지: 언론보도를 통해 본 친밀한 관계의 남성 파트너에 의한 여성살해 분석》 보고서를 발표해왔다.[6] 가장 최근 자료에 따르면, 2024년 한 해 동안 남편이나 애인 등 친밀한 관계의 남성에게 살해된 여성은 최소 181명, 살인미수 등으로 살아남은 여성은 최소 374명으로 나타났다. 자녀, 부모, 친구 등 주변인 피해자 수를 포함하면 그 수는 최소 650명에 이른다. 이는 1년 동안 최소 13.5시간마다 1명의 여성 또는 그 주변인이 남편이나 애인 등 친밀한 관계의 남성 파트너에게 살해되거나 살해될 위험에 처해 있다는 사실을 보여주며, 여성폭력 피해가 우리 사회에 얼마나 만연해 있는지를 증명한다. 심지어 이 통계는 언론에 보도된 최소한의 수치를 바탕으로 작성한 것이다. 언론에 보도되지 않은 사건을 포함하면 친밀한 관계의 남성 파트너에게 살해당하거나 살해될 위험에 처한 여성과 그 주변인의 수는 이보다 훨씬 많아진다.

통계에 따른 살인 사건 발생의 성별 격차는 명확하다. 전 세계적으로 살인 사건 피해자의 성비는 여성과 남성의 비율이 약 1:4로 남성 피해자 수가 여성에 비해 4배 정도 높지만, 사건의 가해자와 피해자 사이를 친밀한 파트너로 한정하면 살해당한 피해자의 성비는 4:1로 역전된다.[7] 남성 피해자는 마약, 강도, 조직폭력 등 강력범죄의 과정에서 살해되는 경우가 많은 데 비해, 여성들은 남편이나 애인 등 친밀한 관계의 남성 파트너에게 살해되는 비율이 압도적으로 높다. 친밀한 관계는 기본적이고 일상적인 삶의 양태 중 하나로, 이 관계에 속한 모든 이들의 안전과 자유는 보장되어야 한다. 그러나 여성들에게 그러한 일상적인 관계는 자신과 주변인의 목숨을 앗아갈 수도 있는 가장 위험한 관계가 되고 있다. 2024년 여성폭력 실태조사 결과에 따르면, 우리나라의 성인 여성 약 5명 중 1명은 친밀한 파트너에게서 폭력 피해를 경험한 적이 있으며, 여성폭력 피해 유경험자의 절반 이상이 친밀한 관계의 파트너로부터 피해를 겪은 것으로 나타났다.[8] 이런 결과는 친밀한 남성 파트너가 여성들에게 가장 위험한 존재가 되고 있는 우리 사회의 현실을 여실히 보여준다.

조종, 고립, 통제:
친밀한 관계 내 여성폭력의 특성

친밀한 관계 내 여성폭력 피해자들은 심각한 폭력과 공포를 경험하면서도 적극적으로 신고하지 못하는 경우가 많다. 이에 대해 세간에는 피해자가 가해자를 너무 사랑하기 때문이라거나 신고할 만큼 피해가 심각하지 않았기 때문이라거나 피해자에게도 일부 책임이 있을 거라는 잘못된 통념과 고정관념이 널리 퍼져 있다. 그러나 가해자와 피해자가 적대 관계이거나 전혀 모르는 사이가 아니라 친밀한 관계인 만큼 그 사이에서 발생하는 폭력은 그 위험성이 과소평가되는 경우가 많다. 또한 가해자는 피해자가 무엇에 취약한지 알고 그 약점을 파고들면서 협박, 동정심 및 애정 유발 등 갖은 수단을 이용해 상대방을 통제하고 고립시킨다. 나아가 자신이 행사하는 폭력을 사랑의 표현 등으로 포장하거나, 피해자의 탓으로 돌리는 메시지를 은밀하고 지속적으로 주입함으로써 피해자가 자신의 경험을 폭력으로 인지하기 어렵게 만든다. 이러한 가해자의 전략은 피해자가 그것을 폭력으로 인지한 이후에도 그 심각성과 위험성을 과소평가하는 데 영향을 미치고, 폭력 피해에 적절하게 대응하거나 도움을 요청하기도 어렵게 한다.

이처럼 친밀한 관계 내 여성폭력의 특성은 상대방을 조종하고 고립시켜 강압적으로 통제하는 젠더폭력 가해자들의 전략과 맞닿아 있다. 친밀한 관계에서 발생하는 젠더폭력의 본질이 상대방의 자율성을 침해하는 강압적 통제에 있다는 점은 지금까지 많은 국내외 연구자들 사이에서 중요하게 논의되어왔다. 그러나 피해자들이 가해자와의 관계로 인해 자신의 경험과 상황을 '관계'가 아닌 '폭력'이라 인식하기조차 어려운 상황에서, 가해자의 '통제'를 알아차리고 의미화하기는 어렵다.

설상 피해자가 가해자의 행위를 '폭력'으로 인지하더라도 가해자와의 관계를 끊는 것은 쉽지 않다. 친밀한 관계 내 폭력의 특징 중 하나는 가해자가 피해자의 신상을 매우 잘 알고 있다는 점이다. 피해자를 감시하고, 소유하고, 통제해 자신의 영향력하에 두기 위한 전략의 일환으로 가해자는 피해자의 신상 정보를 자세하게 파악하고 있는 경우가 많다. 피해자는 자신의 개인적인 정보들을 가해자가 속속들이 알고 있다는 사실에 극심한 불안을 느끼고, 가해자는 자신이 가진 정보를 활용해 피해자를 스토킹하거나 감시하고, 협박하는 방식으로 폭력적인 관계를 이어나간다. 피해자가 가해자와의 사적인 관계에서 사진이나 영상물 등을 촬영한 적 있다면 해당 사진이나 영상물이 유포될지도 모른다는 두려움을 느끼고, 촬영한 적이 없다 하더라도 가해자가 불법적으로 촬영했을지 모른다는 불안감을 떨치기 어렵다.

가해자가 설정한 종속적이고 위계적인 관계와 가해자의 보복에 대한 공포 속에서 피해자는 가해자와 이별하지 못할 것이라는 무력감을 느낀다. 일단 이러한 관계가 설정되고 나면 피해자가 가해자에게 헤어짐을 요구하기란 불가능에 가깝다. 왜냐하면 피해자는 가해자에게 이별을 통보했을 때 더욱 심각한 폭력 피해가 되돌아온다는 것을 경험적으로 알고 있기 때문이다. 가해자가 피해자는 물론이고 그의 가족에 대한 신상까지 속속들이 파악하고 있다면, 섣불리 가해자를 자극했다가 그 화근이 어디로 튈지 예상할 수 없다. 그렇기에 피해자가 자신과 주변 사람들의 안전을 확보하지 못한 상황에서 선택할 수 있는 최선의 방법은 안전하게 이별할 수 있는 최적의 시기가 올 때까지 이별을 유예하면서 관계를 지속하는 것이다.

그러나 모순적이게도 이러한 피해자의 노력은 제삼자의 눈에 피해자가 폭력적인 가해자에게서 벗어나지 않고 친밀한 관계를 지속하고 있는 것처럼 비친다. 그리고 그 속에서 '왜 폭력적인 가해자와 헤어지지 않느냐', '왜 주변에 도움을 요청하지 않느냐' 등 아내폭력이나 친밀한 관계 내 폭력 피해자를 비난하는 오래된 질문이 다시금 제기된다. '헤어지지 않는' 피해자에 대한 비난과 통념은 친밀한 관계 내 여성폭력 피해자들이 자신의 폭력 피해를 드러내기 어렵게 하는 요소 중 하나다. 특히 법률혼 또는 사실혼 관계에 이르지 않은 친밀한 관계 내 폭력의 피해자는 결혼하거나 자녀가 있는 것도 아닌데 왜 헤어지지 않느냐는 질문과 비난을 경험하는 경우가 많다. 가정의 테두리가 존재하지 않기 때문에 피해자는 더욱 자유로운 행위와 결정이 가능하다고 여겨지고, 이는 가해자를 떠나지 않고 폭력 상황에 머무르는 피해자를 비난하는 조건이 된다.

그러나 '왜 가해자와 헤어지지 않느냐'는 물음은 가해자와 동등한 위치에서 자유롭게 헤어짐을 요구할 수 있는 관계의 평등을 전제하며, 불평등한 젠더 권력관계하에서 폭력으로 인한 공포와 불안을 경험하는 피해자의 상황을 고려하고 있지 않다. 피해자의 상황과 피해 특성에 대한 이러한 몰이해는 '이별하지 않는' 것처럼 보이는 피해자를 비난하고 폭력 피해의 책임을 피해자에게 돌리는 2차 피해로 이어지게 된다.

**폭력의 구조를 간과하는
언론, 법, 정책**

———

최근 친밀한 관계에 있는 남성 파트너에 의한 여성살해 사건이 잇따라 보도되면서 사회적 관심과 우려가 커지고 있다. 언론 보도의 증가는 그 자체로 관련 이슈에 대한 사회적 관심이 높아지고 있음을 보여준다. 그러나 이와 별개로 젠더폭력 사건을 바라보고 분석하는 언론의 인식과 담론은 여전히 가해자와 남성 중심적 프레임에서 벗어나지 못하고 있다. 전통적으로 친밀한 관계의 남성 파트너에 의한 여성살해 사건을 설명해왔던 주요 프레임 중 하나는 성역할 규범 위반과 치정이다. '엄마/배우자로서의 역할을 제대로 수행하지 않아서', '불륜을 저질러서' 살해당했다는 서사는 아직도 심심치 않게 등장하는 프레임이다. 이미 사망한 피해자를 둘러싼 이러한 서사는 가해자의 일방적인 발언일 수밖에 없는데, 그 과정에서 가해자 중심적 서사가 구성되고 피해자는 타자화될 가능성이 높다. 특히 사건 발생 초기에 범죄의 잔혹성과 심각함을 선정적으로 묘사하거나 가해자의 상황과 입장을 과도하게 대변하고 전시하는 것은 여성살해 사건이 위치한 구조적 문제를 가리고 해당 사건을 피해자와 가해자 간의 개인적인 문제로 재현할 위험이 있다.

미투 운동과 n번방 사건 이후 젠더폭력에 대한 사회적 관심이 크게 늘고 기술 발전에 따른 온라인/디지털 성범죄 보도가 증가하면서, 폭력 사건을 보도할 때 무엇을 주의하고 어떻게 2차 피해를 방지할지에 대한 논의도 이어졌다. 이에 따른 긍정적인 변화도 있다. 일부 언론에서는 젠더 관점에서 기사를 검수하고 성차별적 보도 실태를 개선하기 위한 젠더데스크를 구성하는 등의 노력을 기울이기 시작한 것이다.[9] 그러나 여성살해 범죄를 가해자 중심적이고 남성 편향적 프레임에서 보도하는 관습은 주요 언론사와 뉴스통신사를 중심으로 여전히 지속되고 있다.

대표적으로 '강남역 의대생 교제폭력 살인 사건'을 보도한 뉴스에서 이러한 양상이 잘 드러난다. 한 20대 남성이 2024년 5월 서울 서초구 강남역 인근의 건물 옥상에서 여자친구를 살해했다. 가해자는 사건이 발생하기 약 한 달 전 양가 부모에게 비밀로 한 채 피해자와 혼인신고를 하고, 이후 헤어짐을 요구하는 피해자에게 자살하겠다며 협박하는 등 상대방을 철저히 통제했다는 정황이 드러났다. 앞서 설명했듯 친밀한 관계에서의 여성살해가 발생하는 맥락에는 대부분 남성의 지배와 통제가 존재한다. 친밀한 파트너 살해로 유죄 판결을 받은 남성들의 인터뷰를 분석한 연구 결과, 전체의 약 절반에 달하는 가해자는 살해 전 1년 동안 파트너에게 신체적 또는 성적 폭력을 가한 적이 없는 것으로 나타났다. 오히려 살인의 배경에 공통적으로 존재한 것은 소유욕, 극단적인 질투, 여성 파트너에 대한 사회적 고립 시도, 자살 협박, 살해 협박 등이었고, 이는 이별이 임박하거나 통제력이 상실된 시점에서 남성에 의해 촉발되는 경우가 많았다.[10] 즉 친밀한 관계 내 여성살해intimate partner homicide의 맥락에는 상대를 고립시키고 통제하여 자율성을 침해하는 '강압적 통제coercive control' 행위가 존재하며, 이런 점에서 강남역 교제폭력 살인 사건은 자살 협박 등으로 피해자를 강압적으로 통제하고 조종하다 끝내 살해에 이른 전형적인 친밀한 관계 내 여성살해의 맥락에서 해석되어야 한다.

그러나 언론 기사에 나타난 해당 사건의 헤드라인을 살펴보면, 초기에는 다수의 기사에서 "수능 만점"을 받은 "의대생"이라는 점, "평범하고 조용한 모범생"이라는 점 등이 강조되었고,[11] 가해자가 어떤 성적 지향을 가지고 있었는지를 묘사하는 등 사건과 무관한 선정적인 내용이 다수 발견된다.[12] 전국언론노동조합이 발간한 《평등한 보도를 위한 젠더보도 가이드라인》에 따르면 젠더기반폭력 사건 보도에서 요구되는 것은 보도 사건 자체를 상세히 알리는 것보다 어떻게 대응하는지에 초점을 맞추는 것이다. 이를 위해서는 기사 제목에 선정적이거나 자극적인 어휘를 사용하지 않아야 하고, 가해자의 말을 사실 확인이나 비판적 점검 없이 그대로 전달해 사실상의 사회적 변론 기회를 제공하지 않아야 하며, 사건 정황에 대한 설명에서 특정한 고정관념을 포함한 2차 피해가 발생하지 않도록 주의해야 한다는 점 등을 제시하고 있다.[13] 그러나 다수의 언론 보도에서 이러한 가이드라인은 여전히 지켜지지 않고 있다. 이를테면 가해자가 수능 만점을 받은 의대생이자 조용한 모범생이었다는 사실의 강조는 사건과 무관할 뿐만 아니라, 평범하거나 의대생인 사람은 젠더폭력을 저지르지 않을 것이라는 사회적 통념을 반영하고 강화한다. 또한 사건의 본질과 관계없는 선정적이고 자극적인 어휘를 사용해 대중의 호기심을 유발하고, 나아가 해당 사건을 '정상적'이지 않은 성적 취향을 가진 가해자의 일탈이 빚어낸 예외적인 사건으로 여겨지게 한다. 이 밖의 다른 사건들의 보도에서도 피해 당시의 상황이나 피해자가 입은 고통을 지나치게 상세히 묘사하는 사례가 다수 이어진 반면,[14] 젠더기반폭력으로서 사건의 장기적 영향과 구조적 문제를 탐구하는 후속 기사가 나온 경우는 드물었다.[15] 이는 언론의 보도 방식에 젠더 고정관념과 가부장적 인식이 여전히 뿌리 깊게 자리하고 있다는 사실을 보여준다.

친밀한 관계 내 폭력에 대응하기 위한 한국 사회의 법과 제도적 기반 역시 미흡하긴 마찬가지다. 현재 우리 사회에서 친밀한 관계 내 여성폭력을 규율할 수 있는 대표적인 법률로는 〈가정폭력범죄의 처벌 등에 관한 특례법(약칭 '가정폭력처벌법')〉과 〈스토킹범죄의 처벌 등에 관한 법률(약칭 '스토킹처벌법')〉이 있지만, 두 법률 모두 친밀한 관계 내 젠더폭력 피해를 포괄하지 못해 사각지대를 발생시킨다. 먼저, 현행 〈가정폭력처벌법〉은 가정폭력을 '가정구성원 사이의 신체적, 정신적 또는 재산상 피해를 수반하는 행위'로 정의하고 있어, 사실혼 관계에 이르지 못한 전/현 연인 관계에서 발생한 폭력을 규율하지 못한다.[16] 피/가해자가 지속적인 동거 관계였다면 〈가정폭력처벌법〉상의 '사실혼'에 해당하는 것으로 폭넓은 해석이 이루어지기도 하나, 이 또한 동거 관계가 없었던 연인 관계에는 해당되지 않는다.

한편, 2021년 〈스토킹처벌법〉이 제정되면서 친밀한 파트너 관계에서 발생하는 폭력의 대표적 형태인 스토킹 행위가 동반된 폭력 피해의 경우에는 스토킹 관련 법안에 따라 가해자 처벌과 피해자 지원이 이루어질 수 있게 되었다. 그러나 만약 친밀한 파트너가 가한 폭력이 스토킹 행위를 수반하지 않을 경우, 선제적으로 피해자를 보호하고 가해자를 제재할 수 있는 제도적 근거는 부재한 실정이다. 스토킹 행위가 수반되지 않고, 동거 관계도 아닌 전/현 파트너에 의한 폭력 범죄는 일반 형사사건으로 처리된다. 그러나 신고 이후에도 쌍방폭행으로 처리되거나 피해자의 처벌불원을 이유로 사건이 종결되는 경우가 많아 피해자의 안전이 보장되지 못하고 있다. 앞서 소개한 거제 교제살인 사건이 그 대표적인 예시다.

현행법으로 포괄되지 못하는 친밀한 관계 내 젠더폭력이 다수 발생하고 있음에도 관련 대응이 지체되는 이유로는 크게 두 가지가 있다. 하나는 젠더기반폭력에 대한 우리 사회의 낮은 관심과 이해도 탓이다. 젠더기반폭력은 그 용어 자체에서 '젠더' 개념에 대한 이해를 전제한다. 젠더기반폭력을 역사적, 사회구조적 차별과 불평등의 결과로 이해하고, 이를 개인이 경험한 불운이나 우연한 사건이 아닌 구조적 문제로 바라보아야 한다. 이를 위해서는 '젠더'가 무엇을 의미하는지, 젠더기반폭력으로서 여성폭력, 친밀한 관계 내 폭력, 교제폭력의 특성은 무엇인지, 이 폭력들은 서로 어떻게 연결되는지에 대한 이해가 먼저 필요하다. 젠더기반폭력 또는 젠더폭력 개념은 젠더화된 사회구조와 질서가 어떻게 작동하며 그 효과는 무엇인지에 초점을 맞춤으로써, 이분법적 성별 개념에 따라 고착화될 수 있는 피/가해의 맥락을 전복한다. 또한 젠더기반폭력은 여성폭력이 우리 사회에 지속되는 구조적 배경과 원인을 드러낸다는 점에서 중요한 의의가 있다. 그래서 젠더폭력은 불평등한 권력관계와 성역할로 인해 폭력에 대한 여성들의 취약성이 증가하는 상황과 여성의 사회적으로 종속된 지위 간 관계에 초점을 맞출 때 유용하고, 여성폭력은 다수의 젠더기반폭력이 여성에게 집중되는 현실에 전략적으로 초점을 맞출 때 유용하다. 이런 이유로 미국과 호주 등의 국가에서는 젠더폭력 관련 법률에 '여성폭력'이란 용어를 사용하여 젠더폭력 피해가 여성에게 집중되는 현실에 주목하는 동시에, 해당 법과 제도가 여성뿐만 아니라 남성, 성소수자, 원주민, 이민자 등 젠더기반폭력 피해를 입은 '모든 피해자'를 포괄한다는 점을 분명히 하는 경우가 많다. 반면, 한국에서는 〈여성폭력방지기본법〉상 여성폭력의 정의가 '성별에 기반한 여성에 대한 폭력'으로 규정되면서 '여성폭력'을 '젠더폭력'이 아닌 '생물학적 여성에 대한 폭력'으로 협소하게 해석하는 등의 문제가 있다.

  젠더기반폭력에 대한 우리 사회의 대응이 늦어지는 또 다른 이유는 개인의 삶과 전통적 가족주의 간의 충돌 때문이다. 개인화와 생애주기의 탈표준화 경향 속에서 비혼, 무자녀 가족, 결혼 지연, 이혼, 재혼, 동거 등 가족을 둘러싼 다양한 실천이 가속화되고 있다. 하지만 혼인 또는 혈연관계를 중심에 둔 한국 사회의 가족주의는 여전히 강한 영향력을 행사하면서 여러 친밀한 관계 유형을 포괄하기 위한 제도적 변화를 지체시키고 있다. 대표적으로 친밀한 관계 내 여성폭력 관련 논의에서 가정폭력과 교제폭력을 어떻게 변별해야 하며, 개인과 개인 사이의 주관적 관계인 교제 관계를 어떻게 증명할 것인지에 과도하게 집중된 논의를 들 수 있다. 동거 및 혼외 출산 등 결혼에 국한되지 않는 가족 실천이 활발하게 이루어지고 있는 해외의 국가들에서는 결혼이 가족 또는 친밀한 파트너를 구성하는 유일한 방법이 아니기 때문에, 혼인 여부를 중심으로 가정폭력 또는 교제폭력을 나누어 젠더폭력의 유형을 구분짓고 그에 따라 다르게 대응하는 방식은 유용성이 떨어진다. 그래서 미국이나 영국 등에서는 이미 혼인 또는 혈연관계 여부에 제한을 두지 않는 방식으로 친밀한 관계 내 젠더폭력을 개념화하고 규율하고 있다. 그러나 가족주의의 영향력이 공고한 우리나라의 친밀한 관계 내 폭력 대응 논의는 여전히 이성애 파트너 관계를 중심으로 결혼 또는 교제 여부에 과도하게 초점을 맞춘다. 이는 상호 돌봄을 제공하는 관계, 생활을 함께하는 관계, 동성 파트너 관계 등 기존의 사회적 관념에 포섭되지 못하는 다양한 친밀한 관계에서 발생하는 젠더폭력의 복잡한 양상을 포괄하지 못한다.

결혼 또는 교제 여부에 초점을 맞춘 논의의 또 다른 문제점은 친밀한 파트너 관계가 달성되지는 않았으나, 그러한 관계로 발전할 가능성이 있는 관계에서 발생한 폭력 피해를 조망하기 어렵다는 점이다. 친밀한 관계 내 여성폭력은 친밀한 파트너에게서 발생하는 폭력을 통칭하는 용어로, 좁게는 데이트 또는 연애를 목적으로 만나고 있거나 만난 적이 있는 관계에서부터 넓게는 맞선, 소개팅, 채팅 등을 통해 친밀한 관계로의 발전 가능성을 인정하는 관계까지를 포함한다.[17] 초기 여성 단체를 중심으로 친밀한 관계 내 폭력, 데이트폭력이란 용어를 사용한 것은 친밀성의 발전 가능성을 내포하는 관계까지를 포괄하기 위한 노력의 일환이었다. 현재 우리 사회에서는 "'데이트폭력'이라는 표현은 공권력이 개입하여 처벌해야 할 범죄의 심각성을 희석하여 연인 사이에 발생하는 불미스러운 일로 가볍게 비칠 우려가 있다"는 점에서 '교제폭력' 용어를 주로 사용하고 있다.[18] 그런데 물론 친밀한 관계 내 폭력 피해를 국가 차원에서 엄중히 인지하고 대처하는 것은 반드시 필요한 일이지만, 지금까지 데이트폭력이 경미하게 다루어져온 주된 이유가 그 용어의 낭만성 때문이라 보기는 어렵다. 오히려 교제폭력이라는 용어는 자칫 교제 중, 또는 교제 이후 발생한 폭력 피해만을 의미하는 것으로 협소하게 여겨질 우려가 있다. 이 경우 교제 관계의 달성 여부와 관계없이 일방적인 관계에서 발생한 폭력 피해의 경험 등이 배제될 가능성이 크다.

변화하는 친밀한 관계 내 여성폭력에 대응하려면

현재 한국에서 친밀한 관계 내 여성폭력에 적절히 대응하려면 앞서 살펴본 것처럼 개인화된 삶의 방식, 친밀성의 구조 변화, 다양한 형태의 파트너십과 가족 구성을 포용할 수 있는 제도가 시급히 마련되어야 한다. 특히 변화하는 피해자 특성과 이에 따른 피해 지원의 새로운 수요가 고려되어야 한다. 예를 들어 쉼터를 중심에 두는 현행 여성폭력 피해자 보호나 지원 체계는 결혼하지 않은 친밀한 파트너 관계에서 폭력 피해를 경험하며 직장에 다니는 피해자가 이용하기에 적절하지 않다. 여성폭력 피해 신고 및 상담 건수는 코로나19 팬데믹 시기 이후 다시 증가하는 양상을 보이는 데 반해, 보호시설에 입소하는 피해자 수는 지난 10년간 지속적으로 감소하고 있다. 이러한 현실은 현행 피해자 보호 체계가 변화하는 피해자의 수요에 부합하지 못하고 있음을 단적으로 보여준다. 피해 지원의 실효성을 강화하기 위해서는 혼인 관계 이외의 친밀한 관계에서 발생하는 폭력 피해자가 실질적으로 이용할 수 있는 지원 서비스가 제공되어야 하며, 쉼터를 중심으로 한 현행 피해자 보호 및 지원 체계에 대한 점검이 필요하다. 또한 일터에서의 여성폭력 피해자 보호와 지원 방안이 마련되어야 한다. 직장에 다니는 친밀한 관계 내 폭력 피해자를 식별하고 지원하기 위한 사용자의 책임을 명확히 해야 하며, 유/무급의 휴가 제공과 직무 변경 시 개인정보보호 등 피해 근로자를 위한 직장 내 보호정책이 수립되어야 한다.

새롭게 부상하는 친밀한 관계의 양상과 유형에 대한 사회적 관심과 논의도 활성화될 필요가 있다. 현장에서 나타나는 주요한 어려움 중 하나는 합의되지 않은 교제 관계, 즉 일방적으로 친밀성을 추구하는 관계 등에서 발생한 폭력 피해도 '친밀한 관계 내 폭력', '친밀한 파트너 폭력' 또는 '교제폭력'으로 바라볼 수 있느냐는 것이다. 이러한 질문은 친밀한 관계를 어떻게 정의하고 범주화할 것인가의 문제와 연관되어 있다. 친밀한 파트너 폭력은 친밀성 또는 친밀한 파트너십에 기반해 발생하는 젠더기반폭력을 통칭하는 용어로, 상호적인 교제 관계가 형성된 경우만을 한정할 수 없으며, 친밀성을 일방적으로 추구하는 관계, 친밀성의 형성 과정에 있는 관계, 친밀한 관계로의 발전 가능성을 내포하고 있는 관계 등 다양한 친밀성의 실천을 포괄할 수 있어야 한다. 상호적이고 배타적인 교제 관계만을 '친밀한 파트너 관계'로 정의하는 것은 법률혼 또는 사실혼 관계만을 '가족/가정'으로 정의한 현행 〈가정폭력처벌법〉의 문제를 반복하는 것과 다르지 않다. 친밀한 파트너 폭력 피해에 대응하고 사각지대를 해소하기 위해서는 다양한 방식으로 이루어지는 현대사회의 친밀성 실천에 대한 사회적 이해가 증진되어야 한다.

이를 위해 친밀한 관계 내 여성폭력의 현황과 실태를 파악할 수 있는 공식적인 통계가 구축되어야 한다. 실증자료에 기반한 구체적인 데이터 생산과 성별 통계의 구축은 여성폭력의 젠더화된 발생과 효과를 점검하고, 향후 관련 정책을 수립해 추진하기 위한 기초적 토대가 된다. 여성폭력에 대한 공식적이고 체계적인 통계의 부재는 여성폭력이 지속되고 반복되는 현실에 대한 실증적 접근을 어렵게 하고, 예방 및 대응 정책의 수립을 방해한다. 이는 결과적으로 친밀한 관계 내 여성폭력을 재생산하는 사회구조를 방조하고 이를 고착화하는 결과를 초래할 수 있다. 이의 개선을 위해 친밀한 관계에 의한 살인 사건 성별 통계, 가정폭력 보호처분 불이행 가해자에 대한 처벌 현황 등, 친밀한 관계 내 여성폭력에 관한 다양한 주제별, 성별 통계자료의 공식적인 구축이 요구된다.

마지막으로 친밀한 관계에서 발생하는 여성폭력에 대한 논의는 단순히 개인의 문제가 아니라 사회 전반의 젠더 질서와 규범 속에서 감춰져왔던 폭력의 맥락을 드러내는 과정이어야 한다. 우리는 그동안 폭력으로 인식되지 않았거나 공론화되지 못한 경험들을 사회적 문제로 끌어올리는 데 초점을 맞출 필요가 있다. 지금까지 인식되지 못했던 젠더기반폭력의 맥락을 드러내는 일은 피해자의 경험과 관점에 더 가까이 다가가는 과정을 뜻한다. 이는 피해자의 시선과 목소리를 논의의 중심에 둘 때만이 비로소 가능해진다.

더 찾아볼 자료

김효정 외, 《젠더기반폭력으로서 친밀 관계 폭력의 개념화와 대응 방향 모색》, 한국여성정책연구원, 2023.

젠더폭력, 여성폭력, 친밀한 파트너 폭력, 데이트 및 관계폭력, 아내폭력 등 관계의 친밀성에 기반하여 발생하는 젠더기반폭력의 개념, 유형, 특징을 이론적이고 실증적으로 검토하고 분석한 보고서. 한국의 사회문화적 맥락에서 발생하는 친밀한 관계 내 폭력을 개념화하고 향후 젠더폭력 대응 방향에 대해 모색한다. 친밀한 관계 내 폭력에 대한 이론적 논의부터, 피해자 및 지원기관 활동가들의 목소리, 해외 사례에 이르기까지 종합적이고 구체적인 논의를 전개한다.

레이철 루이즈 스나이더, 황성원 옮김, 《살릴 수 있었던 여자들》, 시공사, 2021.

미국 내 가정폭력 실태를 취재한 책으로 《뉴욕 타임스》, 《이코노미스트》를 비롯한 유력 매체에서 '2019년 올해의 책'으로 선정되었다. 아내폭력 중 살인으로 이어진 고위험 사례에 집중해 살인으로까지 치닫는 가정폭력의 메커니즘이 무엇이며, 무고한 피해자를 막기 위해 우리가 놓쳐서는 안 될 신호가 무엇인지 살펴본다.

한국여성의전화, 《그 일은 전혀 사소하지 않습니다》, 오월의봄, 2017.

여덟 명의 아내폭력 피해 여성들이 직접 쓴 현장의 기록으로, 한국여성의전화 부설 쉼터로 탈출한 여성들이 열두 번의 글쓰기 치유 프로그램을 통해 쓴 경험을 책으로 엮었다. 처참하고 끔찍한 폭력을 경험했음에도 폭력에서 탈출해 새로운 희망을 만들어가는 여성들의 용기가 돋보이는 책이다.

정희진, 《아주 친밀한 폭력》, 교양인, 2016.

아내폭력에 나타나는 친밀한 폭력의 실상을 드러내고 이를 가능케 하는 사회의 성차별적 인식에 대해 살펴본다. 10여 년에 걸친 상담과 사례 연구 및 문헌 연구 결과를 바탕으로, 저자는 아내폭력을 공공연히 은폐하고, 정당화하고, 재생산하는 가부장제 사회의 메커니즘을 날카롭게 분석한다.

3장 어떤 남자들과 딥페이크 성폭력

이한
남성과함께하는페미니즘
활동가

딥페이크 성폭력,
새로운 기술과 오래된 폭력
―――

"어차피 실제로 찍은 영상은 아니니까 괜찮은 거 아니야?", "애들이 그냥 장난친 건데 뭘 그렇게 심각하게 받아들이고 그래." 어떤 성폭력 주변을 떠도는 말이다. 물론 이전에도 가부장적이고 성차별적인 우리 사회가 성폭력이라 인정치 않고 넘어간 것들을 성폭력이라고 인정시키기까지 무수한 노력이 들었음을 알고 있다. 그것을 감안해도 이 성폭력의 양상은 이상하다. 피해자가 모르는 곳에서 폭력이 발생하고, 피해자 주위를 맴돌며 괴롭히다가, 막상 실체를 잡기 위해 손을 뻗으면 신기루처럼 흩어진다. 그러나 언제 다시 찾아올지 모른다는 불신과 불안을 피해자의 마음속에 남겨놓는다. 딥페이크 성폭력 이야기다.

인공지능 기술인 딥러닝deep learning과 '가짜fake'의 합성어인 딥페이크deepfake는 주로 인공지능 기술을 이용한 합성 영상물을 말한다. 딥페이크는 등장과 함께 사회 전반에 엄청난 파급력을 일으켰다. 영화와 드라마를 비롯한 영상 콘텐츠 산업에서는 딥페이크 기술 덕분에 출연 배우가 번거롭고 거추장스러운 분장 없이 시간을 자유자재로 넘나들며 젊거나 나이든 모습을 보여줄 수 있다. 자녀 역할인 아역 배우의 모습을 부모 역할인 성인 배우와 닮게 바꿔서 극에 더 몰입할 수 있도록 도와주기도 한다. 문제는 역시 기술이 악용될 때다. 딥페이크의 등장 이후 얼마 지나지 않아 부작용이 터져나왔다. 정치인 얼굴을 사용해 혐오와 선동을 부추기는 가짜뉴스가 만들어졌고, 유명인 얼굴을 합성해 사기와 피싱 범죄에 악용하는 사례가 잇달았다.

그리고 처음 딥페이크가 세상에 나왔을 때 많은 사람들이 우려했던 대로 유명인의 신체를 무단 도용해 만든 성착취물이 제작되고 유포되기 시작했다. 얼마 지나지 않아 딥페이크 성착취물로 인한 피해는 유명인과 일반인을 가리지 않고 걷잡을 수 없이 퍼져나갔다. 국내 한 대학에서는 재학생과 졸업생을 대상으로 2000개가 넘는 딥페이크 성착취물이 제작되고 유포됐다. 여성 군인을 표적으로 삼은 850명 규모의 딥페이크 성착취물 텔레그램 채널이 발각됐으며, 이 외에도 학교 교사와 청소년 등 셀 수 없이 많은 피해자가 속출했다. 제작부터 유포까지 '딸깍' 한 번이면 끝나는 너무나 손쉬운 성폭력 범죄가 세상을 경악시켰다.

22만 명. 딥페이크 성착취물을 제작할 수 있도록 만들어진 텔레그램 방에 소속되어 있던 인원이다. 경기도의 한 소도시 인구와 비슷하다. 그 많은 사람들이 텔레그램 방 단 하나에 들어가 있었다. 당연히 그보다 훨씬 더 많은 사람들이 범죄에 가담했으리라고 짐작할 수 있다. 딥페이크 성폭력은 디지털 공간에서 발생하는 범죄 특성상 그 가해자 연령대도 낮다. 경찰청 자료에 따르면 2024년 1월부터 10월까지 딥페이크 성범죄 사건으로 검거된 피의자 506명 중, 10대가 411명인 81.2퍼센트로 가장 많았다.[1] 피해자 연령대 역시 10대가 가장 많았는데, 2021년부터 2023년까지 경찰에 신고된 딥페이크 범죄 피해자 총 527명 중 315명, 비율로는 59.8퍼센트가 10대였다.[2]

이런 현실에 혀를 차며 "요즘 애들은 유튜브를 너무 많이 봐서 문제"라 하거나, 미성년자의 온라인 접속을 감시·통제해야 한다고 강경히 말하는 경우를 자주 본다. 지금까지 교육자들은 뭘 했냐며 꾸짖는 목소리도 크다. 학교를 오가며 청소년들과 만나는 성평등 교육 활동가로서 문제를 절감한다. 개인적으로 한 청소년성문화센터의 의뢰를 받아 매년 성폭력 가해 청소년들의 재범 방지 교육을 진행하는데, 2025년에 참여한 청소년 중 60퍼센트가 불법촬영, 성착취물 소지 및 제작, 통신 매체를 이용한 음란 행위 같은 디지털 성폭력 사건과 연관되어 있었다.

 상황이 이러하니 학교에서는 디지털 성폭력과 관련한 사안이 발생하지 않을까 조마조마해하며 활동가에게 교육을 의뢰하고, 온갖 예방 대책과 신고 절차, 관련 캠페인 포스터를 가져다 붙인다. 군대에서도 부랴부랴 강의 내용에 딥페이크 성폭력과 관련한 내용을 담아달라는 요구를 해온다. 소를 잃어버렸으면 뒤늦게 외양간이라도 고쳐야 한다고 믿는 편이지만, 이런 뒷북 대응이 미덥지 않은 건 불과 몇 년 전 텔레그램 성착취 사건, 이른바 'n번방 사건'이 수면 위에 떠올랐을 때도 비슷한 양상을 보이다 이내 사그라들었기 때문이다. 그때도 수많은 사람들이 분노했고 디지털 성범죄의 처벌을 강화하는 등 법률 개정이 이어졌으며 실제 일부 가해자가 중형을 선고받기도 했다. 그러나 고작 5년여밖에 지나지 않은 지금, 그와 유사한 폭력이 새로운 기술을 등에 업고 나타나 유례없이 많은 청소년이 그 폭력에 가담했다. 과연 이것을 비단 지금 세대만의 새로운 문제라고 이야기할 수 있을까?

새로운 기술과 젠더폭력의 역사
온라인 커뮤니티에는 인터넷 기술이 발달하면서 포르노 산업도 함께 폭발적으로 성장했다는 이야기가 자주 떠돈다. 한 기사에 따르면 웹 검색 7건 중 1건은 성인 콘텐츠에 관한 것이고 서구권의 대표적인 성인 웹사이트 월간 방문자 수는 전 세계 20위 권으로 넷플릭스와 비슷한 수준이라고 한다.[3] 포르노 유포와 판매가 엄연히 불법인 국내도 사정은 마찬가지다. 청계천 등지에서 암암리에 복제되어 유통되던 포르노는 PC와 인터넷을 만나 더욱 빠르고 넓게 퍼져나가기 시작했다. 자신의 내밀한 성적 욕구를 저렴한 가격으로 방 안에서 충족시킬 수 있다는 기대와 함께 온라인을 통해 배포된 포르노는 엄청난 폭발력으로 우리 사회에 확산되어갔다. 인터넷 기술의 발달이 포르노 산업의 성장을 야기했다는 주장은 언뜻 그럴싸하다. 그러다 보니 어떤 이들은 그 파급력을 근거로 이 현상을 자연스러운 흐름이라 정당화하려 시도한다. 그러나 여기에 간과되는 현실이 있다. 바로 포르노에서 소비되는 대상의 거의 대다수가 '여성의 몸'이며 포르노는 곧 수많은 성착취, 성폭력과 떼려야 뗄 수 없는 관계라는 것이다.

포르노는 태생부터가 그랬다. 암시장에서 유통되던 비디오는 남자 고등학생들의 성폭행 결과물이었으며, 여성 연예인을 대상으로 한 불법촬영물이었다.[4] 1999년 개설된 이른바 '소라넷'은 온갖 불법촬영물과 성범죄 모의가 이루어지던 불법의 온상이었으나 가부장적 국가의 방치하에 2016년까지 질기게 그 목숨줄을 이어갔다. 비슷한 시기, 위디스크는 불법촬영물을 올리는 헤비업로더, 이를 걸러내는 필터링 업체, 심지어 인터넷 기록을 삭제해주는 디지털 장의업체와 유착해 막대한 부를 거머쥐었다. 이른바 '웹하드 카르텔' 범죄다.

2010년대, 본격적으로 스마트폰과 무선인터넷 기술이 확산되면서 디지털 성폭력은 더욱더 일상으로 파고들었다. 랜덤채팅은 아동과 청소년들을 성적으로 착취하기 위한 도구로 빈번히 활용되었고, 여러 대학의 카카오톡 단체 대화방에서 학대 여학생의 외모와 몸매를 실명을 거론하며 품평하고 있었다는 문제가 불거졌다. 2019년에는 정준영의 단톡방 불법촬영물 공유 사건이 있었다. 가수 정준영과 최종훈은 여성을 성폭행한 뒤 다른 남자 연예인들과 함께 있는 단체 대화방에 불법촬영물을 공유했다. 정준영은 징역 5년을 선고받았다. 또 같은 시기 이른바 'n번방', '박사방' 등 텔레그램에서 성착취 영상을 제작하고 유포하는 성착취 사건이 수면 위로 드러났고 주범 중 한 명인 조주빈은 2021년 징역 42년이 확정됐다.[5]

최근에는 메타버스 공간 내에서 발생하는 온라인 그루밍과 성적 괴롭힘, VR 기술을 활용한 성매매가 새로운 사회문제로 떠오르고 있다. 기술이 발전하는 만큼 그 기술을 악용한 새로운 유형의 성범죄가 함께 등장한다. 그러나 결국 이 모든 범죄의 원인은 하나로 귀결된다. 바로 가부장적이고 성차별적인 현실에서 여성을 자원화해 착취하고 결속을 다지는 남성연대의 문제다. 다시 말해, 이건 단지 새로운 기술로 인해 생겨난 요즘 세대만의 문제가 아니라 유구한 젠더폭력의 역사 그 자체다.

오늘, 우리가 마주한
딥페이크 성폭력

―――

공동체의 신뢰를 파괴하는 디지털 성폭력

2024년 여성가족부에서 발행한 《디지털 성범죄 관련 국민인식조사》에 따르면 디지털 성범죄 직·간접 경험률은 16.1퍼센트였고,[6] 딥페이크 성범죄로 한정했을 때는 그 수치가 3.9퍼센트 정도였다.[7] 어찌 보면 그리 높지 않은 수치라고 여겨질지 모른다. 그러나 디지털 성범죄 문제의 심각성에 대해서는 95.3퍼센트가 '심각하다'고 응답했다. 이때, 19~29세 여성, 40대 여성, 50대 여성의 경우 모든 응답자(100퍼센트)가 '심각하다'는 응답을 할 정도였다.[8] 디지털 성범죄로 인해 두려움을 느낀 적 있는가를 물었을 때, 딥페이크의 경우 절반에 가까운 사람들(전체 51.8퍼센트, 여성 60.2퍼센트, 남성 43.2퍼센트)이 '그렇다'고 응답했으며 그 외 신체 사진 유포나 원치 않는 음란물 수신 등 다른 모든 디지털 성범죄 피해 유형에서도 2명 중 1명 꼴로 '두려움을 느낀 적 있다'는 응답을 보였다.[9] 이런 국민들의 인식에도 불구하고, 앞서 이야기한 22만 명이 소속된 텔레그램 성착취물 제작방이 세상에 드러났을 때 어떤 국회의원은 국적을 불문하고 모여 있는 것이니 전원이 한국인일 리 없다며 "위험이 과장됐다"라는 발언을 남겼다. 과연 정말 그럴까?

2024년 '허위영상물 편집/반포 등' 이른바 딥페이크 성범죄는 812건으로 2023년 168건과 비교해 일 년 만에 5배가 증가했다.[10] 여성가족부에 따르면 방송통신심의위원회의 2024년 딥페이크 관련 심의 건수는 1만 305건으로 2021년 관련 통계가 작성된 이후 5.3배 규모로 증가했다.[11] 또한 같은 기간 여성가족부 산하 디지털성범죄피해자지원센터에서 지원한 딥페이크 범죄 피해자 수는 2021년 176명에서 2024년 1201명으로 급증했다.[12]

디지털 성범죄는 범죄 특성상 피해자가 피해 대상이 된 것을 스스로 인지하기 어려우면서도 한번 피해가 발생하면 그 확산성이 크고 반복 발생할 가능성이 상당히 높다. 더군다나 여성의 성을 통제하고 터부시하는 전통적인 성역할 이데올로기에 더해, 여성의 몸을 성적으로 대상화하여 소비해왔던 여성혐오적인 문화는 온라인이라는 디지털 공간에서 더욱 활개치면서 수많은 여성들을 불안에 떨도록 했다. 이에 한국사이버성폭력대응센터는 상담통계를 낼 때 '불안피해'를 별도로 집계하고 있으며 서울시가 발행한 《불법촬영·유포피해 대응 가이드(시민편)》의 〈피해자의 잘못이 아닙니다〉 장에서도 '불안피해'를 명시하고 있다. 다시 말해, 어떤 국회의원의 주장과 달리 실제로 범죄에 가담한 가해자의 숫자와는 무관하게 디지털 성폭력에 대한 공포는 그 자체로 심각한 사회적 문제다.

그저 인터넷에 올린 일상의 모습을 담은 사진만으로도 디지털 성폭력 피해를 입을지 몰라 게시물을 내리거나 계정을 비공개로 돌리는 등 직간접적인 피해가 발생하는 중이다. 이런 현실 앞에 여성들의 공포가 과장되었다고 표현하는 것만큼 무책임한 말이 또 어디 있을까. 우리는 또다시 여성에게 책임을 전가할 것이 아니라 이 문제를 야기시킨 현실을 바꿔야 한다.

디지털 성폭력 문제 해결을 위한 움직임

"어제의 범죄를 벌하지 않는 건, 내일의 범죄에 용기를 주는 일." 알베르 카뮈Albert Camus가 남긴 말이다. 우리 사회는 '어제의 범죄'를 어떻게 대하고 있을까? 불과 몇 년 전, 아동 성착취물을 버젓이 유통한 웰컴투비디오 운영자 손정우는 고작 1년 6개월의 솜방망이 처벌을 받았다. 이에 반해 미국에서 해당 사이트를 통해 성착취물을 내려받은 일부 미국인에게는 징역 5~15년의 중형이 내려졌다. 미연방법에 따르면 아동 성착취물을 수령하거나 배포했다면 전과 여부와 상관없이 최소 의무 형량이 5년이고, 2016년 아동 성착취물 수령 혐의 평균 실형 기간이 7년 9개월이었다.[13] 손정우가 받은 처벌이 얼마나 터무니없는 것인지를 알 수 있다. 실효성 없는 처벌은 각종 범죄의 자양분이 된다. 이에 디지털 성범죄 문제가 개선되기를 바라는 많은 이들이 디지털 성범죄에 대한 처벌 강화를 외치고 있다. 여성가족부 보고서에 따르면, 디지털 성범죄 발생 원인으로 가장 많이 꼽힌 건, 단연 '가해자에 대한 처벌이 너무 약해서(92퍼센트)'였다. 또한 디지털 성범죄 문제 해결을 위한 대책으로 가장 높게 꼽힌 것도 '디지털 성범죄자 처벌(66.8퍼센트)'이었다.[14]

변화를 위한 직접적인 행동도 이어졌다. 서울 강남역 10번 출구 앞에서는 서울여성회를 비롯한 20여 단체가 모인 '딥페이크 성범죄 아웃(OUT) 공동행동'이 열렸고, 종로구 보신각에서는 전국의 여성·인권·시민단체 140여 개가 모여 텔레그램 딥페이크 성폭력 대응 긴급 집회 '불안과 두려움이 아닌 일상을 쟁취하자'가 열렸다. 서울 소재 여자대학교를 중심으로 결성된 '여성혐오 폭력 규탄 공동행동'에서 주최한 서울 혜화역 인근 집회에서는 5000여 명이 넘는 참가자가 모이기도 했다. 이런 끊임없는 움직임 덕분에 2024년, 이른바 '딥페이크 처벌법(〈성폭력처벌법〉 개정안)'이 만들어졌다. 그 내용으로 일단 딥페이크 성범죄물을 소지·구입·저장·시청하는 행위도 3년 이하의 징역 또는 3000만 원 이하의 벌금으로 처벌할 수 있게 했다. 딥페이크를 편집하거나 합성·가공했을 때는 반포할 목적이 없었다 하더라도 처벌 가능하며 법정형은 5년에서 7년으로 강화됐다. 특히 딥페이크는 청소년 피해가 심각했던 만큼, 〈청소년성보호법〉에 아동·청소년성착취물을 이용한 협박·강요에 대한 처벌 규정이 신설됐다. 그 외에도 딥페이크 성범죄물 등에 대한 국가 책임을 강화하고 플랫폼 사업자의 의무를 강화하는 등 변화가 나타나고 있다.

실제로 개인정보 보호를 이유로 각종 범죄를 외면해왔던 텔레그램도 2024년 창업자 겸 최고경영자 파벨 두로프Pavel Durov가 텔레그램 기반 범죄 수사에 협조하지 않은 점을 이유로 프랑스에서 체포된 이후부터 조금씩 태도를 바꾸고 있다. 그 결과 국내에서는 2025년 초, 텔레그램에서 첫 협조를 받아 텔레그램 기반 사이버 성폭력 범죄 집단의 총책 김녹완과 조직원을 잡아내는 성과를 이루었다. 이 사건만 해도 성착취 피해자가 무려 200여 명에 달했는데, 'n번방 사건' 이후 가장 많은 피해자를 만든 범죄였다. 수사기관과 플랫폼 사업자의 적극적인 조치가 얼마나 중요한지 보여주는 단적인 사례다. 범법자를 체포하고 처벌하는 게 당연한 일처럼 보이겠지만, 불과 몇 년 전까지만 해도 우리 수사기관과 사법부 모두 이런 유형의 디지털 범죄는 대응이 불가능하다는 입장을 고수해왔다. 결국 공권력을 움직이고 처벌할 수 있게끔 변화를 만든 것은 사람들의 관심과 목소리다.

하지만 처벌을 강화했으니 모든 문제를 해결했다고 손 놓을 수 있을까? 처벌과 규제가 된들 언제나 그 빈틈을 파고드는 새로운 유형의 성폭력과 가해자는 계속 등장하기 마련이다. 게다가 처벌 강화가 범죄에 대한 경각심을 높여 범죄 예방 효과까지 꾀할 수 있다고 하더라도, 어디까지나 사후적인 대책이다. 이 문제가 왜 발생했는지 더 근본적인 원인을 탐구해 성폭력이 발생하기 전에 예방할 수는 없을까?

딥페이크 성폭력은 가부장적 남성연대의 문제다

사람들 대다수는 딥페이크 성폭력을 그저 극단적인 일부의 일탈로 취급하고 그 일부를 잡아 처벌하면 문제가 해결될 수 있을 것이라 기대한다. 2024년 여성가족부 보고서에서 디지털 성범죄 발생 원인 1위가 "가해자에 대한 처벌이 너무 약해서"로 나타난 것만 봐도 그렇다.[15] '처벌이 미약하기 때문에 범죄가 이어진다. 따라서 처벌을 강화하면 범죄가 사라질 것'이라는 기대는 아주 간단명료하고 직관적이다. 그러다 보니 디지털 성폭력 예방 교육을 할 때도 길게 이런저런 이야기 할 것 없이 처벌이 얼마나 무시무시한지를 강조해달라고 자주 요청받는다. 디지털 성폭력에 대해 보도한 기사에서도 사형이나 거세형 같은 극형을 받게 해야 한다는 댓글이 도배되어 있다. 학교에서 교육할 때도 학생들의 반응 역시 마찬가지다. 가해자의 극형을 주장하는 이들 중 상당수는 남성이다. 그렇게 이야기함으로써 자신이 이 범죄와는 전혀 상관없는 무고한 남성임을 보여주고 싶어 한다. 이렇게 하나같이 같은 목소리로 범죄를 질타하고 처벌을 이야기하는데 도대체 왜 계속 끊이지 않고 유사한 범죄가 이어질까?

디지털 성폭력 사건의 극단적 성비가 드러내는 것

2024년 검거된 딥페이크 성폭력 피의자 98퍼센트가 남성이었다.[16] 그리고 한 외신에 따르면 딥페이크 성착취물 피해자 99퍼센트가 여성이었다고 한다.[17] 2023년 성폭력 범죄 피해자 약 80퍼센트가 여성이었고 성폭력 범죄자 약 94퍼센트가 남성이었다.[18] 그저 일부의 일탈이라면 대체 왜 이렇게 극단적으로 양분된 성비가 나올까? 이상하지 않은가? 성별이 드러나지 않는 온라인 공간에서도 왜 성별에 따라 누군가는 가해자로, 또 다른 누군가는 피해자로 양분되는 양상이 나타나는 것일까? 단적으로 2024년 교육부 발표에 따르면, 학교 딥페이크 성범죄 사건 발생에 대한 불안 정도에서 여자 청소년 85.9퍼센트가 '불안감을 느꼈다'고 응답한 반면, 남자 청소년의 경우에는 63.1퍼센트만이 같은 응답을 했고 '아무렇지 않았다'는 36.9퍼센트였다. 학교 딥페이크 성범죄 사건 발생 인지 후 대처에 대해서도, '큰 문제라 생각하지 않아 아무런 대응도 하지 않음'에 여자 청소년은 6.2퍼센트가 응답한 반면, 남자 청소년은 18.2퍼센트로 차이가 나타났다.[19]

디지털 성범죄 피해자 총 149명 대상 설문조사 결과, 가해자의 70퍼센트가량이 피해자와 친밀한 관계였고, 그중에서 '애인'이 26.1퍼센트로 가장 많았다.[20] 미디어에서 묘사하는 것처럼 정체를 숨긴 수상한 사람이 아니라 피해자가 신뢰하던 사람이 피해자를 불법촬영하고 촬영물을 유포하겠다며 협박했을 뿐만 아니라 실제로 유포까지 했다는 이야기다. 그런데 불법촬영한 성관계 영상이 유출될 경우 피해자만이 아닌 성관계 상대인 자신의 존재와 신체 역시 노출될 가능성이 충분함에도 어떻게 이 가해자들은 아랑곳없이 영상을 유포한다 협박하고 실제로 유포할 수 있었을까? 그것은 똑같은 인터넷 공간에서도 여성과 남성의 몸이 서로 다르게 여겨지기 때문이다. 여성의 몸이 남성보다 더 성적으로 대상화되기 때문이다. 아니, 남성들이 여성의 몸을 성적으로 대상화하고 착취하기 때문이다. 이른바 'n번방 사건'이라 불렸던 텔레그램 성착취 사건부터 수많은 불법촬영물로 구축된 양진호의 웹하드 카르텔, 거의 모든 대학가에서 발생한 단톡방 성희롱 사건까지. 극단적인 일부 범죄자의 일탈로는 이 수많은 성폭력 사건의 반복, 그리고 가해자와 피해자의 성비를 설명할 수 없다. 이는 한국 사회의 고질적이고 구조적인 문제임을 보여준다. 성착취자들에게 극형을 내려야 한다는 선긋기만으로는 충분하지 않다. 지리멸렬하게 반복되는 이 폭력을 멈출 수도 없다. 이 문제를 야기한 구조적인 차별과 폭력을 바로 보고 이야기해야 한다.

  딥페이크 성폭력 사건에서 많은 사람들을 충격에 빠뜨린 것은 새로운 기술만이 아니다. 그보다 내가 신뢰하고 관계를 맺어온 내 주변의 사람들, 가족과 동료, 학우, 지인이 가해자일지도 모른다고 의심하게 만드는 폭력의 일상성이 공동체의 신뢰를 무너뜨렸다. 어떤 이들은 혈기 왕성한 젊은 남성의 성적 충동으로 문제를 축소하려 한다. 하지만 단지 성적인 욕구만으로 이 사건을 들여다보면 언제나 실패할 수밖에 없다. 우리는 그보다 이들이 왜 이런 행동을 성적 욕구로 착각하며 폭력을 휘둘렀는지 질문해야 한다. 대표적으로 이른바 '지인능욕' 사건이 있다. 가해자들은 '겹지인방'이라고 불리는 텔레그램 채널을 통해 지역이나 학교를 중심으로 모인 후 함께 아는 여성을 물색해 사진을 공유하고 불법 합성을 자행했다.[21] 학교 선생님부터 동창, 선후배에 그치지 않고 엄마, 누나, 여동생, 사촌 등 가족까지 범죄의 표적으로 삼았다.[22] 선뜻 이해하기 어려운 일이다. 단지 성적인 욕구라면 인터넷 도처에 깔린 것이 성표현물인데 자신의 정체가 드러날 수 있음에도 왜 굳이 애써 지인의 사진을 합성하고 다중과 함께 조롱하는 일까지 저지른다는 말인가?

문제 원인은 성적 욕구 아닌
가부장적 남성연대의 위계질서

이를 이해하기 위해서는 여성혐오를 자양분으로 삼아 구축된 가부장적인 남성연대에 대한 설명이 필요하다. 여기서 이야기하는 남성연대는 단지 어떤 집단이나 대상이 아닌 남성 가부장 권력을 독점하기 위해 모든 남성이 동일한 이해관계를 가지고 있다는 믿음하에 여성이나 성소수자를 비롯한 타자를 배제하는 행동양식을 말한다. 우에노 지즈코上野 千鶴子는 자신의 저서 《여성 혐오를 혐오한다》에서 "남자는 남자들의 집단에 동일화하는 것을 통해 남성이 된다. 남자를 남성으로 만드는 것은 다른 남자들"이라고 말한다.[23] 남성연대의 작동 방식을 정확히 설명하는 말이다. 쉽게 말해 "우리가 남이가", "원래 남자는 다 그런 거야"로 설명할 수 있다. 직장, 학교, 온라인 커뮤니티 등에서 남성들끼리 똘똘 뭉쳐 주변 여성을 품평하고 성표현물과 관련한 정보를 공유하다가 문제가 되었던 것을 숱하게 봐왔다. 외부에서 누군가 문제를 지적하면 "남자는 원래 다 그래요"라 말하며 쳐내버리고, 내부의 누군가 불편한 기색을 보이면 우리가 남이냐는 식으로 성별의 동질성을 강화해 이견을 뭉개버린다. 그런데 조금만 생각해봐도 남성은 다 다르고 우리는 대체로 남이다. 고작해야 얼마 비슷하지도 않고 그마저도 잘 확인할 수 없는 성기 모양 정도로 동질성을 주장하기에는 그 근거가 너무 미약하다.

그럼에도 동질성을 강화하는 주장을 대놓고 의심하고 비판하기란 쉽지 않다. 남성연대가 철저히 위계적인 방식으로 그 안의 질서를 유지하기 때문이다. 그 정점에는 이른바 '헤게모니적 남성성'이 있다. 그 사회에서 가장 남자답다고 여겨지는 모습, 이를테면 힘이 세거나 공부를 잘하거나, 엄청난 경제력을 가졌거나 뛰어난 외모를 가진 경우, (경제력, 외모, 학력 등의 조건이 평균 이상인 남자를 뜻하는) '육각형 남자'나 '알파 메일alpha male'처럼 사회적으로 승인된 남성성으로 그 무리의 정점이 되어 권력을 독점한다. 그 옆에는 앞서 말한 조건을 다 갖추지는 못했지만 그의 권력 독점에 동의하며 유사한 구조를 유지, 존속하고자 공모하는 남성성이 있다. 그리고 이들은 혹여 배신자가 나오지 않도록 사회적 자원이 없고 취약한 존재들을 비난하고 조롱함으로써 더 철저히 타자화하며 내부 결속을 다진다.

학교에 가면 자신을 희화화하면서까지 무리에 소속되기 위해 애쓰는 인물상이 있다. 이들은 왜 그렇게까지 무리에 소속되려고 할까? 그 무리 밖으로 나가떨어지면 손쉽게 폭력과 괴롭힘의 대상이 될 수 있다는 것을 알기 때문이다. 남학생들의 입에 버릇처럼 붙어 있는 욕만 관찰해봐도 쉽게 알수 있다. 운동하기를 꺼릴 때는 물론이고 그저 친구의 안부를 자상하게 물었을 뿐인데도 "게이냐"라는 말이 욕처럼 튀어나온다. 친구들 사이에서 '미친놈'은 칭찬이나 장난처럼 쓰일지 몰라도, '미친년'은 싸움을 촉발하는 신호다. 여성을 성적으로 대상화하고 재화 취급하는 것 역시 무리에 녹아드는 하나의 방법으로 쓰인다. 숙맥 소리를 들으며 은근히 무시받던 친구도 성적인 농담을 던지면 주변에서 '역시 이 녀석도 남자긴 남자네'라는 인정이 뒤따른다. 딥페이크 성폭력 사건의 '지인능욕'도 마찬가지다. 가해자들은 자신의 불안정하고 허구적인 남성성을 감추고 다른 남성들에게서 인정받기 위해 주변 여성을 조롱하고 성적으로 취급했다. 이들은 자신 주변 여성을 재물 삼아 남성되기를 수행하고 있다. 다시 말해, 딥페이크 성폭력 사건의 원인은 바로 이러한 가부장적이고 위계적인 남성연대에 있다.

우리는 지금까지
남성 교육에 실패해왔다

———

남자 청소년들이 여성의 외모를 품평하고, 여성폭력으로 가득한 성착취물을 그저 '야동'이라 부르며 낄낄거리고 장난칠 때 진작 멈춰 세우고 지적했어야 했다. 그러나 이를 비판하기는커녕 "원래 다 그러면서 크는 거야!" 같은 말로 폭력에 동조하는 목소리가 난무하더니 이제는 성폭력의 원인으로 젠더 권력을 지적하는 당연한 시도에도 '남성을 잠재적 가해자로 취급하지 말라'는 목소리가 울려 퍼진다. 이제는 바로 보고 이야기할 수 있어야 한다. 우리는 지금까지 남성 대상 성평등 교육에 실패했다. 남자 청소년은 더 많은 성별 고정관념과 더 낮은 성평등 의식을 가지고 있다. 2024년 통계에 따르면, 청소년의 양성평등 의식 전체는 2015년 이래로 계속해서 90퍼센트 이상의 높은 수준이지만, 그럼에도 같은 시기 남자 청소년의 양성평등 의식이 여자 청소년에 비해 미묘하게 계속 낮은 수준을 보이고 있다.[24]

서울시여성가족재단의 자료에 따르면, 디지털 성범죄가 '매우 심각하다'(4점)고 느끼는 정도에서 여성은 초등학생 3.21점, 중학생 3.36점, 고등학생 3.54점으로 연령이 높아질수록 그 심각성을 더 크게 느끼는 것으로 나타났다. 반면 남성의 경우 초등학교 때는 3.16점으로 여성과 크게 다르지 않지만, 중학생 3.15점, 고등학생 2.99점으로 심각성 인식이 도리어 점점 떨어지는 것으로 나타났다.[25] 다시 말해, 남성들은 여성들에 비해 그 문제의 심각성을 더 잘 느끼지 못하고 있을 뿐만 아니라, 폭력 예방 교육을 통해 높아져도 모자랄 인식이 도리어 낮아지고 있는 것이다. 그만큼 교육 효과보다 성차별적인 또래문화나 미디어 등 외부의 부정적 영향이 더 크게 작용하고 있음을 미루어 짐작할 수 있다.

또 다른 보고서도 살펴보자. 취업·승진 및 일·가정 양립에 대한 인식을 살펴보기 위해 '맞벌이도 가능하지만 생계에 대한 일차적인 책임은 남자에게 있다'는 질문에 '그렇다'고 응답한 비율이 남성 청소년은 17.3퍼센트, 여자 청소년은 6.6퍼센트로 나타났다. 또한 성역할 및 성에 대한 인식에서도 '남자는 여자보다 강하므로 약한 여성을 보호하고 배려해야 한다'에 '그렇다'고 응답한 남자 청소년은 28.8퍼센트, 여자 청소년은 15.7퍼센트로 나타났다.[26] 전반적으로 청소년의 성역할 고정관념은 낮은 편이었으나, 남자 청소년의 고정관념이 다소 높았고 개중에도 남성의 성역할을 더 강하게 의식하는 듯한 모습을 보였다. 이들은 왜 이런 태도를 갖게 됐을까? 남성을 대상으로 하는 성역할 고정관념은 남성의 삶을 부담스럽게 할지 모르는데 말이다.

여전히 강력한 남성 성역할 고정관념

최근 학교에서 교육을 진행하며, 강의를 듣고 있는 학생들에게 성별 고정관념을 강화하는 말, 이를테면 "여자가 무슨 축구야"라든가 "남자는 눈물 보이는 거 아니야" 같은 표현을 들은 적이 있는지 질문했다. 당연히 그런 고리타분한 이야기를 이제 누가 하겠냐는 반응을 기대했는데, 의외로 여학생들보다 남학생들이 격하게 고개를 끄덕이며 '남자가/는~'으로 시작하는 이야기를 일상적으로 듣는다고 대답했다. 심지어 한 남학생은 "아까도 선생님이 그런 이야기 했는데요"라는 비보를 전했다. 이들의 진지한 표정과 다른 교실에서도 반복되는 비슷한 대답은 이게 비단 성교육에 저항하거나 장난치는 게 아니라는 것을 증명했다. 그러니까 이제 우리 사회의 성평등 인식은 그래도 여성의 성별 고정관념을 강화하는 표현, 특히 여성의 삶을 제약하거나 차별하는 말을 사용하면 안 된다는 수준까지는 어느 정도 합의에 이른 것 같다. 그런데 여전히 멈춰 서 있는 지점이 있다. 바로 남성을 향할 때다.

그저 남성도 차별받는다는 이야기를 하려는 것이 아니다. 가부장적인 사회에서 남성이 군대에 가거나 가족부양을 책임지는 것이 '남성을 향한 역차별'이라고 말하는 순간 그에 앞서 선행되고 있는 성차별과 젠더 권력구조는 가려지고 그저 서로 다른 고통을 호소하는 개인만 남는다. 이런 틀에 갇혀 있으면 '불행 배틀'은 가능할지 몰라도, 성차별적 구조라는 문제를 직시하고 변화를 만들기란 어렵다. 성별에 따라 성별 고정관념과 성차별 양상이 다르게 나타날지 몰라도, 근본적으로는 서로 긴밀하게 연결되어 있다.

그러나 안타깝게도 남성 대상 성별 고정관념에 대해 남성들의 문제인식이나 변화는 더디기만 하다. 그 이유 중 하나는 '남성의 역할'이 자본주의 사회에서 권장하는 노동자의 모습과 맥락을 같이하기 때문이다. 이는 결코 우연이 아니다. 자본주의 사회에서 고안된 '성별 분업'은 남성에게 '생계 부양자'라는 모델을, 여성에게 재생산과 돌봄노동을 전담하는 '가정의 수호자'라는 모델을 미덕 또는 규범으로 제시하면서 남성에게 '가장'이 되기를 권고해왔다. 그 관습은 꽤 오랜 시간이 지난 오늘날에도 줄어들 기미 없이 여전하다. 남성들에게 기존 성역할을 수행하는 것은 그저 늘 하던 일일 뿐만 아니라 사회적으로 권장되기까지 한다. 오히려 남성의 성역할을 거부하는 경우, 남성연대 내부에서는 '찌질하다'거나 '루저'라는 비난을 받으며 위계질서의 바닥으로 추락할지 모른다는 위협을 받고, 외부에서는 매력적이지 않거나 무능력하게 여겨진다. 그렇기 때문에 남성들에게는 남성이라는 성역할 수행을 벗어날 동기가 없고 벗어나고자 하더라도 마땅한 대안을 찾기 어렵다.

문제는 저절로 사라지지 않는다, 더 커질 뿐이다

남초 커뮤니티에서 쓰이는 '퐁퐁남'과 '설거지론'이라는 말이 있다. 젊은 시절 '문란'하게 살던 여성과 결혼한 경제적으로 안정된 어리숙한 남성을 '퐁퐁남'이라고 멸칭하는 것인데, 이는 어리석은 '퐁퐁남'은 자신이 '문란한' 여성을 '설거지'하고 있는 줄도 모르고 부인을 위해 설거지 같은 가사노동까지 한다고 조롱하는 것이 '설거지론'이다. 한국 남성들의 노골적인 여성혐오는 온라인에 머물지 않았다. 2023년 진주의 어느 편의점에서는 한 남성이 여성 아르바이트생의 헤어스타일이 숏컷이라는 이유만으로 (머리가 짧은 여성은 페미니스트일 것이라 추정해) 페미니스트는 맞아야 한다며 폭력을 휘둘렀다. 이러한 폭력의 기저에는 열등감이 깔려 있다. 이들은 공통적으로 자신이 기성세대 남성처럼 가부장이 될 수 없음을 원망한다. 헤게모니적 남성성을 지닌 알파 메일을 부러워하고 질투한다. 그러나 이 열등감은 경쟁적이고 불안정한 사회적 구조나 환경

또는 그 권력을 독점한 남성들을 향하지 않는다. 그들은 이 위계의 밑바닥보다 더 아래에 위치해 있으면서도 '감히' 자신을 거절한 여성을 향해 폭력을 휘두른다.

그 폭력의 기원에는 자신의 불안정하고 위태로운 지위에 대한 두려움이 있다. 이들은 여전히 가부장 권력을 차지하고 싶어 한다. 하지만 요즘 같은 시기에 경제적으로 온 가족을 부양하는 가부장 권력은 이루기 어려운 욕망이다. 설령 어렵사리 경제력을 갖춘다고 한들 성평등 의식을 갖춘 지 오래인 여성들은 성차별적인 가부장제도에 편입되려 하지 않는다. 이에 어떤 남성들은 사회의 경쟁적 구조를 바꾸거나 자신을 변화시키거나 여성과의 관계를 개선하기 위해 노력하기보다 더 손쉬운 쪽을 선택한다. 바로 일방적으로 여성을 탓하는 것이다. 폭력은 또다시 쉽게 아래로, 약자를 향한다.

'이대남' 논란을 비롯해 서부지법 폭동 사건 등으로 작금의 남자 청소년과 청년을 향한 우려의 목소리가 크다. 한편에서는 그들이 온라인을 통해 극우화되었으며 그 핵심 원인으로 경제적 불안을 꼽기도 한다. 그러나 극우화된 온라인 공간은 이 문제의 원인이기보다 결과에 가깝다. 또한 여성 청소년과 청년들은 남성들과 비슷하거나 더 열악한 사회구조적 상황에서도 전혀 다른 모습을 보이고 있다. 성별을 기준으로 극명히 다르게 나타나는 폭력과 현실 인식을 직면하자. 딥페이크 성폭력 사건은 극단화된 일부의 일탈이 아닌, 뿌리 깊은 가부장제도 아래 똘똘 뭉친 유해한 남성연대가 켜켜이 쌓아온 여성혐오의 결과다. 우리는 더 이상 가부장적이고 여성혐오적이었던 과거로 되돌아갈 수 없다. 외면하고 에둘러 가서는 문제를 해결할 수 없다. 비극을 되풀이하지 않으려면, 기존의 유해한 남성성과 남성연대를 변화시켜야 한다.

남성을 변화의 주체로 초대할 수 있을까?

———

폭력을 멈춰 세우고 예방하기 위해서는 유해한 남성연대에 균열을 내는 남성이 필요하다. 그러나 이 해결 방안은 곧잘 허무맹랑한 소리로 받아들여지기도 한다. 사실 미디어나 온라인 곳곳에 등장하는 남성들의 모습을 보면 희망을 말하기란 도저히 어려워 보인다. 하지만 정말 모든 남성들이 그들 같을까?

근년의 페미니즘 운동은 어떤 남성들에게 분명한 변화를 만들어냈다. 한국여성정책연구원의 한 자료에 따르면, 청년세대 남성 중, 20대 25.7퍼센트, 30대 24.3퍼센트는 '반성차별주의' 성향을 보인다고 한다.[27] 대단히 자랑스러워할 만한 수치는 아니지만, 우선 실망을 미루고 조금만 더 들여다보자. 같은 자료에 따르면, 청년세대의 상당수는 기존의 가부장적인 전통적 남성성에 부합하지 않는 모습을 보인다. 이른바 '비전통적 남성성'이 30대는 27.1퍼센트로 나타나고, 20대에서는 38.5퍼센트로 가장 높은 비율을 차지한다.[28] 다른 세대에 비해 여성 차별에 대한 문제 인식은 떨어지지만, 남성성 변화를 위한 활동으로 자녀 양육, 자녀 돌봄 커뮤니티 활동과 남성을 위한 페미니즘 교육에 대한 참여 의사를 물어보았을 때 '남성 돌봄 커뮤니티 참여'에 대한 의사는 전체 절반 이상(53.2퍼센트)으로 제법 높게 나온다. 최대한 선의를 가지고 보면, 이들 역시 남성이 임금노동을 전담하고 여성이 재생산 노동을 전담하는 기존 방식의 가부장제가 유지 불가능하다는 것을 알고 있다. 특히 젊은 남성들을 중심으로 전통적 남성성의 바깥을 상상하는 이들이 등장하고 있다. 나는 지금 이들을 변호하려는 것이 아니다. 변화의 실마리를 찾고 있는 중이다.

다시 자료로 돌아가보자. 페미니즘을 어디에서 접했는지 '페미니즘 정보 접촉 경로'를 살펴보면 '적대적 성차별/반페미니즘' 성향을 보이는 이들은 54.4퍼센트가 '신문, TV 방송'에서, 42.1퍼센트가 '온라인 커뮤니티, 1인 방송, SNS'에서 페미니즘을 접했다고 응답했다.[29] 반면 '반성차별주의' 성향을 보이는 이들의 경우 63.2퍼센트가 '주변인으로부터의 정보', 50퍼센트가 '강의 소모임 활동 등'을 꼽았다.[30] 사람을 통해 전해지는 밀도 높은 정보가 얼마나 중요한지 보여주는 수치라고 생각한다. 교류와 소통이 변화의 열쇠가 될 수 있다.

그렇기에 나는 남학교와 군대를 비롯해 남성들이 대다수인 교육 현장에 간다. 많지는 않지만 그래도 꼭 반짝이는 눈으로 교육을 듣는 수강생들이 있다. 그들에게서 출발해 조금씩 균열을 넓혀 나갈 수 있다. 강의의 집중도를 조금이라도 더 끌어올리기 위해 나는 수강생들이 가장 쉽게 공감할 법한 '남자는 태어나서 세 번만 운다' 같은 이야기부터 꺼낸다. 그저 고리타분한 소리 같지만 여전히 많은 남성들이 그 영향하에 있다. "학교에서 우는 남학생을 본 적 있나요? 그럴 때 어떻게 반응하나요?"라고 물으면 보통 걱정스레 안부를 묻는 경우보다 "우냐? 진짜 우네!"라며 놀렸다는 장난스러운 반응이 압도적이다. 그러면 이어서 "아버지가 우는 모습을 본 적은 있나요?"라고 물어본다. 그럼 이내 반응이 숙연해진다. 한 번도 본 적 없거나 상상조차 못 해본 듯한 반응이다.

남성들에게 감정 표현, 개중에도 눈물을 보이거나 어려움을 호소하는 등 의존적이고 부정적인 감정 표현은 여전히 금기다. 남성들에게 통용되는 단 하나의 감정은 분노다. 그래서 힘들어도 화를 내고 무서워도 화를 내고 섭섭해도 화를 낸다. 당연히 이런 식의 고장나버린 감정 표현은 사람을 외롭고 힘들게 만들 뿐이다. 2024년 고독사 사망자 실태조사에 따르면 2023년 고독사 사망자 3632명 중 남성이 84.1퍼센트로 여성보다 5배 이상 많았다.[31] 이러한 현상은 우울증 및 자살 사망자 수를 비교해보면 더 잘 나타난다. 2023년 자살 사망자 1만

3978명 중, 남성은 9747명으로 거의 70퍼센트가량이 남성이었다.[32] 그러나 건강검진 중 정신건강(우울증) 검사를 살펴보면, '가벼운 우울 증상'은 여성 16.6퍼센트, 남성 12.9퍼센트이고 '중간정도 우울증 의심'은 여성 6.0퍼센트, 남성 3.6퍼센트이며 '심한 우울증 의심'은 여성 0.5퍼센트, 남성 0.3퍼센트다.[33] 다시 말해, 남성들은 정신건강 검사에서도 자신의 우울을 호소하지 않고 숨기다 더 극단적인 선택까지 치닫고 있다.

강의가 이 부분까지 진행되면 듣고 있던 남성들도 꺼림칙해하면서 무엇인가 잘못되었음을 깨닫는다. 더 이상 이런 비극이 반복되어서는 안 된다는 나의 목소리에 공감하기 시작하는 것이다. 조금 돌아가는 것 같아도, 이런 방식으로 문제를 제시하다 보면 여성을 향한 성역할 고정관념을 이야기할 수 있게 되고, 또 이를 기반으로 성적 대상화와 성차별, 성폭력, 젠더기반폭력까지 쉽게 이야기를 나눌 수 있게 된다.

그렇게 문턱을 낮추고 남성연대에 균열을 만들었다면, 이제는 문제의식을 느낀 남성들이 함께 변화를 도모하고 새로운 언어를 찾아 나설 수 있게 해야 할 때다. 이 작업은 혼자서는 불가능하다. 앞서 계속 지적했듯, 딥페이크 성폭력 사건은 단지 개인의 일탈이 아닌, 여성혐오적이고 성차별적인 사회구조의 문제다. 따라서 이를 해결하는 방법 역시 남성 개개인의 덕성에 의존하는 것으로 끝나서는 안 된다. 그보다 구시대적 남성성의 종말을 눈앞에 둔 남성들이 경험하는 불안정과 혼란을 해석할 수 있도록 언어를 만들고 찾을 수 있게 해야 한다. 여성을 성적으로 대상화하고 착취하는 것이 당연하다고 이야기하는 여성혐오적인 섹슈얼리티 말고 교류하고 교감하는 섹슈얼리티의 즐거움을 탐구할 수 있게 해야 한다. 유해한 남성연대를 벗어나더라도 얼마든지 행복하고 자유롭게 살아갈 수 있음을 보여줘야 한다. 그저 극단적인 일부의 일탈일 뿐이라며 문제를 외면하고 '여성가족부 폐지'라는 모순된 정책과 법을 이야기할 게 아니라, 안전한 일상과 평등한 현실을 만들기 위해 정치와 법을 바꾸는 구조적인 변화를 꾀해야 한다. 그리고 페미니즘이 이들에게 더할 나위 없는 언어가 될 수 있다고 확신한다. 벨 훅스가 이야기했듯, "페미니즘은 성차별주의와 그에 근거한 착취와 억압을 끝내는 운동"이다.[34] 남성 역시 페미니즘을 통해 자신의 삶을 해석하고 억압받는 다른 존재들과 연대하여 함께 변화를 만들어내는 운동 주체가 되어야 한다. 세상의 절반에 달하는 그들이 함께 변할 때, 우리 사회는 비로소 더 안전하고 평등해질 수 있다.

2024년, 내가 몸담고 있는 페미니즘 활동 단체인 남성과함께하는페미니즘에서 경상남도 산청에 있는 산청간디학교를 방문했다. '도전한남'이라는 남성 페미니즘 동아리의 활동을 응원하기 위해서였다.[35] 이 청소년들은 페미니즘이 무엇인지 스스로 탐구하며 책을 읽고 온라인에서 떠도는 페미니즘 이슈에 대해 토론했다. 연애, 몸, 외모 등 자신의 삶에서 부딪히는 문제를 페미니즘이라는 언어로 풀어내고자 시도하는 중이었다. 짧은 만남이었지만 우리는 각자 겪은 시행착오와 경험들을 나누며 서로에게 비슷한 고민과 과제가 남아 있음을 확인했다. 막바지 무렵, 나는 학생들에게 과연 페미니즘을 접하지 않았다면 자신의 삶은 어떤 모습이었을 것 같은지 질문했다. 개인적으로 페미니즘을 너무 늦게 접한 탓에 과거와 일상 곳곳에 스며든 유해한 남성성과 아직 내 안에 남아 있는 가부장제의 관성이 못내 아쉽고 어렵게 느껴져 던진 질문이었다. 그런데 한 학생이 자신은 중학생 때부터 학교에서 자연스럽게 페미니즘을 접해왔기에 그렇지 않은 자신의 모습을 쉽게 상상할 수 없다는 답변을 돌려주었다. 그 학생의 대답이 부러우면서도 한편으로는 기대가 됐다. 과연 이들이 만들어갈 미래는 어떤 모습일까? 쉽게 상상이 가지 않는다. 다만 지금껏 그랬듯, 또 우리보다 앞선 수많은 페미니스트가 그랬듯, 우리 곁에는 배턴을 이어받을 든든한 미래의 동료가 있을 것이란 근거 넘치는 희망이 생겼다. 가끔 영 세상이 변하지 않는 것 같아 마음이 답답할 때면, 그날의 그 장면, 그 시간을 떠올린다. 그리고 되새긴다. '폭주하는 남성성의 시대는 끝났다.' 우리가 기어코 끝낼 것이다.

더 찾아볼 자료

R. W. 코넬, 안상욱·현민 옮김, 《남성성/들》, 이매진, 2013.

남성성이라는 주제에 대해 관심 있고 궁금하다면 빠질 수 없는 걸작이다. 이 글에서 언급한 '헤게모니적 남성성'과 '공모하는 남성성'을 비롯해, 남성성의 개념에 대해 잘 설명해준다.

최태섭, 《한국, 남자》, 은행나무, 2018.

'도대체 한국 남성들은 왜 그러는 걸까?'에 대해 문화평론가이자 사회학자인 최태섭의 분석이 담긴 글이다. '식민지 남성성'부터 '반공 전사', '산업역군', IMF 이후 '고개 숙인 아버지', '군무새', '김치녀'와 '된장녀'의 탄생 등 한국 근현대사에 등장한 다양한 남성성을 이해하고 싶은 사람들을 위한 책이다.

권김현영 외, 《한국 남성을 분석한다》, 교양인, 2017.

국내 저명한 여성학자와 사회학자들의 남성성, 남성, 가부장제 등에 대한 고민을 엿볼 수 있는 책이다. 책이 상대적으로 두껍지 않고 다양한 남성성 개념을 쉽게 설명해준다는 점에서 추천한다.

씨리얼, 〈나 이대남인데 보수우파 아니다 I Invited〉, 2025.
씨리얼, 〈죽음을 계획한 20대 남성의 속마음〉, 2025.

유튜브 채널 '씨리얼'이 만든 이들 영상은 이른바 '이대남'이라고 통칭되어 일반화되기 쉬운 20대 남성들이 다양한 방식으로 살아가고 있다는 것을 보여준다. 특히 《증명과 변명》(다다서재, 2024)의 저자 안희제를 인터뷰한 〈죽음을 계획한 20대 남성의 속마음〉은 이들이 어떤 과정을 거쳐서 이러한 남성성에 빠져들게 되는지를 잘 이야기해주고 있다.

한국사이버성폭력대응센터, 《2020 한국 사이버성폭력을 진단하다》, 2019.

한국사이버성폭력대응센터(이하 '한사성')는 불법촬영과 비동의 유포 등 사이버 공간 성폭력에 대응하기 위해 2017년 만들어진 비영리 여성인권운동단체로 정책 제안과 제도 개선, 피해 지원 및 교육 등 사이버 성폭력의 문제 해결을 위해 현장 맨 앞자리에서 다방면으로 힘쓰고 있다. 이 자료집은 그동안 한사성 활동을 집약한 자료 중 하나로, 그간 사이버 성폭력 양상과 이에 대응해온 여성운동의 역사 그리고 사이버 성폭력을 만든 토양을 분석한다.

4장 사이버레커와 여성폭력 사건들

정의 구현에 활용된 성폭력

유호정
한국성폭력상담소 활동가

주목 경제의 시대,
사이버레커의 탄생

———

정보를 찾을 때 책이나 인터넷 검색 엔진 대신 유튜브를 이용하는 사람이 점점 늘어나고 있다. 시간을 때우고 싶을 때 역시 유튜브는 훌륭한 즐길 거리다. 전 세계 유튜브 이용자들의 일일 시청 시간을 합하면 10억 시간 이상에 이른다. 한국에서도 유튜브는 모바일 플랫폼 사용량 부동의 1위이며, 1인당 월평균 40시간을 시청한다.[1] 유튜브 알고리즘은 이용자들이 최대한 오랫동안 플랫폼에 머물게끔 촘촘히 설계돼 있다. 그래야 광고주들로부터 수익을 얻을 수 있기 때문이다.

미국의 경제학자 허버트 사이먼Herbert Simon은 한정돼 있는 인간의 주의력을 희소한 상품이자 자원으로 보고 이를 주목 경제attention economy라는 개념으로 이론화했다. 인터넷을 통해 언제든지 접근할 수 있는 정보가 넘치는 시대에 정보의 가치는 사람들이 그것에 얼마나 주의를 기울이느냐에 따라 달라진다. 이에 소셜 플랫폼 회사는 이용자들이 자신의 플랫폼에 최대한 오래 머무르도록 여러 장치들을 이용해 주의력을 붙잡아둔다. 유튜브 광고주들 역시 이렇게 모아진 이용자들의 주목을 구매하는 셈이며 유튜브 이용자들은 그만큼 광고에 오래 노출된다.

유튜브는 자체 알고리즘 외에도 이용자들의 주의력을 붙들기 위해 유튜버와 수익을 나눈다. 유튜버는 다양한 경로로 수익을 얻는데, 수익구조 대부분이 영상의 조회 수 및 시청 시간과 연관돼 있다.[2] 이용자의 주의를 끌어내는 정도가 수익과 직접적으로 연동되기 때문에 유튜버 역시 플랫폼 내에서 주목을 유도하는 핵심적 행위자로 기능한다. 이러한 구조 아래, 논쟁을 일으키는 이슈나 인물을 자극적으로 편집하고 과장하는 유튜버들이 등장했다. 교통사고가 발생하면 누구보다 빨리 사고 차량에 출동하는 견인차처럼, 이슈가 생길 때마다 영상을 찍어 콘텐츠를 만듦으로써 관심을 끄는 온라인상의 견인차, 이른바 '사이버레커cyber wrecker'다. 정치·사회·엔터테인먼트 등 다양한 분야의 이슈를 다루는 사이버레커는 사람들의 주목을 끌 수만 있다면 서슴지 않고 가짜뉴스를 퍼뜨리거나 유명인의 사생활을 폭로한다. 또한, 여성을 비롯해 사회적 혐오의 대상이 되는 약자나 소수자 집단을 논란의 중심으로 설정함으로써 증오를 증폭시키고 악성 댓글을 유도한다.[3] 댓글을 다는 시청자의 관심과 참여가 전부 수익이 되기 때문이다. 이러한 행위는 모두 모욕죄, 명예훼손죄 등으로 법에 저촉되지만, 벌금 액수보다 훨씬 더 많은 수익을 얻을 수 있기에 사이버레커 유튜버들 대다수가 그에 아랑곳하지 않는다.

이러한 사이버레커가 여성폭력을 수익화할 수 있는 이슈로 바라보기 시작했다. 다음은 2024년, 사이버레커로 인해 여성폭력 이슈가 사회적으로 크게 대두된 장면들이다.

장면 1.

2024년 6월, '나락보관소'라는 유튜버가 밀양 성폭력 사건 가해자의 신상을 공개했다. 밀양 성폭력 사건은 2004년, 밀양 지역 고등학생 수십 명이 여학생을 집단으로 성폭력 가해한 사건이다. 당시 사건의 규모뿐 아니라 44명의 피의자들 중 단 10명만 기소됐다는 사실이 사회에 큰 충격을 줬다.* 그로부터 20년이 지난 후, 유튜브에서 나락보관소의 영상을 시청한 사람들은 밀양 성폭력 사건 형사 결과에 대해 다시금 공분하며 영상에서 신상이 공개된 가해자들을 비난했다. 언론 역시 이 사건을 재조명하며 유튜브 영상에 대해 앞다투어 보도했다.

---

* 기소되지 않은 나머지 피의자 34명 중 20명은 소년부 송치, 13명은 '공소권 없음'으로 불기소, 1명은 타 형사 사건으로 입건되었다.

나락보관소의 신상 공개 콘텐츠는 순식간에 주목을 끌었고, 4만 명이었던 구독자 수가 50만 명으로 폭증했다. 그 여파로 어떤 가해자는 직장에서 해고당하고 어떤 가해자는 운영하던 식당을 폐업했다. 이 콘텐츠로 나락보관소의 구독자 수가 급증하자, 다른 사이버레커들 역시 앞다투어 사건 내용과 가해자 신상을 다루기 시작했다. 문제는 이 신상 폭로 과정에 피해자의 의사는 반영되지 않았다는 것이다. 그러나 나락보관소는 자신이 피해자 가족의 동의를 받았다며 폭로를 이어나갔다. 2004년 당시 밀양 성폭력 사건을 지원했던 한국성폭력상담소는 기자 간담회를 열어 당사자의 동의 없이 피해자에 대한 정보가 일방적으로 확산되고 임의로 재현되는 문제를 비판하면서, '국민의 알 권리'보다 피해자가 피해를 회복하고 일상을 평온하게 살아갈 권리가 더 중요하다는 것을 거듭 강조했다.

장면 2.

유명 먹방 유튜버 A는 유튜브 방송을 시작하기 전부터 만났던 애인이자 전 소속사 대표에게서 4년여간 지속적인 폭행을 당하고 거액의 금전까지 갈취당했다. A는 가해자가 자신을 찍은 불법촬영물을 유포하겠다고 협박한 탓에 쉽게 관계를 끊을 수 없었다. 이후 A가 가해자를 고소했으나 그는 자살하고, 결국 '공소권 없음'으로 사건이 종결됐다. 그런데 '한국 온라인 견인차공제회(이하 '사이버레커 연합회')'의 유튜버들이 A의 교제

폭력 피해 사실을 알게 됐다. 이들은 A의 피해 사실을 두고 어떻게 해야 더 많은 돈을 벌어들일 수 있을지를 가늠했다. "일단 영상을 대충 만들어서 A에게 보내는 것이 좋다", "A에 관한 폭로 영상을 올리기보다 직접 돈을 뜯어내는 것이 이익이다"라는 등 서로를 독려하며 조언을 주고받기까지 했다.[4] 결국 사이버레커 B와 C는 "사생활 관련 의혹을 제보받았다", "돈을 주면 공론화하지 않겠다"고 A를 협박하며 5500만 원을 갈취했고 지인의 식당 홍보까지 강요했다. 그런데 2024년 7월, 구독자 약 90만 명을 보유한 극우 성향의 유튜버 D가 사이버레커들이 그동안 A를 협박해왔다는 사실을 폭로했다. 논란이 일자 A는 그동안 밝히고 싶지 않았던 교제폭력 피해 사실을 공개해야 했다.

한 달 차이를 두고 발생한 이 두 가지 사례에는 사이버레커로 일컬어지는 유튜버의 폭로로 사건이 이슈가 됐다는 공통점이 있다. 사이버레커로 인해 밀양 성폭력 피해자와 먹방 유튜버 A는 부득이하게 자신의 피해 경험이 불특정 다수의 대중에게 공개되어 앞으로 나서야만 했다. 연예인 사생활 침해의 주범으로 알려진 사이버레커는 흔히 연예인의 루머나 스캔들을 다룬다. 그런 사이버레커가 왜 20년 전 성폭력 사건의 가해자 신상을 공개한 것일까? 사이버레커가 밀양 성폭력 사건과 먹방 유튜버 A의 여성폭력 피해를 다룬 방식에는 어떤 차이가 있을까? 사이버레커는 가해자가 제대로 처벌받지 않으니 이렇게라도 신상을 공개해야 한다며 '정의 구현'을 자처한다. 이들이 이야기하는 '정의 구현'이란 무엇이며 이것이 과연 성폭력 문제를 해결하는 데 도움이 될까?

성폭력을 콘텐츠로
'활용'하는 사이버레커

———

밀양 성폭력 사건은 어떻게 사이버레커의 콘텐츠로 '활용'된 것일까? 타인을 비방하고 공격하는 사이버레커는 다른 사람의 불행을 보며 우월감과 즐거움을 느끼는 심리를 자극해 구독자를 끌어들인다. 독일어로 '샤덴프로이데schadenfreude'라고도 하는 이러한 심리는 특히, 벌을 받아 마땅한 사람이 응분의 대가를 치를 때 더욱 정당화되며 정의가 실현되었다는 통쾌함을 준다.[5] 최근 온라인 커뮤니티나 웹툰에서 도덕적으로 비난받을 만한 행동을 한 사람에게 복수하는 '참교육'*, '사이

---

* 미디어비평가이자 소설가인 김세연에 따르면, '참교육'은 본래 "민족·민주·인간화 교육을 표방"하는 전국교직원노동조합의 핵심 이념으로 널리 알려졌으나 2000년대 초반부터 디시인사이드 등의 온라인 커뮤니티에서 밈으로 사용되며 "사회적 비난의 대상이 되는 사람에 대한 응징"으로 의미가 변질되었다. '참교육' 콘텐츠의 특징이자 문제점으로 "단편화"된 서사와 자의적이고 편협한 선악 기준 판단, 혐오 정서와 결합한 유머가 지적된다.[6]

다' 콘텐츠가 인기를 끄는 이유이기도 하다. 사이버레커 역시 인기가 보장된 응징 콘텐츠의 일환으로 성폭력 가해자를 타깃으로 삼은 것이다. 성폭력 가해자가 강력한 처벌을 받고 비난받아야 한다는 것에 이의를 제기할 사람은 많지 않기 때문이다.

물론 성폭력 가해자에 대한 처벌은 중요하다. 2013년 법적으로 강간죄 피해자가 될 수 있는 대상의 범위를 '부녀婦女'에서 '사람'으로 바꾼 것도, 2020년 딥페이크 성폭력을 처벌할 수 있는 조항을 신설한 것도 모두 현실에 존재하는 성폭력을 확실하게 처벌하기 위한 조치였다. 남성중심적인 관점에서 사소하게 여겨지거나 폭력이 아니라고 인지되었던 행위를 성폭력으로 명명하고 법적 책임을 묻는 일은 반드시 필요하다. 그러나 성폭력 엄벌주의 정서가 깔린 사이버레커의 응징 콘텐츠에는 이러한 의식이 결여되어 있다. 크게 이슈화된 특정 성폭력 사건의 가해자를 영원히 사회에서 추방시킬 것을 요구하며 분노할 뿐이다.

2000년대 한국 사회에서 성폭력 가해자에 대한 강력 처벌 요구는 사회적으로 큰 공분을 일으킨 2004년 밀양 성폭력 사건과 2008년 조두순 사건 같은 아동·청소년 성폭력 사건을 거치며 강력해졌다. 이는 성폭력에서 아동·청소년 피해자를 보호해야 한다는 요구이기도 했다. 하지만 사회학자 추지현은 이러한 요구가 '성적으로 순결한 존재'로 여겨지는 아동·

청소년의 섹슈얼리티를 통제해야 한다는 가부장적 담론에 기반하고 있다는 점, 그리고 이것이 사회구조적 권력관계에 대한 관심으로 이어지지 못하고 위험한 외부인 가해자로부터의 안전이라는 관점에서만 편향되게 다루어졌다는 점을 지적한다.[7] 성폭력 문제가 특정 가해자 개인의 문제로만 이해된 것이다.

이에 더해 당시 부상하던 인권 담론은 형사사법 절차상의 피의자뿐 아니라 피해자 인권 보호에 대한 요구도 확장시켰다. 그러나 경찰이 수사 과정에서 피의자의 인권은 보호하는 반면 피해자에게는 오히려 2차 피해를 주는 일들이 발생했다. 예를 들어, 밀양 성폭력 사건의 수사 과정에서 경찰은 피의자 인권을 보호하기 위해 가해자들의 얼굴을 가렸으나, 피해자의 이름과 거주지가 적힌 보도자료는 그대로 출입 기자에게 배포해버렸다. 그뿐만 아니라 피해자에게 "밀양 물을 다 흐렸다"는 발언도 서슴지 않으며 피해자의 인권을 심각하게 침해했다. 이러한 사례는 수사 과정에서 피해자의 인권을 보호하라는 사회적 요구에 불을 지폈다. 이와 함께 피해자가 입은 성폭력 피해가 얼마나 치명적이며 '씻을 수 없는' 고통인지 강조하는 피해자 보호 담론도 등장했다. 피의자 인권은 형사사법 절차상 피의자를 수사하는 국가와의 관계에서 이야기돼야 하는 것으로, 피해자의 인권과 대립되는 개념이 아니다. 하지만 이러한 피해자 보호 담론은 피의자에 대한 응보

나 인권 제한이 필요하다는 주장으로 연결되기도 했다.[8]

또한, 위와 같은 아동·청소년 성폭력 사건에서 법원의 처벌 관행이 크게 문제시되며 사법부의 온정적 처벌에 대한 비판도 확대되었다.* 밀양 성폭력 사건에서 피고인들이 미성년자라는 이유로 전원 소년부로 송치되었을 때와 주취감형으로 조두순에게 징역 12년이 선고되었을 때 법원은 사회적으로 큰 비난을 받았다. 법원의 처벌 수준에 대한 비판은 성폭력 사건에만 한정되지 않으며 현재까지도 이어지고 있다. 2024년 범죄인식조사에 참여한 57퍼센트의 사람들은 '약한 처벌 수준'이 범죄 발생에 가장 큰 영향을 미친다고 답했다. 그리고 응답자 3명 중 2명은 '지금보다 처벌 수준을 매우 강화해야 한다'고 답했다.[10] 이와 같이 우리 사회의 구성원 대다수가 품고 있는 사법 체계에 대한 불신은 현재 다양한 분야에서 양산되는 사적 제재 콘텐츠의 원인으로 꼽히고 있다.

이러한 흐름에 따라 사이버레커가 성폭력 가해자를 사적

---

*　　추지현에 따르면, 법원의 온정적 처벌에 대한 비판은 이미 오래전부터 한국 사회에 쌓여온 사법 불신에 뿌리를 내리고 있다. '유전무죄, 무전유죄'라는 구호에서 드러나는 처벌의 불평등에 대한 문제의식은 이전부터 사법 불신의 핵심 요소였다. 독재 정권 이후 사법민주화 과정의 역동에서 국회는 정치적 정당성을 확보하기 위해 '법 감정'을 반영한다는 명목으로 성범죄 형량 상향, 보안처분 강화 등 가해자 처벌을 강화하는 엄벌주의 입법을 진행했다. 이때의 '법 감정'은 '피해자 보호를 위해 가해자의 인권을 제한하고 강력하게 처벌해야 한다'는 주장을 바탕으로 했다.[9]

으로 처단하는 것은 엄벌주의 대중 정서와 만나 클릭을 유도하는 자극적인 콘텐츠가 되었다. 사회적으로 크게 공론화된 성폭력 사건일수록 사이버레커의 '훌륭한 소재'이자 돈벌이 수단이 되는 것이다. 이미 크게 주목받은 만큼 조회 수가 보장되기 때문이다. 사이버레커는 성폭력 가해자들을 응징해 '정의를 구현'하는 자를 자처하며 이에 열광하는 "맹목적인 추종자"를 만들어낸다.[11] 또한 사이버레커의 가해자 응징은 폭력으로 이어지기도 한다. 2020년 조두순이 출소하자 정의를 실현하겠다는 유튜버들이 그의 집 앞으로 몰려가 호송 차량을 훼손하고 고성을 지르는 등 소란을 피웠다. 해당 유튜버들은 경찰에 체포되었지만, 이들을 따르는 시청자들은 그들을 영웅으로 칭송했다.

사이버레커가 성폭력 가해자의 신상을 공개하는 것 역시 악인에게 명예형을 내림으로써 사적으로 응징을 가하는 하나의 방식이다. 2020년, "대한민국의 악성 범죄자에 대한 관대한 처벌에 한계를 느껴 이들의 신상 정보를 직접 공개해 사회적인 심판을 받게 하겠다"며 '디지털 교도소'라는 웹사이트가 등장했다. 많은 사람들이 이에 열광하며 관심을 보였고 운영자는 영웅 행세를 하면서 100명이 넘는 사람들의 실명과 사진 등을 게시했다. 그러나 사이트에는 운영자의 자의적인 기준에 따라 범죄자뿐만 아니라 혐의가 확정되지 않은 용의자나 '관대한 판결'을 내렸다는 판사 등의 신상도 게시되었고, 사실이 아닌 정보가 공개되어 무고한 사람들이 피해를 입는 등 사회적 논란을 빚었다. 결국 해당 사이트는 방송통신심의위원회가 내린 접속차단 결정에 따라 차단되었고, 운영자는 징역형을 선고받았다. 이처럼 개인에 의한 신상 공개는 법률에 의거한 심사를 거치는 국가에 의한 범죄자 신상 공개와 달리 신뢰할 수 없다. 그뿐만 아니라 공개 대상의 판단이 자의적이라는 점, 다수에 의한 사이버불링으로 이어질 수 있다는 점에서 여러 문제가 산재해 있다.[12]

사적 제재를 위시한 가해자 신상 공개의 또 다른 문제점은 피해자를 불안하게 하거나 피해자의 인권을 침해한다는 것이다. 2023년 6월, 한 사이버레커 유튜버가 부산 서면 돌려차기 사건 가해자의 신상을 공개했다. 이 사건은 귀가하는 여성을 발로 차서 의식을 잃게 한 폭행 및 강간살인미수 사건이다. 해당 유튜버는 "피해자가 적극적으로 원하고 있고, 피해자 고통을 분담하는 차원에서 고심 끝에 공개를 결정"했다며 마치 피해자가 유튜버에게 신상 공개를 요청했다는 인상을 주도록 영상을 편집했다. 해당 영상은 450만 회가 넘는 조회수를 기록했다. 그러나 유튜버는 사전에 피해자의 동의를 구하지 않았고, 피해자는 영상이 올라온 뒤에야 이 사실을 알게 되어 크게 당황스러워했다. 피해자는 언론사와의 인터뷰를 통해 추가 범행을 예방하는 차원에서 합법적인 절차를 거친 가해자의 신상 공개가 필요하다고 이야기했을 뿐이었다. 영상은 1심의 살인미수에 강간 미수 혐의를 추가한 2심 선고를 열흘쯤 앞둔 시기에 공개되었고, 피해자는 해당 영상이 선고에 영향을 끼칠지 몰라 불안해했다.[13]

또한 가해자가 피해자의 주변인일 때는 피해자의 신상 또한 함께 유포되어 사생활을 침해받는 심각한 2차 피해로 번질 수 있다. 2024년 5월, 여자친구를 흉기로 살해한 가해자가 의대생이라는 사실이 알려지며 가해자의 신상 정보가 다시 부활한 '디지털 교도소' 웹사이트와 사이버레커 유튜브 영상에 공개되었다. 가해자의 출신 학교와 SNS 계정은 물론 가족사진까지 공개되었는데, 가해자의 SNS에 올라가 있던 사망한 피해자의 사진과 신상 정보까지 유포된 탓에 유족들은 고통을 호소했다. 밀양 성폭력 사건 또한 사이버레커들에 의해 사건의 판결문이 공개되었고 피해자의 목소리가 음성변조 없이 유튜브 라이브로 송출되기까지 했다. 이런 사례들만 보아도 성폭력 가해자에 대한 응징과 신상 공개가 피해자를 위한 길이자 '정의 구현'이라 말하는 사이버레커들의 주장에는 현실성이 없다. 이들의 목적은 피해자의 회복이 아니다.

나는 현재 한국성폭력상담소 활동가로 일하고 있다. 유튜버 나락보관소가 밀양 성폭력 사건 가해자의 신상을 공개한 후, 상담소와 피해자의 입장을 전달하기 위해 한국성폭력상담소는 기자 간담회를 개최했다. 그런데 간담회 이후 상담소 업무가 마비될 정도로 각종 민원 전화가 빗발쳤다. 유튜버를 옹호하는 추종자들은 상담소가 가해자를 보호한다고 비난을 퍼부었다. 피해자가 원하지 않는 방식의 신상 공개는 피해자에게 전혀 도움이 되지 않는다고 이야기하자 '이번 기회에 가해자들이 제대로 살지 못하게 해야 하지 않냐. 피해자가 숨지 말고 용기를 내도록 상담소가 피해자를 설득해야 한다'는 대답이 돌아왔다. 하지만 밀양 성폭력 사건 피해자는 7~8시간에 이르는 강도 높은 경찰 조사를 여러 차례 받아야 했던 2004년부터 지금까지 이미 큰 용기를 갖고 살아가는 중이다. 성폭력 피해자에 대한 낙인과 2차 피해가 난무하는 사회에서는 일상을 잘 살아가고 있는 것만으로도 대단한 용기다. 사이버레커 추종자들의 머릿속에 있는 피해자는 대체 어떤 존재이길래 일면식도 없는 실제 피해자에게 '용기를 내야 한다'고 훈수를 둘 수 있었을까? 바로 이 지점에서 사이버레커의 영상이 가지는 또 다른 문제가 있다.

**성폭력 통념과 피해자다움을
재생산하는 '정의 구현'**

―――

사이버레커의 '정의 구현' 영상은 악마 같은 성폭력 가해자를 '나락' 보내고 사회에서 축출하면 문제가 해결될 것만 같은 착각을 준다. 그러나 특정 가해자를 응징하기만 하는 영상은 실제 성폭력의 약 85퍼센트가 아는 사람에 의해 발생한다는 사실을 가린다. 성폭력 가해자는 억제할 수 없는 충동적인 성욕이나 악한 성정을 가지고 있는 악마가 아니라 내 주변을 살아가는 평범한 사람들이다. 피해자가 평소에 친밀하게 생각했거나 사랑했거나 존경했거나 신뢰했던 가족, 애인, 친구, 이웃, 상사, 교사일 수 있다. 흔히 성폭력의 이미지로 모르는 사람에 의한 폭행과 협박으로 강간 피해를 입은 사례만을 떠올리지만, 이는 성폭력에 대한 전형적인 통념일 뿐이다. 2022년 전국성폭력상담소협의회의 분석 결과, 성폭력 상담소에 접수된 강간 사건 62.5퍼센트(4765건 중 2979건)가 직접적인 폭행 또는 협박 없이 발생했다.[14] 실제 현실에서 발생하는 성폭력은 피해자와의 친분 및 신뢰를 이용해 속이거나 회유하고 때론 강요하기도 하며, 직위나 나이나 계급 등의 우위를 이용한다. 성폭력은 술과 약물에 의해서도 발생한다. '여성이면 이래야 한다'는 성역할, 여성을 정치와 사회와 노동에서 배제하는 성차별, 여성의 몸이 성적 대상화되는 사회, 남성이 성적 주체가 되고 여성은 수동적으로 따르는 연애 각본 등 여러 결로 얽힌 불평등한 사회구조와 문화가 모두 성폭력의 근본적인 원인이 된다. 하지만 가해자를 응징하는 사이버레커는 성폭력의 자극적인 이미지만 소비할 뿐, 끊임없이 발생하는 성폭력의 근본적인 원인이나 문제 해결을 고민하지 않는다. 이런 사이버레커들의 행태는 결국 성폭력이 일탈적인 개인에 의해 발생한다는 통념을 강화하고, 일상에서 일어나는 대부분의 성폭력 문제를 은폐한다. 더 나아가 성폭력을 만들어내는 사회 구조를 변화시키기 위한 시도에서 사람들의 관심을 멀어지게 한다.

앞서 언급했듯이 역사적으로 공론화된 성폭력 사건에 대한 강력 처벌 요구는 '성폭력은 피해자에게 끔찍한 고통을 주므로 피해자를 보호하기 위해서 가해자를 엄벌에 처해야 한다'는 담론을 통해 뒷받침되었다. 사이버레커도 이러한 논리를 이용해 성폭력 사건을 콘텐츠 소재로 활용하는 것을 정당화한다. 이때 피해자는 피해를 겪은 후 아무것도 하지 못하는 무력하고 병리화된 존재로 전제된다. 전형적인 '피해자다움'이다. 피해자다움이란 성폭력 통념을 바탕으로 만들어지는 피해자에 대한 고정관념이다. '피해자는 성폭력 피해를 겪자마자 성폭력을 곧바로 인지하고 신고하거나 가해자와 관계를 단절할 것이다', '성폭력은 씻을 수 없는 상처이므로 피해자는 주변 사람들이 알아차릴 만큼 일상생활을 제대로 영위하지 못할 것이며 우울해하고 힘들어할 것이다'와 같은 생각이 모두 피해자다움에 해당된다. 현실에 존재하는 피해자는 고유의 정체성과 성격을 가지고 다양한 배경과 상황, 맥락에서 모두 다른 선택을 내리며 자기 나름의 일상을 살아간다. 고통의 정도와 표현 방식은 피해자마다 다르다. 하지만 우리 사회는 다양한 피해자의 모습을 인정하지도, 상상하지도 않기에 피해자다움의 전형에 부합하지 않는 피해자들은 의심과 공격을 받는다. 이는 피해자가 피해 발생 이후 즉시 도움을 구하지 않았다는 이유로 가해자에게 불기소 처분을 내리거나 "화장실로 갔다가 다시 피고인 곁으로 간 것은 성범죄 직후 피해자의 행동으로 부자연스럽다"며 피해자 진술의 신빙성을 인정하지 않는 법원 판결에까지 이어진다.[15] 밀양 성폭력 사건에 대한 기자 간담회 이후, 상담소에 민원을 제기한 사이버레커 추종자들은 이렇듯 무기력하고 수동적인 피해자의 모습만을 상정했던 것이다.

이런 식의 피해자다움에 기반한 사이버레커의 얄팍하고 자의적인 '정의 구현'의 화살은 너무나 쉽게 피해자를 향하기도 한다. 피해자가 피해자다움에서 조금이라도 벗어나는 순간, '비난받아 마땅한' 대상은 이제 가해자에서 피해자로 뒤바뀐다. 먹방 유튜버 A의 사례를 더 자세히 살펴보면, 피해자다움에서 벗어나는 피해자가 얼마나 쉽게 비난과 착취의 대상이 되는지를 알 수 있다.

**피해자다움에서 벗어나는
피해자를 착취하는 사이버레커**

―――

사이버레커 연합회 소속이었던 유튜버 B와 C는 먹방 유튜버 A의 "사생활 관련 의혹"을 문제 삼고 협박했다. 이 '의혹'은 A가 가해자의 강요로 유흥업소에서 일했던 사실을 포함한 교제폭력 피해 경험이다. 사회학자 우에노 지즈코는 여성혐오가 만연한 사회는 여성을 '성녀'와 '창녀'로 분할해 성녀를 숭배하고 창녀를 멸시함으로써 여성을 억압하고 지배한다고 설명한다.* 성매매 여성을 손가락질하고 낙인찍는 사회에서 유흥업소에서 일한 여성은 그 자체로 처벌의 대상이 되며, 유흥업소 근무 경험은 '명예를 훼손'해도 무방한 빌미가 된다. 사이버레커 B는 뻔뻔하게도 A의 과거를 공개하지 않겠다는 명목으로 금전을 갈취한 사실에 대해 '리스크 매니지먼트'를 한 것이라고 포장했다. 유흥업소와 관련된 경험이 여성에게 '리스크'가 된다는 것을 잘 알고 있는 사이버레커 연합회는 A를 착취하기 위해 우리 사회의 여성혐오를 적극적으로 이용했다.

이후 극우 성향 유튜버 D가 사이버레커 연합회의 이러한 협박 사실을 폭로했다. 커지는 논란 속에서 먹방 유튜버 A는 과거사와 교제폭력 사실을 공개적으로 밝혀야 했다. 많은 교

---

* 성녀가 "생식의 영역"에만 위치하는 존재인 것에 반해 창녀는 (남성의) 성적 쾌락을 위한 존재다. 우에노 지즈코는 여성혐오를 "여성을 남성과 동등한 성적 주체로 인정하지 않는 객체화, 타자화"라고 설명한다. 어머니, 아내 등 '성녀'에 해당하는 여성을 숭배하는 것은 여성을 성적 쾌락에서 소외시키는 것이며 이는 '창녀'에 해당하는 여성을 멸시하는 것 같이 여성을 억압하고 타자화하는 것이므로 여성혐오의 한 측면이라고 할 수 있다.[16]

제폭력의 경우 가해자가 피해자를 심리적으로 지배한다. 피해자는 가해자가 '사랑'이라는 이름하에 가하는 통제와 폭력을 피해로 인지하는 데 오랜 시간이 걸린다. 피해를 인지한들 가해자의 협박에 위축되고 고립된 피해자는 섣부르게 신고할 수도, 관계를 단절하기도 어렵다. 하지만 피해자다움 통념을 가진 사람들은 A가 교제폭력 피해자라는 사실이 알려지자 유흥업소에서 일했던 사실, 폭력적인 관계를 오랜 기간 지속했던 사실을 문제 삼았다. '어째서 오랫동안 가해자와 관계를 끊지 못했느냐'며 피해자의 말을 의심했고 피해의 책임을 피해자에게 돌리며 비난했다. 이는 심각한 악성 댓글과 2차 피해로 이어졌다. A는 피해 당시 상황이 녹음된 녹취록까지 공개하며 본인이 교제폭력 피해자임을 '입증'해야 했다. 이 과정은 새로운 이슈가 되어 사이버레커 유튜버들은 해명 영상을 올렸고, 이것은 또다시 높은 조회 수와 수익으로 이어졌다. 사이버레커는 사회의 통념에 비추어 성폭력인 것과 아닌 것을 선별하고 '정의 구현'의 대상을 선정한다. 피해자를 위한다는 허울 좋은 명분인 '정의 구현'은 '보호할 만한' 피해자와 '비난할 만한' 피해자를 나누어 전자는 수동적인 존재로만 위치시키고 후자는 응징과 착취의 대상으로 삼는다. 사이버레커의 '진정한 피해자' 선별로 파생된 댓글과 반응은 성폭력 엄벌주의와 함께 성폭력에 대한 통념, 피해자다움에 대한 전형을 재생산한다.

이 사례에서 사이버레커 연합회는 단순히 폭로 영상을 제작하는 것만이 아니라 영상을 올리지 않는 것을 명목으로 사람을 협박하고 금전적 이익을 취하는 방식으로 '비즈니스'의 영역을 넓혔다. 검찰 수사 결과 사이버레커 연합회는 사이버레커 유튜버들끼리 단합 대회를 하는 등 정기적으로 결속을 다지는 모임이었다. 이들은 범행 대상을 물색하며 실시간으로 관련 정보를 주고받았다.[17] 페미니스트 문화연구자 손희정은 디지털 공간을 중심으로 폭력을 자원 삼아 여성을 비롯한 소수자를 대상화하고 돈벌이 수단으로 이용하는 양상이 거대 산업화되고 있다는 점을 짚으며 이러한 실천을 '고어 남성성'으로 규정했다. 이는 극단적인 폭력을 상세하게 묘사하는 공포 영화의 하위 장르인 '고어gore'라는 용어에서 따온 개념이다. 이들이 폭력을 자원으로 삼는 이유는 "전 지구적인 신자유주의화"로 노동 조건이 열악해짐에 따라 남성들이 가부장 체제의 생계 부양자가 되기 어려운 사회에서, 폭력이 남성성에 대한 "가치 확인의 도구이자 생계 수단"으로 인식되기 때문이다.* 사이버레커는 주목 경제의 돈을 벌어들이

---

* 이는 '고어 자본주의'를 개념화한 트랜스페미니스트 철학자 사야크 발렌시아Sayak Valencia가 그러한 사회에서 새롭게 등장하는 '엔드리아고 주체'에 대해 설명한 내용이다.[18] 손희정은 이를 한국 사회에 맞추어 '고어 남성성' 개념으로 발전시켰다. 손희정은 고어 남성성의 특징으로 "(1)디지털을 거점으로 (2)폭력을 정당화하면서 시민권과 자본 축적의 자원으로 삼고 (3)전 지구적 가부장 체제의 남성성이란 위계 안에서 '알파 메일'에 다다

기 위해 연예인과 BJ, 특히 여성들을 여성혐오적이고 폭력적인 시선 아래 놓이게 한다. 그리고 사이버레커들의 여성혐오적인 콘텐츠가 유도하는 악성 댓글과 사이버불링은 실재하는 폭력이 되어 여성들을 죽음으로 내몰기도 한다. 웹하드 카르텔과 n번방에서와 마찬가지로 여성을 향한 폭력과 착취가 경제적 이득을 가져오는 '자원'이 되는 것이다. 이러한 점에서 "사이버레커 시장은 고어 남성성이 극명하게 전시되는 장"이다.[20] '보호할 만한' 피해자로 승인되지 않은 유튜버 A는 착취의 구조 아래 놓이게 되었다. 이 구조하에서는 사이버레커 연합, 피해자를 성적으로 지배한 가해자는 물론이고 이 모든 사실을 폭로해 피해자가 원치 않았음에도 수천수만의 사람들이 볼 수 있는 플랫폼에서 피해 사실을 말하게 만든 유튜버 D까지 모두가 착취에 공모한 가해자다.

피해자를 해결의 주체에서
배제하는 '정의 구현'

──

사이버레커 나락보관소가 시작한 '정의 구현'에서 피해자의

> 르지 못하는 '베타 메일'로서 주변화된 남성성을 극복 혹은 전유하기 위해 (4)여성을 비롯한 다양한 소수자를 대상화함으로써 목적이 아닌 수단으로 삼는 것 (5)이런 양상이 산업화되고 있다는 점"을 짚었다.[19]

의사는 고려되지 않았다. 밀양 성폭력 피해자는 사건이 발생한 지 20년 후에 예상치 못한 주목을 받아 입장을 밝혀야 했고 먹방 유튜버 A는 공개하고 싶지 않았던 피해 사실을 라이브 방송에서 이야기해야 했다. 이 장면은 미투 운동 때 폭발적으로 터져 나온 피해자의 말하기speak out와는 다르다. 피해 경험을 드러내는 것이 사회적으로 승인되었던 미투 운동 당시, 피해자는 피해 사실을 말함으로써 피해자 정체성을 재구성하고 다른 피해자들과 연대하며 "고통을 저항의 전략으로 전유하는 주체"가 될 수 있었다.[21] 성폭력 피해가 개인의 경험으로 한정되는 것이 아니라 젠더 불평등 사회에서 많은 여성이 겪는 사회구조적인 문제임을 확인하며 피해자에게 아무 잘못이 없다는 것을 깨닫고 힘을 가질 수 있었다. 그러나 사이버레커는 성폭력 피해 경험을 피해자에게서 떼어내 고통과 치명성만 강조하는 방식으로 소비하고 전시했다. 사이버레커가 피해자다움을 선점한 상황에서 피해자들은 말하기의 주체가 될 수 없었다.

성폭력은 통제감을 상실하는 경험이다. 피해자는 피해 이후, 심신의 고통을 겪는 것만이 아니라 주변인의 지지를 잃게 되거나 가정, 학교, 직장에 더 이상 속할 수 없는 소외와 고독을 느끼기도 한다. 그로 인해 일상에서의 시간과 공간과 관계가 달라지는 경험은 피해자가 피해 이전까지 설계하고 가꾸어온 삶의 범위를 넘어서기도 한다. 그렇기에 성폭력 피해의 회복 측면에서 피해자가 스스로 여러 선택을 해나가며 해결의 주체로 서고 존중받는 경험은 매우 중요하다. 정신의학자 주디스 허먼Judith Herman은 트라우마를 겪은 피해자가 통제력을 회복하는 감각을 통해 "힘을 복구시키고, 고립감을 축소시키며 무력감을 줄인다는 치료의 원칙"을 달성한다고 말했다.[22] 성폭력 상담소의 활동가는 성폭력 피해 지원 과정에서 해결사나 구원자가 아닌 논의 파트너로서 사건 해결의 지도를 피해자와 함께 그려나간다. 성폭력 지원은 피해자의 이야기를 잘 듣는 것에서부터 시작한다. 모두 각기 다른 욕구를 가졌듯이 피해자의 욕구 또한 다양하고 유동적이기 때문이다. 누군가는 사건에 대한 공론화를 원하고 누군가는 아무에게도 피해를 알리지 않고 싶어 한다. 누군가는 가해자가 법적으로 처벌받기를 원하지만, 누군가는 가해자에게 사과받기를 원한다. 피해자가 경찰 신고, 국가기관 진정, 공동체적 해결, 합의, 가해자에게 개인적 항의, 공론화 등 사건 해결을 위한 다양한 갈림길에서 자신의 상황과 욕구에 따른 결정을 할 수 있도록 성폭력 상담소의 활동가들은 피해자를 도우며 그 선택을 존중한다. '피해'라고 명명하지는 않더라도 마음속에 줄곧 불편하게 남아 있는 성적 경험을 피해자의 언어로 재구성하는 작업을 함께하기도 한다. 사건 해결의 과정을 피해자 스스로 헤쳐나가는 것은 쉽지 않은 일이지만, 이는 동시에 피해자에게 새로운 통제력과 힘을 준다. 이때 얻은 힘과 깨달음이 다른 피해자나 소수자와의 연대로 이어지기도 한다.

이러한 힘은 제삼자가 멋대로 성폭력 가해자를 응징한다고 해서 얻을 수 있는 것이 아니다. '정의 구현'을 외치는 사이버레커들은 피해자의 이야기를 제대로 듣지 않았고, 오히려 피해자의 의사는 무시당했다. 나락보관소의 신상 공개 이후, 다른 유튜버가 관련 영상을 계속 업로드하자 피해자와 가족들은 영상이 더 퍼질까 노심초사하며 영상을 내려달라고 요청했다. 그런데 유튜버는 피해자에게 "그냥 이렇게 된 거 같이 이 사건을 한번 키워나가면 어떨까요?"라고 회유하거나 자신이 경찰서 앞에서 시위하다가 고소까지 당했는데 영상을 삭제해달라고 하니 섭섭하다며 부담을 주었다.[23] "피해자 없는 공론화"* 상황에서 피해자는 본인의 피해 경험과 관련한 영상이 일파만파 퍼지는 것을 쉽게 막을 수도, 통제할 수도 없었다. 이처럼 피해자의 힘을 더 앗아갈 뿐만 아니라 성폭력 문제의 근본적인 해결을 목표로 두지도 않는 방식은 결코 '정의'라 할 수 없다.

---

* 여성주의 연구활동가 권김현영은 신자유주의 피해 담론이 "우리는 모두 피해자"라는 "당사자성의 확장"이 만들어낸 "사회의 피해자화"[24]로 전도되었으며 이러한 담론이 "피해 없는 공론화" 사태를 만들어낸다고 짚었다. "가해자에 대한 제대로 된 처벌이 되지 않은 상황 자체를 (사회의 일원인 자신에 대한) 피해로서 재구성"하며 등장한 사이버레커는 이를 극단적으로 보여주는 사례로 언급되었다.[25]

정의 구현을 위한
질문으로 나아가기

―

피해자는 성폭력으로 인해 발생한 문제를 해결하기 위해 스스로 선택해나가며 힘을 얻는다. 그러나 현실은 성폭력을 협소하게 판단하는 법체계와 피해자를 지지하지 않는 사회문화, 피해자다움에 대한 편견으로 가득하다. 이는 피해자의 운신 폭을 매우 좁게 만든다. 이러한 상황에서 간혹 사이버레커 유튜버를 찾아가는 피해자도 있다. 신고해도 가해자를 처벌하기 어렵고 조직 내 해결도 가망이 없어 오직 가해자의 신상을 알려 일상에 타격을 주는 선택지밖에 남지 않은 피해자들이다. 성폭력 처벌이 쉽지 않은 사회에서 사적으로라도 가해자를 처벌하고 싶다는 감정이 생기는 것은 지당한 일이다. 하지만 피해자가 직접 사이버레커에게 신상 공개를 의뢰한다고 해서 앞서 설명한 '정의 구현' 콘텐츠가 낳는 여러 문제점이 상쇄되는 것은 아니다. 단적인 예로 피해자의 성폭력 피해 경험이 결국 사이버레커가 수익을 내는 수단으로 활용된다는 점을 들 수 있다. 그렇다면 유튜브상의 '정의 구현' 콘텐츠를 둘러싼 여러 문제들과는 별개로 피해자가 스스로 선택해 사이버레커를 협상의 대상으로 삼았다면, 이 결정 또한 피해자가 힘을 얻는 긍정적인 해결 방식이라 생각할 수 있을까? 관심을 갈구하는 사이버레커에게 앞으로도 성폭력은 '매력적인 콘텐츠'일 것이고 해결을 위한 방안이 별로 없는 피해자들은 '공론화'를 위해 사이버레커를 자원으로 활용하게 될 수도 있다. 앞서 소개한 사례들과 달리 사이버레커식 '정의 구현'을 스스로 택한 피해자의 선택은 어떻게 바라봐야 할까?

주목 경제라는 조건은 미투 운동 이후의 성폭력 말하기에도 영향을 미쳐 "고통에 대한 증언을 경쟁적으로 소비하도록" 하는 배경이 되었다.[26] 권김현영은 피해자가 정치적 주체가 되기 위해 "상처받은 정체성"을 필요로 하는 "피해자 정체성 정치"는 필연적으로 피해자의 고통을 바탕으로 한다는 점을 지적한다.* 이러한 맥락에서 사이버레커식 '정의 구현'의 언어는 가해자의 악행을 폭로하는 만큼 피해자의 고통을 효과적으로 드러내기 때문에 어떻게 보면 피해자는 '합리적인' 선택을 한 것일 수 있다. 이를 통해 어떤 피해자는 피해자로서 인정과 지지를 받으며 가해자에게 복수하는 방식으로 힘을 얻는 것도 가능하다. 주디스 허먼 역시 가해자가 공개적으로 모욕당하길 바라는 마음은 피해자가 힘을 되찾기 위한 것에서 출발한다고 말한다. 하지만 그는 이를 위한 싸움은 피해

---

* 권김현영은 "피해자 정체성 정치"를 "억압받는 집단의 구성원이 동질적인 피해 경험을 가지고 있을 것이라고 간주하는 피해자화victimization"를 주요 자원으로 삼으며 인정을 요구하는 정치로 정의한다. 백인 남성 생계부양자 이성애 핵가족 집단만이 보편성으로 간주되는 것에 대한 비판이 없는 한, 정체성 정치는 이를 제외한 집단의 동질성으로만 한정되고 상처받은 정체성으로만 주체가 될 수 있다는 한계가 있다.[27]

자의 운명을 "가해자의 운명에 묶어두는" 것이기 때문에 피해자의 회복이 "가해자의 인질"로 잡혀 있는 상황이라고 언급한다.[28] 이럴 경우 성폭력 문제와 피해 회복이 피해자와 가해자라는 개인 간의 문제로만 축소되고, 결국 성폭력의 근본적인 원인이 되는 성차별적 사회구조와 불평등한 젠더 권력관계 등으로부터는 더욱 멀어진다. 우리는 성폭력 피해자가 '피해자'로 존재하기 위해 고통을 전시해야 하는 것을 넘어 어떻게 더 나은 방식으로 문제를 해결해야 할지 질문해야 한다.

사이버레커식 '정의 구현'의 서사는 단순하고 명쾌하다. 그러나 단순하지 않은 현실에서 더 나은 성폭력 문제 해결에 대한 고민은 복잡하고 까다롭다. 성폭력은 가해자 개인의 잘못이 맞고 죄에 따른 정당한 처벌을 받아야 한다. 하지만 동시에 성폭력이 발생할 수 있었던 가부장적인 사회와 불평등한 조직문화에 대해서도 들여다봐야 한다. 또한 성폭력은 피해자에게 고통을 주고, 피해자들은 성폭력의 기억을 쉽사리 잊지 못한다. 하지만 동시에 '성폭력은 씻을 수 없는 상처'라는 통념은 틀렸고, 피해자가 피해 경험에 대한 기억을 가지면서도 일상을 잘 살아가며 다양한 정체성으로 존재할 수 있음을 알아야 한다. 사이버레커의 '정의 구현'처럼 명쾌하지는 않지만, 이 모두를 고려하는 것은 궁극적으로 어떻게 정의를 구현할 수 있는지에 대한 질문으로 나아가게 한다. '고통스럽고 치명적'인 성폭력 피해에 대한 상이 성폭력 통념을 재생산하는 성폭력 엄벌주의의 근간이 된다면, 성폭력 피해와 고통을 어떻게 의미화해야 할까? 피해자의 힘을 강화하고 사회와의 연결로 이어지는 성폭력 피해 회복은 어떻게 가능할까? 성폭력 가해자에 대한 정당한 책임 묻기는 어떻게 이루어질 수 있을까? 성폭력에 관한 참된 정의가 구현되길 바라는 마음이 이러한 질문과 함께할 수 있는 원동력이 될 것이다.

더 찾아볼 자료

제프 올롭스키, 〈소셜 딜레마〉, 2020.

소셜 네트워크 기업이 어떻게 수익을 벌어들이고 SNS가 어떤 사회적 문제를 낳는지 쉽고 재미있게 풀어낸 넷플릭스 다큐멘터리. 소셜 네트워크가 이용자들의 데이터를 수집해 알고리즘으로 관심을 끌고 광고를 노출해 수익을 얻는 주목 경제의 양상을 이해할 수 있다.

한국여성학회 기획, 《디지털 시대의 페미니즘》, 한겨레출판, 2024.

이 책에 실린 손희정의 글 〈디지털 시대, 고어 남성성의 등장〉에서 사이버레커와 고어 남성성에 대해 더 자세히 알 수 있다. 책은 사이버레커 이슈 외에도 기술 매개 성폭력, AI의 여성혐오, 디지털 행동주의, 공정 담론 등의 다양한 주제를 여성주의 시각으로 다룬다. 디지털 시대의 이슈와 논의를 더 알고 싶은 페미니스트에게 추천한다.

김지은, 《김지은입니다》, 봄알람, 2020.
푸른나비 외, 《가해자보다 피해자가 잘 사는 세상을 원해》, 일다, 2022.
장화 외, 《죽고 싶지만 살고 싶어서》, 글항아리, 2021.

피해자다움과 통념이 가득한 사회에서 피해자들이 어떤 어려움을 겪는지, 왜 피해자가 선택할 수 있는 선택지는 한정되어 있는지를 이해할 수 있는 성폭력 피해자들의 수기집이다. 우리 주변에서 다양한 모습으로 용기를 갖고 일상을 살아가는 피해자들을 만날 수 있다. 상사에게 위력에 의한 성폭력 피해를 입은 후, 용기 있는 싸움을 이어나간 김지은의 이야기 《김지은입니다》, 10명의 젠더폭력 피해자들이 폭력 그 이후의 삶을 다채롭게 써내려간 《가해자보다 피해자가 잘 사는 세상을 원해》, 정상 가족을 강고하게 유지하는 사회에 저항하고 연대하며 생존하는 친족성폭력 생존자들의 이야기 《죽고 싶지만 살고 싶어서》 모두 일독을 권한다.

5장 '벗방' 시장의 탄생[*]

황유나
서울대학교 인류학과
박사과정

[*] 이 글은 〈'벗방' 시장 연구: 시장장치 개념을 중심으로〉(황유나, 《문화와 사회》 32(2), 한국문화사회학회, 2024, 65~104쪽)을 수정·보완한 것이다.

나는 성매매와의 연결 속에서 벗방을 처음 접했다. 성매매 피해 지원 상담을 하던 2017년, '화류계' 커뮤니티에 뜬 BJ 모집 팝업창이 눈에 띄었다. 정확히 유흥업소에서 일하는 여성들을 겨냥해 BJ를 모집하는 홍보물이었다. 벗방이 무엇인지 궁금해진 나는 이에 대해 알아보기 시작했지만, 마땅한 정보를 찾을 순 없었다. 그렇게 벗방의 존재는 알지만 실체는 파악하지 못하던 중에 처음으로 벗방과 관련한 상담을 진행하게 되었다. 2019년도의 일이다. 그 상담을 통해 벗방BJ로 일하는 여성들이 회사와 맺는 계약서가 있다는 것을 알게 됐다. BJ가 실제로 일하면서 어떤 경험을 하는지, 방송을 처음 시작하게 된 계기는 무엇이고 그만두고 싶었던 상황은 어떻게 발생했으며, 그럼에도 왜 그만두기 힘든지에 대해 직접 들을 수 있었다. 물론 사례가 얼마 없었기에 이를 일반화하기란 불가능했고, 벗방의 운영 방식과 구조에 대한 궁금증은 여전히 남아 있었다.

한동안 벗방에 대한 정보는 벗방을 시청하는 이들의 경험담 이상을 찾기 어려웠다. 2020년 n번방 사건과 함께 벗방의 착취적인 상황 역시 가시화되었으나 어떻게 그런 상황이 당연하게 벌어지는지에 관한 사회적 논의는 활발하지 않았다. 지금도 한국의 '야동' 플랫폼에는 계속해서 벗방 콘텐츠가 업로드되고 있으며, BJ를 경험한 여성들이나 시청자들은 자신들의 커뮤니티에서 벗방과 관련된 후기와 정보를 공유하는 중이다. 그러나 벗방이 어떻게 남성에게만 익숙한 놀이 문화로 전유되고 있는지, 벗방을 송출하며 가장 큰 이익을 챙기는 플랫폼의 환경과 수익 창출 구조가 어떻게 젠더화된 온라인 놀이 문화와 섞여왔는지에 대한 논의는 여전히 부재하다. 이 글은 벗방과 젠더화된 온라인 문화, 그리고 이를 통해 수익을 창출하는 플랫폼의 여러 장치들을 숙고하고자 한다. 이를 위해 이 글에서는 벗방을 플랫폼 자본이 디지털 성폭력으로 가시화된 '불법'적인 남성성의 폭주를 '합법'적인 시장에서의 거래 행위로 '길들여' 전환한 과정이자 결과물로 주목한다.

벗방은 무엇인가?
———

벗방이라는 단어가 일반 대중에게 널리 알려진 시기는 2024년일 것이다. TV 등 여러 방송에 출연한 몇몇 여성들이 벗방BJ

출신이라는 소문과 함께 그들이 진행했던 방송 영상이 X(구 트위터)를 비롯해 주 이용자가 여성들인 온라인 커뮤니티에 전파되었다. 이를 본 사람들은 그 '선정성'에 경악하며 벗방BJ가 '일반적인' 방송에 나오는 현실에 우려를 표했다.

그토록 사람들을 경악케 한 벗방은 대체 무엇일까? 벗방을 알려면 우선 개괄적으로나마 여캠에 대해 이해해야 한다. 여캠은 여성BJ의 인터넷 개인방송을 통칭한다. 겜방(게임 방송), 먹방(먹는 방송), 음방(음악 방송) 등 방송의 주된 내용을 담고 있는 일반적인 인터넷 방송 명칭과 달리 여캠은 BJ가 여성이라는 점만이 강조된다. 이에 젠더화된 인터넷 방송을 연구한 여성학자 성연이는 방송의 내용이 아니라 단지 '여성'BJ가 진행한다는 것만을 강조하는 '여캠'이라는 용어에 주목한다. 성연이는 이 표현이 여성 BJ의 방송을 단순히 성적 이미지로만 소비하려는 남성 시청자의 편견과 주장을 반영한 여성혐오적 멸칭이라고 설명한다.[1] 벗방은 여성BJ가 진행하는 인터넷 개인방송으로서 여캠의 한 종류라 볼 수 있다.

그런데 2024년 벗방 논란 당시, 소위 남초 커뮤니티에서는 소문에 휩싸인 여성들이 벗방BJ가 아니라 단지 여캠BJ라며, 잘 알지도 못하면서 욕한다는 조롱 섞인 비난이 팽배했다. 실제 인터넷 개인방송 문화에서는 여캠과 벗방을 위계적으로 구분한다. 방송의 측면에서 두 방송의 가장 큰 차이로 이야기되는 요소는 신체 노출의 강도다. 벗방은 속옷을 포함해 상의를 탈의하고 방송하는 경우가 허다하지만, 여캠에서 완전한 상의 탈의는 드물다. 여캠에서도 비키니나, 속옷과 다르지 않은 의상을 활용하지만 맨가슴을 전체적으로 드러내느냐, 아니냐는 굉장히 큰 차이처럼 다뤄진다. 신체 노출 강도가 더 세기 때문에 BJ가 감당해야 할 위험도 커짐에 따라 벗방은 여캠보다 '아래에' 있는 방송으로 위치하게 된다. 일례로 여캠 시청자들은 BJ가 순응적으로 반응하지 않을 때 자신들의 요구를 관철하기 위해 "더 열심히 안 하면 벗방BJ 된다"라며 경고를 날린다. 여캠에서 성공하지 못하면 벗방을 하게 된다는 발언은 여캠에 일종의 수직적인 질서가 있고, 그 가장 아래에 벗방이 위치한다는 위계적 인식을 보여준다.

이와 같은 위계적 질서는 성매매를 하지 않기 때문에 가장 고급이라고 여겨지는 '텐프로'부터 무조건 성매매가 수반되는 '집창촌'까지 셀 수 없이 나열되는 성매매 산업의 위계와 비슷한 양상을 보인다. 성매매 업종은 다 외우기 어려울 정도로 다양한 이름을 지닌 채 수직적으로 나열된다. 그런데 사실 여성의 외모, 성적 서비스의 강도, 성적 서비스와 함께 제공되는 주류의 종류에 따라 세분화된 성매매 업종의 다양화는 실제 차이를 반영한다기보다는 성매매 산업에서 새로운 수익을 창출하기 위한 상품화 전략으로 기능한다. 그리 다르지 않은 것을 다르게 보이도록 만들어 소비를 부추기는 방법인 셈이다. 문제는 이렇게 위계적으로, 수직적으로 업종을 배열하는 과정이 실제로 그 질서 안에서 자신을 상품화해야 하는 여성들에게 차별화된 '몸'과 '서비스'를 요구한다는 점이다.[2]

벗방과 여캠의 구분 또한 성매매 산업의 위계와 유사한 구조로 나뉘어 있다. 여캠BJ는 벗방이 아니기 때문에 상대적으로 신체적 노출을 적게 할 수 있고, 시청자의 성적 요구를 벗방과 비교함으로써 거절할 수 있다. 반대로 벗방은 여캠과 다른 방식의 성적 퍼포먼스를 상품화해 자신을 차별화할 수 있다. 벗방BJ가 자신의 방송이 일반적인 여캠과 다르다는 점을 알리기 위해 방송 제목에 '벗방'의 초성을 딴 'ㅂㅂ' 또는 'ㅂ방'이라는 단어를 게시하는 것은 그러한 차별화를 활용한 사례 중에 하나다.* 즉 여캠은 벗방을 포함하는 더 큰 개념이기도 하지만, 벗방을 독특한 상품으로 만들어주는 상대적 개념으로도 작동한다. 여캠과 벗방을 둘러싼 차별화된 인식에 따라 BJ의 퍼포먼스, 시청자의 태도 및 그들 간의 상호작용이 달라지는 것이다.

인터넷 개인방송 플랫폼 역시 BJ와 시청자가 벗방과 여캠을 다르게 인식하고 있으며, 벗방이 위계의 가장 하단에 놓이고, 벗방의 '선정성'은 사회적으로 문제가 될 수 있다는 사실을 잘 알고 있다. 대중적으로 잘 알려진 대표적인 인터넷 개

---

* '벗방'이라는 단어는 벗방이 다수를 차지하는 성인 전용 플랫폼에서도 금칙어로 지정되어 있다.

인방송 플랫폼 'SOOP(구 아프리카TV)'은 도를 넘은 개인방송의 선정성과 폭력성에 대한 사회적 비난이 공론화되면서 방송의 규칙을 강화했다. 이에 벗방BJ와 시청자는 성인 시청자를 주 대상으로 하는 중소 플랫폼으로 이동했고, 현재 벗방은 그러한 플랫폼들에서 송출된다.* 그렇게 벗방은 다른 여캠 방송과 공간적으로도 나뉘어 있다. 인터넷 개인방송 플랫폼이 SOOP과 '치지직'으로 양분된 것과 달리 벗방을 주로 송출하는 플랫폼은 규모가 상대적으로 작은 업체들이 경쟁하는 양상이다. 그중에서도 두 플랫폼의 합병으로 2019년에 설립된 'A티비'는 규모와 대중화 전략에서 독보적인 행보를 보인다. 2023년 연 매출 550억 원이라는 높은 수익성을 자랑하는 A티비는[5] 유명 연예인을 전속모델로 고용하며 대중적인 인지도를 높였고 '2022년 대한민국 명품브랜드 대상 라이브방송 부문'을 수상하기도 했다. 한때 A티비와 함께 양대 산맥으로 불렸던 다른 성인 전용 플랫폼이 A티비에 밀려 시장 장악

---

* 인터넷 개인방송은 원칙적으로 〈방송법〉의 규제 대상이 아니기 때문에 방송통신위원회 및 방송통신심의위원회로부터 사전 규제가 아니라 사후적인 심의를 받으며, 강제성이 없는 '시정요구' 이상의 조치는 취해지지 않는다.[3] 한편 2015년 가장 많은 시정요구를 받았던 아프리카TV(75건 중 63건)는 2018년에 가장 적은 시정요구를 받은 반면, 벗방이 주된 콘텐츠인 여타 플랫폼들이 시정요구의 대부분을 차지하게 된다(81건 중 81건). 이는 아프리카TV의 강화된 자율 규제를 피하고 자율 규제가 좀 더 느슨한 플랫폼으로 벗방의 행위자들이 이동한 변화를 반영한다.[4]

력이 감소하면서 해당 플랫폼에서 활동하던 유명한 성인방송 BJ들이 A티비로 이동했다는 사실은 벗방 시청자들 사이에서 공공연하게 알려진 사실이다.

2025년 현재, A티비는 벗방 플랫폼의 대표 주자이자 벗방 시장의 핵심 행위자라 해도 과언이 아니다. A티비의 높은 연매출과 대중성은 A티비가 디지털 성폭력으로 분출되는 온라인 남성문화의 폭력성(대중적으로는 '선정성'으로 불리는)을 자신들의 성장 동력으로 활용한 동시에 그것을 합법적인 거래로 전환하는 것까지 성공했음을 보여준다. 어떻게 이것이 가능했을까? 그 질문에 답하려면 우선 디지털 성폭력과 벗방 시장 간의 긴밀한 관계를 살펴볼 필요가 있다.

디지털 성폭력과 벗방

―――

일상의 많은 부분이 디지털 기술의 발전과 함께 변화하고 있듯이, 성적 욕망과 거래의 영역 역시 디지털 기술을 매개로 확장하며 변화되는 중이다. 벗방처럼 신체 노출을 수반한 성적 콘텐츠로 방송 내용을 채우는 인터넷 개인방송은 전 세계에서 볼 수 있으며 이를 영미권에서는 '웹캐밍webcamming' 또는 '캐밍camming'이라고 부른다. 서구에서 캐밍은 신체적 접촉 없이 디지털 기기를 매개로 성적인 서비스를 거래하는 간접적

인 성 노동의 대표적인 형태이자 새롭게 등장한 성적 거래의 장으로 여겨진다.[6]

캐밍이라는 새로운 성 상품은 성 시장의 기존 상품인 성매매, 포르노그래피, 폰 섹스와의 변별 속에서 정의되어왔다. 예를 들어 성매매와 달리 캐밍에서는 물리적이고 신체적인 접촉이 완전히 차단되고, 친밀한 관계를 형성하는 상호작용이 매우 중요하며, 포르노그래피와 달리 시청자의 욕망에 따라 맞춤형의 퍼포먼스를 제공한다.[7] 폰 섹스는 음성을 통해 상호작용하는 반면, 캐밍은 시각적 자극으로 상호작용할 수 있기에 더 개인적이고 친밀한 경험을 창출한다고 여겨진다.[8]

이렇게 다양한 성적 상품과의 차이로 캐밍만의 고유한 성격과 특징을 도출하듯이, 보통 캐밍의 역사는 다른 성적 상품과의 관계 속에서 다뤄진다. 캐밍 시장의 출발점은 1990년대 후반 미국에서 선풍적인 인기를 끈 '캠걸camgirl 문화'[*] 또는 아마추어 포르노그래피의 증가 속에서 살아남기 위한 포르노그래피 산업 참여자들의 생존 전략으로 거슬러 올라간다.[9] 하지

---

[*] 캠걸 문화는 1990년대 미국에서 등장했다. 캠걸은 카메라를 자신의 침실에 설치해 시청자들이 실시간으로 볼 수 있게 했다. 초기에는 성적인 내용보다는 사적이고 개인적인 일상 활동을 송출하는 것이 주된 방송 내용이었고, 캠걸에게 자기 일상의 실시간 송출은 생계를 위한 일이 아니라 유명세를 얻기 위한 경로로 인식되었다. 더 자세한 내용은 다음을 참고하라. Jones, A., *Camming: Money, power, and pleasure in the sex work industry*, New York University Press, 2020.

만 무엇을 더 중요한 기원으로 여기든 간에 캐밍의 가장 결정적인 성장 요인은 인터넷 서비스의 확장과 대중화다.

이와 다르게 한국 벗방 시장의 탄생과 성장에는 디지털 성폭력의 역사가 깊게 연루되어 있다. 서구 성 시장과 달리, 한국의 성 시장에서 성재현물 거래 시장은 크게 발달하지 못했다. 일본에서 수입된 성인비디오가 한국 성재현물 시장을 상당 부분 차지했기 때문에 독자적인 포르노그래피 시장이 성장하기 어려웠고, 급속도로 보편화된 인터넷 기술의 발달은 '몰카'와 같이 직접적인 재화의 지불이 없는 비동의 촬영물 제작 및 유포로 연결되었기 때문이다.

여성학자 권김현영은 한국 디지털 성착취의 역사를 세 단계로 나누며 그 첫 번째 시기를 1990년대 중반~2000년대 초반, 두 번째 시기를 2000년대 초중반~2010년대 초반, 세 번째 시기를 2010년대 중반~현재로 구분한다. 첫 번째 시기부터 '빨간 마후라'로 불리는 성범죄 영상과 여성 연예인의 '누드' 사진은 당사자의 의도와 상관없이 남성들 간의 유출과 유포로 점철되었다. 두 번째 시기에는 여성의 동의 없는 불법촬영물이 온라인에 유포되면서 "재현으로서의 포르노와 실제 불법행위로서의 성범죄" 간의 경계가 흐려지기 시작했다.[10] 동시에 한국의 포르노그래피 시장은 가파르게 사양길을 걷는다.

이처럼 서구 성 시장의 상품이 어느 정도는 이를 만들어내는 여성의 '자발성'과 '동의'에 기반해 공식적인 '거래'의 형식을 띠었다면, 한국의 성재현물은 당사자의 동의 없는 촬영과 유포라는 '폭력'의 형식을 유지하며 공유되었다. 대표적으로 음란물 유통 사이트 '소라넷'은 1990년대 후반부터 2016년까지 당사자의 동의 없이 촬영물을 전파하는 핵심적인 장으로 기능했다. 소라넷 운영자는 수백억 원대의 이익을 얻은 것으로 추정되지만, 이는 직접적인 거래가 아닌 광고 수익이었다. 2018년 페미니스트 운동을 중심으로 공론화된 웹하드 카르텔 사건 역시 비동의 촬영물의 유통과 삭제로 이익을 얻어온 성재현물 유포의 역사 속에 위치한다.

캐밍을 연구한 여성학자 앤절라 존스Angela Jones는 인위적이지 않은 '진짜' 일상적인 성적 행위를 관음하고자 하는 욕구를 '체현된 진정성embodied authenticity'을 향한 욕구로 명명한 바 있다.[11] 그렇게 '진짜' 삶, '진짜로' 성적인 것을 관음하고 시청하고자 하는 남성의 욕구는 한국에서 캠걸 문화가 아니라 이른바 '몰카', '리벤지 포르노'로 발현됐다. 남성들이 돈을 지불하지 않고도 '연출'이 가미되지 않은 '진정한' 성적 콘텐츠를 누릴 수 있는 환경 속에서 굳이 여성의 '동의'와 '연출'이 수반되고 임금을 지급해야 하는 공식적인 성재현물 거래 시장은 형성되기 어려웠다.

그러나 이러한 남성문화와 여성폭력에 대한 반격이 본격화된 세 번째 시기에는 상황이 달라졌다. 2015년 소라넷,

2018년 웹하드 업체 '위디스크'에 이어 2020년 텔레그램 n번방을 통한 비동의 촬영물 제작 및 유포가 사회적으로 공론화되면서 그동안 제약 없이 널리 유통되던 성재현물이 디지털 성폭력으로 인지되기 시작한 것이다. 무엇보다 이를 법적으로 규제할 수 있게 되면서 그간 한계를 모르고 확장되던 동의 없는 불법촬영과 유포에 어느 정도 제동이 걸렸다. 벗방 플랫폼은 바로 이 틈새를 파고들어 자신의 영역을 확장하기 시작했다. 여성의 '동의'하에 벗방이라는 새로운 성 시장의 상품을 합법적으로 거래하게 된 것이다.

실제로 벗방 시장의 본격적인 확대는 비동의 촬영물 제작 및 유포가 사회적으로 문제화되던 시기와 맞물린다. 자본의 이동 경로를 추적해보면 벗방 시장과 디지털 성폭력 간의 연결성이 분명하게 드러난다. 웹하드 카르텔의 핵심 플랫폼으로 지적된 위디스크는 2019년부터 성인방송 송출로 수익 구조를 변경했다.[12] 2018년 가장 많은 비동의 촬영물을 유통한 웹하드 기업인 '기프트엠'의 운영진들 역시 성인방송 송출로 발걸음을 옮겼다.[13] 이 기프트엠의 사내이사가 운영하던 플랫폼이 다른 플랫폼과 합병해 현재 국내의 대표적인 벗방 송출 플랫폼인 A티비가 탄생한 것이다. 그간 성재현물을 유포하는 경로에서 돈을 벌던 이들은 유포가 '폭력'으로 인정되자 안전하게 돈을 벌 수 있는 전략으로 성인방송 송출, 즉 벗방을 채택했다.

그렇다면 벗방 플랫폼은 어떻게 폭력으로 분출되어온 '성적' 욕구를 시장에서의 합법적인 거래로 전환하고, 수익을 창출할 수 있었을까? 돈을 내지 않고도 진짜 같은 성적 행위를 관음해온 남성들이 어떻게 벗방에 돈을 지불하면서까지 참여하고, 방송을 '진짜'처럼 느낄 수 있을까? 벗방 플랫폼은 디지털 기술에 기반한 다양한 장치를 이용해 벗방을 불법적인 디지털 성폭력과 구별 짓는 동시에 남성이 지금까지 비동의 촬용물로 욕망해온 '체현된 진정성'을 느낄 수 있도록 유도한다.

'폭력'을 '거래'로 전환하는 전략:
불법촬영 및 유포의 관리

벗방 플랫폼은 어떻게 자신을 합법적인 시장 주체로 구축할 수 있었을까? 성인방송인 벗방이 안전하게 수익을 창출하기 위해서는 법적 기준을 침해하지 않는 합법적인 환경의 조성이 필수적이다. 방송 송출에 대한 여성BJ의 '동의'는 그 선결조건으로, 성 시장에서 '동의'는 합법과 불법을 나누는 핵심 축이다. '여성이 동의했다'는 말은 현 사회에서 그 동의를 가능하게 하는 과정, 이를 매개하는 장치, 그 효과에 관한 질문을 무효화하고 위험, 불평등, 종속의 원인을 여성에게 전가하는 마법 같은 효력을 지닌다(이 글은 이와 같은 강력한 자유주의적, 개인주의적 담론의 회로에 포획되지 않고, '동의' 여부와 상관없이 벗방 시장을 정상화하는 플랫폼의 운영·관리 방식에 주목하고자 '동의'와 관련된 논의를 의도적으로 배제한다). 벗방 플랫폼은 여성BJ의 '동의'를 기준으로 폭력과 거래를 나누는 자유주의적 인식을 활용해, 이를 상기시키면서 자신을 합법적인 거래의 시장 주체로 안착시킨다.*

불법촬영 및 유포 행위는 '동의'의 영역과 아닌 영역을 나누고 플랫폼이 '동의'의 영역에서만, 즉 합법적인 시장으로만 남기 위해 관리해야 하는 대표적인 위험 요소다. 정부 역시

---

* 근대 자유주의 담론에서 시장 거래를 가능하게 하는 인식론을 간략하게 소개하자면 다음과 같다. 보통 시장의 계약 관계는 노예제와 달리 자유롭고 평등한 개인 간의 동의에 기반한다고 여겨진다. 모든 인간이 자신이 소유한 무언가를 자유롭게 거래할 수 있다는 근대 자유주의의 사적 소유권에 관한 상상은 노동력이라는 상품의 합법적인 생산과 거래를 가능하게 했다. 이때 '성적인 것' 역시 개인이 소유하고 자유롭게 거래할 수 있는 상품으로 간주된다. 그러나 노예제와 노동 계약의 차이를 강조하는 자유주의 담론을 비판하며 계약이 오히려 동의를 빌미로 종속과 복종의 관계를 창출한다는 비판 또한 제기되어왔다. 그중에서도 성적 계약의 종속성을 연구한 페미니스트 정치학자 캐럴 페이트먼Carole Pateman은 결혼, 성매매와 같은 성적 계약은 정확히 무엇이 등가로 교환되는지와 관련된 논의를 배제한 채 예속을 강화하는 사회계약의 원초적 성격을 띤다고 설명한 바 있다. 여성에 대한 남성의 정치적 권리와 신체 접근권을 확립하는 성적 계약이야말로 근대적 가부장제를 만들어냈다는 페이트먼의 문제의식은 '동의' 앞에 무력해지는 젠더화된 성 시장의 권력관계를 논쟁의 핵심으로 고려하는 데 여전히 중요한 자원이다. 더 구체적인 내용은 다음을 참고하라. 캐럴 페이트먼, 유영근·이충훈 옮김, 《남과 여, 은폐된 성적 계약》, 이후, 2001. 성매매에서의 동의를 문제화한 논의는 다음을 참고하라. 반성매매인권행동 이룸 기획, 《불처벌》, 휴머니스트, 2022.

불법촬영 및 유포 행위에 관한 플랫폼의 책임을 강조한다. 플랫폼은 자율 규제로 개인방송을 관리하고 매년 〈정보통신망 이용촉진 및 정보보호 등에 관한 법률〉 제64조 5항 '투명성 보고서 제출의무 등'에 따라 '불법촬영물 등 처리에 관한 투명성 보고서'(이하 '투명성 보고서')를 방송통신위원회에 제출해야 한다. A티비는 불법촬영물 유포를 경고하고 방지하기 위한 장치를 곳곳에 배치해두었다. 대표적으로 홈페이지의 '자주하는 질문' 카테고리에서 캡처 프로그램 또는 녹화 프로그램 실행 시 방송 화면을 블라인드 처리한다는 설명을 발견할 수 있다. 또한 각 시청자가 시청하는 방송 화면에는 해당 시청자의 아이디가 화면 곳곳에 삽입되어 있어 캡처/녹화본이 유포될 시 누구에 의해 유포됐는지를 확인할 수 있다. 이러한 조치는 벗방을 불법적인 폭력과 구별함으로써 합법적인 시장으로 인식하게 만드는 효과를 만들어낸다.

그러나 여전히 불법적인 포르노그래피 사이트에서 벗방 영상을 찾기란 어렵지 않다. 일정 금액 이상을 지불해 '팬'의 자격을 획득한 시청자들만 시청할 수 있는 '팬방' 영상도 흔치 않게 발견된다. A티비 벗방 영상이 플랫폼의 방지 장치에도 불구하고 포르노그래피 사이트를 통해 다수 유포되고 있는 상황은 명확하나 그 원인이 무엇인지는 밝혀진 바가 없다.

그런데 이러한 벗방의 동의 없는 촬영 및 유포는 여성의 성적인 행위에 대한 사회적 비난이 만연한 사회에서 BJ의 일상을 위협한다. 벗방BJ는 일반적으로 자신의 개인정보에 제한을 두어 공개하고, 특히 BJ의 신상이 포착될 만한 정보는 적극적으로 숨긴다. 벗방BJ가 마스크를 쓰거나 문신을 가리는 조치는 흔히 볼 수 있다. 무엇보다 녹화를 금지해 BJ가 원치 않는 범위까지 벗방이 유포되는 것을 막는 조치는 BJ에게 필요한 최소한의 안전장치로 여겨진다. 그렇기에 BJ들은 BJ프로필*에 불법촬영 및 유포 행위가 적발될 시 법적 조치를 하겠다는 경고 문구를 적어두지만, 이를 제어할 기술적 조치를 플랫폼이 마련하지 않는 한 경고는 그저 힘없는 말에 불과하다.

OTT 플랫폼의 대중화로 온라인 스트리밍 기술을 활용한 영상 매체 접근성이 높아진 현재, 불법촬영 및 유포를 BJ가 당연히 감수해야 할 위험으로만 다루기는 어렵다. 불법 녹화와 유포를 방지하기 위해 OTT 업체는 블랙스크린과 같은 다양한 기술을 도입 및 발전시켜왔고, 육안으로 인지할 수 없는 포렌식 워터마킹 기술은 웹툰, 영상저작물 등 시각적으로 표현되는 저작물에 적극적으로 적용되고 있다.[14] 이런 기술적 발전에도 불구하고 벗방이 계속 유출되는 현실은 플랫폼의 방지 조치가 미흡해 야기되는 위험에 가깝다. 단순하게 생각해봐도, 플랫폼에서 송출되는 영상이 외부로 유포되는 상

---

* 프로필에는 BJ의 닉네임, 나이, 키와 가슴 사이즈 및 몸무게와 같은 신체 정보가 주로 적혀 있으며 하단에 '성형 질문 금지', '욕설 금지', '불법촬영 및 유포 시 고소 조치'와 같이 BJ가 개인적으로 경고하고 싶은 문구가 짧게 들어간다.

황은 플랫폼의 수익성을 침해할 가능성이 높다. 그런데 왜 플랫폼은 유출을 방지할 수 있는 기술을 적극적으로 활용하지 않을까? 이에 대한 플랫폼 측의 직접적인 해명이 없기에 벗방 영상의 빈번한 녹화 및 유포가 플랫폼의 수익에 해를 끼치지 않으므로 개선이 이루어지지 않고 있다는 짐작만 가능하다.

실제로 벗방 시청자들은 어떤 BJ의 방송이 볼 만한지 탐색하는 데 그 불법 포르노그래피 사이트를 활용한다. 플랫폼 입장에서는 벗방이 유출되면 포르노 사이트의 이용자들에게 방송과 플랫폼이 홍보되는 이익이 발생한다. 하지만 이와 반대로 BJ에게는 이익보다 피해로 돌아올 위험이 크다. 원치 않는 범위까지 자신의 방송이 퍼진다는 건 BJ의 개인정보가 유출되는 것과 같은데, 이를 통제하고 관리할 길이 없기 때문이다. 이에 일부 시청자들은 BJ의 방송 영상이 유포된 상황에 대해 안타까운 마음을 표현하기도 한다. 그러나 시청자 커뮤니티에서는 "애초에 야한 방송 자체를 안 하면" 되는 일을 "지들이 야한 저질방송을 해놓고 이제 와서 유출 타령"한다고 비난하며 불법 촬영 및 유포의 원인을 BJ에게 찾는 경우도 빈번하다. 시청자들의 오픈채팅방에서는 포르노그래피 사이트로 유출된 벗방 영상의 정보를 공유하는 대화가 자유롭게 오간다.

그렇게 불법촬영 및 유포를 관리하는 플랫폼의 장치는 합법적이고 공식적인 시장으로서의 구색을 갖추는 데 그치고, 불법촬영 및 유포의 위험은 BJ 개인의 책임으로 전가된다. 벗방 시장에서도 여전히 남성 시청자에 의해 여성의 성적 이미지는 유포·유출되고 이를 통해 플랫폼은 더 많은 시청자를 끌어모은다. 투명성 보고서 제출이라는 정부의 어설픈 벗방 플랫폼 관리는 폭력을 가능케 한 남성문화를 조금도 제어하지 못한다. 오히려 플랫폼은 정부의 미흡한 요구를 따르는 것만으로도 합법성을 획득한 채 불법과 합법을 교묘히 넘나들며 수익을 챙기고 있다.

남성 시청자의 욕망:
진정성의 상품화

———

앞서 살펴보았듯이 동의 없는 성재현물의 촬영, 유포, 공유라는 디지털 성폭력의 오랜 역사는 '진짜' 같은 성적 행위를 관음하고 이를 통해 쾌감을 얻는 남성의 성적 욕구에 기반해 추동되었다. 그런데 벗방은 시청자의 요구에 따라 BJ가 성적 퍼포먼스를 연출한다. 그렇다면 가공되고 연출된 성격이 분명한 벗방BJ의 방송은 어떻게 남성의 '진짜 같음'에 대한 욕구를 충족할 수 있을까?

이를 위해서는 BJ와 시청자의 상호작용이 어떻게 이루어지는지, 벗방의 콘텐츠가 어떤 내용을 담고 있는지 이해해야 한다. 벗방뿐 아니라 인터넷 개인방송에서 BJ와 시청자의 실시간 상호작용은 필수적이다. '생산자'와 '소비자'를 결합한 '생비자prosumer'라는 표현에서 알 수 있듯이 시청자는 단순한 소비자가 아니라 방송을 같이 만들어가는 생산자이기도 한 셈이다. 이렇게 방송을 함께 만들어가는 과정은 시청자에게 공동체적 인식을 지니게 하고, 공동체적 인식이 높아질수록 시청자의 방송 참여 빈도 또한 함께 늘어나며, 시청자들의 높아진 소속감과 빈번한 방송 참여는 BJ와 시청자 집단 사이의 친밀감을 고양시킨다. 특히 광고 수익보다는 후원 수익이 상당 부분을 차지하는 인터넷 개인방송에서 BJ가 시청자의 요구 사항을 실시간으로 청취하고 반응하는 작업은 매우 중요하다.

이런 맥락에서 벗방 시청자와 BJ는 이성애적 욕망과 규범을 중심으로 상호 관계를 맺는다. 벗방에서 BJ는 시청자를 당연하다는 듯이 '오빠'라고 호명하고, 시청자들은 서로를 '형님'이라 부른다. 그들의 성별이 사실과 상관없이 남성으로 인식된다는 지점은 이성애적 질서 안에서 형성되는 벗방의 성격을 전형적으로 보여준다. 또한 벗방의 성적 퍼포먼스는 퍼포먼스를 목록화한 '미션판'을 기본으로 하는데, 이는 전반적으로 이성애 중심적인 남성 대상 포르노그래피의 연출을 따른다. 미션판에는 성적 퍼포먼스의 종류와 그에 해당하는 후원 금액이 적혀 있고, 남성의 시선에서 '성적 수위'가 높아지는 만큼 후원금도 높게 책정되어 있다. 예를 들어 속옷을 탈의하는 퍼포먼스는 별풍선 200개, 다리를 M자로 벌리는 퍼포먼스는 별풍선 500개 같은 식이다. 플랫폼은 정부의 '음란물' 기준에 저촉되지 않는 한 모든 성적 퍼포먼스를 허용한다. 인터넷 개인방송은 원칙적으로 〈방송법〉의 규제 대상이 아닌 데다가 대법원 판례상 "포르노그래피"는 "폭력적이고 잔인하며 어두운 분위기 아래 생식기에 얽힌 사건들을 기계적으로 반복·구성하는 음란물의 일종"을 지시하기에 성인 인증만 거치면 성기와 음모의 직접적인 노출을 제외한 인터넷 방송은 별다른 제약 없이 송출 가능하다.[15]

정리하자면, 벗방에서 BJ와 시청자는 함께 방송을 만들어가는 관계이며, BJ는 수익을 내기 위해 시청자의 욕구를 충실히 반영할 필요가 있고, 그 결과 방송의 내용은 남성 시청자가 BJ와의 관계를 이성애적으로 상상할 수 있는 방향으로 구성되는데, 이는 법적 제재를 피하는 선에서 포르노그래피적 문법을 따르는 모든 성적 퍼포먼스를 포함한다. 실시간 상호작용을 통한 소통, 직접적인 시청자의 요구에 따라 수행되는 퍼포먼스가 일반적인 포르노그래피와 벗방의 차이다. 비동의 촬영물에서 발현된 '체현된 진정성'을 향한 남성의 욕구는 얌전히 사라지지 않았다. 진정성을 향한 갈망은 그대로 있다. 그런 시청자의 욕망을 실현시키기 위해 벗방은 실시간 상호작용에 기반해 다른 여러 장치와 함께 자신만의 '진짜 같음'을 구현한다.

시청자의 "진짜 쌌다"는 채팅은 BJ의 진정성을 칭찬하는 대표적인 문장으로 시청자가 벗방으로 충족하고자 하는 욕망을 표현한다. 그 욕망을 충족시키기 위해 BJ들은 성적 퍼포먼스를 수행하면서 시각적인 자극뿐 아니라 청각적인 자극을 만들어내는 다양한 방법을 구사할 필요가 있다. BJ는 진짜 오르가슴을 느끼는 것처럼 신음해야 하고, 퍼포먼스 과정 중 후원한 시청자의 아이디를 에로틱하게 불러야 하며, 자신의 몸을 문지르거나 자극하면서 정말로 '섹스' 또는 '자위'를 하는 것 같은 소리를 시청자가 들을 수 있게 해야 한다. 그렇게 만들어지는 다양한 성적 소리로 시청자들은 직접적인 접촉, 촉각이 사라진 자리를 메우고 진짜 같은 성적 감각을 '느낀다'.

이에 더해 벗방BJ는 방송에 송출되는 공간을 여러 장식으로 꾸며 일상적이고 사적인 분위기를 조성해야 한다. BJ들은 카메라가 비추는 뒤편의 공간에 침대와 조명을 비롯해 인형 같은 소품까지 적절하게 배치하며 침실처럼 보이도록 만든다. 이는 시청자에게 BJ의 성적인 행동과 반응이 공적이고 인위적인 태도가 아니라 개인적이고 친밀한 표현인 듯한 효과를 낸다. 그렇게 벗방 나름의 진정성을 구축하는 과정에서 BJ에게는 새로운 문제가 발생하는데, 바로 '공간'이다. BJ에게는 자연스러운 분위기를 조성하기 위한 침대와 컴퓨터 및 방송 기기를 놓아야 하는 책상, 오랜 시간 앉아 있어야 하는 의자를 놓을 공간이 필수적으로 필요하다. 다만 독립적이면서도 방음이 잘되는 공간을 확보해 필요한 것들을 채워넣으려면 상당한 비용이 든다.

'엔터'라고 불리는 BJ 관리 회사는 이러한 조건에서 등장한다. 엔터는 BJ가 진정성을 구현하기 위한 자원을 제공하는 대신, 계약에 따라 BJ의 수입 일부를 고정적으로 가져간다. 엔터와 BJ가 작성한 계약서에는 일정 기간 이상 무조건 방송을 진행해야 하며 중간에 그만둘 수 없다는 조항, 계약기간을 채우지 못하고 방송을 중단하면 위약금을 청구한다는 조항, 계약 내용을 외부에 발설할 시 손해배상을 청구한다는 조항, 투자 비용을 전액 회수한다는 조항 등이 포함되어 있기도 하다. 물론 이는 전형적인 부당 계약으로 법적 대응을 취할 경우 BJ가 승소할 가능성이 높다. 하지만 이를 사건화하려면 BJ는 자신의 벗방BJ 경험을 타인에게 공개해야 한다는 심리적 부담과 변호사 선임 등의 금전적 부담을 감수해야 한다.[*]

한편, 시청자의 진정성을 향한 갈망은 미션판에서도 발견

---

[*] A티비는 BJ 등을 위한 법률 지원 서비스를 마련하고 있다. 그러나 상담 이후 실제 사건 수임까지 지원한다는 안내는 홈페이지 어디에서도 확인할 수 없다. BJ가 처할 수 있는 여러 문제를 해결하기 위해 2023년 4월, 한국성폭력상담소, 반성매매인권행동이룸, 성매매문제해결을위한전국연대, 한국사이버성폭력대응센터, 한국여성민우회를 중심으로 '벗방'피해자공동지원단이 구성되었다.

된다. 미션판에는 종종 얼굴 공개, 카카오톡 아이디, SNS 주소와 같은 전혀 성적이지 않은 독특한 상품이 게시되곤 한다. 성적이지 않은 BJ의 개인정보는 어떻게 벗방에서 돈을 주고 살 만한 가치를 얻게 되는 것일까? 디지털 성폭력에서 남성들이 얻고자 했던 바로 그 진정성, 여성의 사적이고 일상적인 영역을 관음하고자 하는 욕망은 벗방에서 여성의 개인정보를 구매할 수 있는 상품으로 전환하는 핵심적인 동력이다. 특히 '마스크'를 활용한 얼굴 공개 미션은 개인정보를 가치화한 대표적인 상품이다.

대다수의 벗방BJ는 자신의 개인정보인 '얼굴'을 보호할 수 있는 장치로 마스크를 착용한다. 실제로 성적 서비스를 제공하는 여성을 향한 사회적 낙인과 비난이 만연한 현실에서, 마스크는 성적 콘텐츠를 생산하는 BJ가 자신의 개인정보를 보호하기 위해 구사하는 전략 중 하나다. 영국의 디지털 성노동자들은 가발을 쓰거나 얼굴을 흐리게 만들어 모습을 감추고,[16] 중국의 여캠이라 할 수 있는 쇼장방송의 여성 BJ들은 필터, 화장, 성형을 통해 얼굴을 왜곡한다.[17] 벗방BJ 역시 필터를 활용하기도 하지만 다양한 퍼포먼스를 수행하며 끊임없이 움직여야 하기에 필터를 이용한 보호는 충분하지 않다. 그렇게 BJ가 직접 얼굴을 가릴 수 있는 마스크가 자기 보호 장치로 추가된다.

그러나 동시에 벗방BJ들은 상당한 돈을 후원해야 얻을 수 있는 미션 중 하나로 마스크를 벗는 '얼공(얼굴 공개)'을 제시한다. 또한 벗방 방송에서는 얼굴을 공개할 수 없지만 BJ가 판매하는 다른 성적 콘텐츠에서는 얼굴을 볼 수 있다고 홍보하거나, 후원을 통해 팬클럽에 가입하면 얼굴을 공개한다는 공지도 종종 발견할 수 있다. 이렇게 마스크가 BJ의 개인정보를 보호하는 장치로 기능하는 것을 넘어 새로운 가치를 창출할 수 있는 배경에는 시청자들의 진정성에 대한 욕망, BJ의 '진짜' 얼굴을 보고 싶어 하는 열망이 있다. 시청자들은 자신들의 커뮤니티에서 얼굴을 공개하는 BJ의 목록을 공유하고, 얼굴을 공개하지 않는 BJ들을 비난하며, 마스크가 일반화돼 얼굴을 보려면 후원을 해야 하는 벗방 문화에 자주 불만을 표출한다. 시청자들은 왜 이렇게까지 BJ의 얼굴을 보고 싶어 할까?

여성의 '얼굴'을 탐하는 남성의 성적 실천은 성구매에서도 쉽게 발견할 수 있다. 성매매 산업에서 여성들은 '새로운 여성'을 추구하는 남성의 기대를 충족시키기 위해 끊임없이 지역을 이동해야 했고, 이렇게 이동한 '새로운 여성'은 일명 '뉴페(뉴페이스)'라 불리며 높은 상품성을 갖게 된다. 이러한 맥락에서 공중화장실 불법촬영물부터 '국산 야동'까지 여성들의 '얼굴'에 집착해온 불법촬영물 네트워크를 분석한 여성학자 김주희는 "디지털 세계를 떠도는 호기심은 관람자의 얼굴은 노출하지 않고 상대 여성의 구체적인 얼굴을 대면하는 것에서 출발한다"고 지적한다.[18] 불법촬영물을 시청하는 이들은 영상 속 실제 얼굴과의 대면에 거리낌을 느끼기보단 호기심을 보이고, 이때 여성의 얼굴은 누구나 접근하고 소비할 수 있는 비인간화된 이미지에 불과하다.

익명화된 시청자의 위치와 누구나 관찰할 수 있는 여성의 '얼굴'이라는 불평등한 관계 속에서 마스크를 벗은 BJ의 얼굴은 남성의 호기심을 충족하기 위해 소비되는 '체현된 진정성'을 지닌 상품이 된다. 시청자의 선호를 고려할 수밖에 없는 BJ에게 얼굴 공개는 자기 보호를 통한 위험의 관리와 수익성 창출을 위한 위험의 감수 사이에서 선별적으로 고려된 자기 전시의 상품화로도 볼 수 있다.[19] 결과적으로 BJ의 자기 보호 전략은 진정성을 향한 시청자의 욕구를 충족시키기 위해 결제 가능한 상품으로 전유되고 만다. 이 BJ의 자기 보호 전략이야말로 시청자가 구입하고자 하는 바로 그 상품이다.

합법적인 시장과 불법적인 폭력이라는 이분법을 넘어

성 시장은 언제나 합법과 불법의 경계를 넘나들고 교차하며 뒤섞인 채 형성되어왔다.* 성 시장의 '신상품'이자 새로운 성 시장의 영역인 벗방은 처음부터 불법촬영 및 유포와 같은 디지털 성폭력과의 관계 속에서 성장했고, 지금도 불법촬영물이 게시되는 다른 온라인 공간과 연결되어 있다. 구체적인 성 시장의 작동 방식을 추적하다 보면 상품화의 과정과 거래의 과정, 이를 가능하게 하는 운영 양태에 불법과 합법이 뒤엉킨 형상이 드러난다. 벗방 플랫폼은 합법과 불법의 구별 짓기를 이용하고 그 틈새를 조율하면서 교묘하게 비판의 지점을 피해 갈 수 있는 환경을 조성하는 핵심적인 행위자다. 따라서 벗방을 포함한 인터넷 개인방송에서 '문제적'인 요소가 발견될 때 그 책임을 시청자나 BJ 개인이 아닌 플랫폼 자본에 묻는 것은 중요하다.

물론 플랫폼 자본은 독자적으로 존재하지 않는다. 그들은 지배적인 남성중심적 사회규범과 문화를 변주하고 재생산하며 수익 창출 경로를 만들어낸다. 오랫동안 한국의 남성 집단을 만들어낸 여러 장소의 규칙과 각본은 벗방 플랫폼이 새로운 성 시장의 공식적인 행위자로 등장할 수 있는 밑거름이

---

* 사실 경제 행위 전반이 그러하다. 보통 합법적이고 공식화된 시장 행위를 포괄하는 경제 영역은 공식 경제로, 그 외부에 있다고 여겨지는 경제 영역은 비공식 경제, 지하 경제, 그림자 경제, 불법 경제 등으로 명명되곤 한다. 그러나 공식 경제와 비공식 경제는 분명하게 구분하기 어렵고, 오히려 경제를 독립적인 개념으로 발명하고자 '비경제적인 것'이 창조되었다는 지적 역시 존재한다.[20] 이처럼 경제를 이분법적으로 구분하는 인식론은 공식과 비공식이 얽혀 혼종적으로 작동하는 경제적 행위의 구체적인 양상을 비가시화한다.

되어왔다. 대표적인 인터넷 개인방송 플랫폼 SOOP의 이용자 80퍼센트 이상이 남성이고, 굳이 벗방이 아니더라도 인터넷 개인방송 문화는 남성중심성을 강하게 띤다.[21] 인터넷 개인방송에 대한 사회적 비판은 주로 '선정성'과 '폭력성'에 집중해왔지만 이를 가능하게 하는 성별성과 젠더 권력관계는 중요한 질문의 대상이 되지 못했다.

인터넷 개인방송뿐 아니라 온라인 공간의 남성문화와 남자-되기의 과정, 더 나아가 오프라인 공간의 남성문화 및 남자-되기의 과정에 관한 질문은 특정한 방식의 남자-되기를 촉진하고 활용하며 돈을 버는 자본과 이를 실현시키는 여러 장치들에 대한 진지한 고민을 촉구한다. 당연하게도, 태어날 때부터 돈을 주고 타인의 성적 행위를 관람하거나 이를 요구하고자 하는 욕망이 생겨나는 것은 아니다. 우리는 이렇듯 특정한 욕망을 주조하고 활성화하며 정당화함으로써 경제적이든 비경제적이든 이익을 얻는 누군가와 권력을 향해 관심을 돌려야 한다. 더하여 이를 현실적으로 가능하게 하는 구체적인 장치와 논리를 더 깊이 구체적으로 토론할 필요가 있다.

이 논의를 진전시키기 위해 무엇보다 필요한 것은 벗방BJ가 자신의 경험을 발화할 수 있고, 사회가 그들의 목소리를 주의 깊게 들을 수 있는 환경이다. 현재 한국 사회에서 벗방BJ의 목소리는 아주 제한적인 범위에서만 접할 수 있고 대개 침묵으로 존재한다. 성적 서비스를 제공하는 여성에 대한 사회적 낙인과 비난은 이들의 목소리를 벗방 안에서만, 벗방의 규칙에 맞을 때만 들을 수 있도록 만든다. 벗방의 규칙 바깥에서 BJ가 자신의 경험을 이야기할 수 있으려면, 폭력과 피해 또는 노동과 자기 자원화라는 이분법적 구도를 벗어나 이들이 사회적으로 비난받지 않고 말할 수 있는 환경을 조성할 필요가 있다. 이들의 경험, 자기 해석, 욕구를 들을 수 있는 공간을 창출하기. 이것이야말로 여성의 특정 신체를 음란하다고 간주하는 성차별 인식과 '자발적'으로 '동의'한 성적 거래의 종속적 성격을 문제화할 수 있는 실마리가 된다. 우리가 권력관계에 기반한 성 시장을 이해하고 그 시장에 개입할 수 있는 출발점은 바로 그곳이다.

더 찾아볼 자료

반성매매인권행동 이룸 기획, 《불처벌》, 휴머니스트, 2022.

벗방처럼 젠더화된 성 시장의 거래와 상품을 논의할 때면 언제나 '문란한' 여성에 대한 비난과 질문이 쇄도한다. 이 책은 성매매 여성을 사회적으로나 법적으로 처벌해온 한국 사회의 역사와 현실, 문화 경제를 분석한다. 성매매 문제의 초점을 '여성'에게서 사회로 이동시키는 책의 논의를 참고해 벗방BJ에게 집중된 벗방에 관한 질문을 사회문화적인 질문으로 바꿔나갈 수 있다.

한국여성학회 기획, 《디지털 시대의 페미니즘》, 한겨레출판, 2024.

벗방은 한국 사회의 디지털 기술과 젠더·섹슈얼리티를 둘러싼 여러 쟁점이 교차하는 장소이다. 따라서 벗방을 개인이 아니라 사회의 문제로 이해하려면 전반적인 맥락을 파악할 필요가 있다. 이 책은 디지털 시대에 우리가 경험하는 다양한 페미니즘 이슈를 분석해 우리에게 필요한 언어를 제공한다.

6장 안티페미니즘 전략의 형성에서 음모론적 남성성의 등장까지[*]

이우창

한국방송통신대학교
문화교양학과 조교수

[*] 이 글은 〈안티페미니스트가 페미니즘에서 배운 것은 무엇인가?: 한국 온라인 안티페미니즘 전략의 형성, 2020-2021〉(이우창, 《시민과세계》 39, 참여연대 참여사회연구소, 2021, 245~256쪽)을 수정·보강한 것이다. 수정게재에 동의해준 《시민과 세계》 및 이를 개고할 기회를 주신 한국성폭력상담소, 도서출판 동녘의 여러 선생님께도 감사드린다.

오늘날 한국의 청년 남성 집단에 안티페미니즘이 널리 공유되고 있음은 명백한 사실이다. 왜, 어째서 그런 현상이 나타난 것일까? 버전마다 세부적인 차이는 있으나, 여성주의·젠더 연구에 관심을 지닌 이들에게 유통되는 대중적인 해석은 대략 다음과 같다. 이전까지 한국 남성들은 경제적인 주도권을 쥔 가부장의 삶을 규범이자 현실로 받아들이며 살아왔으나, 1990년대 말의 국가적인 금융위기와 이를 전후하여 도래한 신자유주의 체제하에서 대다수의 청년 남성들에게 가부장의 삶은 달성할 수 없는 목표가 되었다. 청년 남성들은 (잘못된) 이상과 현실의 괴리 앞에서 나무에 매달린 포도를 바라보는 여우처럼 자신이 더 이상 가부장적 지배권을 행사하지 못하는 여성들을 혐오하게 되었으며, 이어 페미니즘 열풍과 여권 신장을 마주하면서 안티페미니즘에 빠져들었다는 것이다. 특히 구조적 성차별을 개인의 문제로 환원하는 신자유주의적 능력주의의 확산은 페미니즘 및 성평등 정책을 역차별로 간주하도록 만들었다. 요컨대 안티페미니즘의 근원은 구시대적 가정관·젠더관을 내려놓지 못하는 남성들의 '반동backlash'과 신자유주의의 결합이라 할 수 있다.[1]

이 글은 심지어 안티페미니스트들조차도 그 얼개에는 동의할 수 있을 만큼 직관적인 설득력을 지닌 이러한 서사에 대한 불만에서 출발한다. 단적으로 이러한 해석을 뒷받침하는 연구들 대다수가 청년 남성의 여성혐오 혹은 안티페미니스트적 '성향'을 확인할 뿐, 현실의 안티페미니즘적 실천을 구체적으로 살펴보지는 않는다. 그러나 누군가의 안티페미니스트적 성향을 확인하는 일과 그가 무슨 이유에서 어떠한 안티페미니즘적 실천을 수행하는지, 혹은 좀 더 근본적으로 그가 이해하는 '페미니즘'이 도대체 무엇인지를 파악하는 작업은 별개다. 간단히 말해, 안티페미니즘을 알기 위해서는 안티페미니즘을 연구해야 한다.

안티페미니즘을 연구하기 위해서는 무엇을 봐야 하는가? 한 가지 방법은 대규모 온라인 커뮤니티나 포털 사이트 댓글란과 같이 사회적 의사소통이 이루어지는 공간에 나타나는 언어적 실천을 살펴보는 것이다. 바로 그러한 언어적 실천을 매개로 개개인의 사적인 감정과 신념은 타인을 설득하고 논박하기 위한 논변과 수사로, 나아가 다수가 공유하는 사회적이고 공적인 담론으로 발전하기 때문이다. 문제는 한국의 학계에서 청년 남성의 안티페미니스트적 언어를, 혹은 청년 남성의 언어를 살펴보려는 시도 자체가 여전히 매우 드물다는 사실이다.[2] 이와 같은 공백은 한편으로 담론과 문화를 몇 가지 사회적·경제적 요인으로 환원하려는 (역사학의 관점에서는 이미 낡은) 오류의 반복을, 다른 한편으로는 논쟁 속에서 담론을 구축하는 '행위자'와 '전략'이라는 요소를 거의 고려하지 못하기에 담론의 구체적인 변화도 그에 유효하게 대응하기 위한 방법도 성찰할 수 없게끔 하는 맹목으로 이어진다.[*] 바로 이 틈새를 조금이나마 채워보려는 것이 이 글의 목적이다.

현실의 안티페미니스트적 담론을 살펴보면 곧바로 다음과 같은 사실을 알아차릴 수 있다. 첫째, 한국의 안티페미니스트들은 단일한 집단으로 볼 수 없다. 가령 안티페미니즘 노선을 천명하는 단체들은 많은 경우 개신교 보수주의와 친연성을 지니고 있지만, 온라인 남초 커뮤니티 '에펨코리아'(약칭 '펨코')에서 활동하는 안티페미니스트 정체성을 지닌 청년 남

---

[*] 여기서 나의 입장은 지성사의 언어맥락주의자들이 전개한 방법론적 논쟁에 기초한다. 이에 관해선 다음을 참조하라. 리처드 왓모어, 이우창 옮김, 《지성사란 무엇인가?: 역사가가 텍스트를 읽는 방법》, 오월의봄, 2020; 이우창, 〈지성사 연구의 방법들: 담론 연구, 개념사, 언어맥락주의〉, 《역사와 현실》 128, 한국역사연구회, 2023. 안티페미니스트 행위자들의 전략을 구체적으로 살펴보려는 거의 유일한 시도로는 다음을 보라. 김선해, 〈안티페미니즘 운동의 정당성 획득 전략에 관한 연구〉, 《한국사회학회 사회학대회 논문집》, 한국사회학회, 2019.

성 다수는 개신교에 상당한 거부감을 가지고 있다.* 둘째, 안티페미니스트들이 페미니즘의 대척점에 놓는 정상 상태의 규정 역시 집단마다 다르다. 예컨대 북미나 서구의 전통적인 안티페미니스트들은 가부장적·전사적 남성성을 선망하고, 기독교에 기초한 안티페미니스트들은 보수적인 성 윤리 및 가족관을 강조하곤 한다. 이에 비해 한국 주요 온라인 남초 커뮤니티의 사용자들은 이들이 정치적 올바름을 혐오하며 이성애적 관계와 가족관을 당연하게 전제한다는 사실과 별개로 전통적인 가부장의 책무를 부담스러워하고, 성인물 검열 정책에 분개하는 면모에서 볼 수 있듯 보수적인 성 윤리를 계승하지도 않는다.** 전통적인 성역할을 정상 상태로 규정하고 동경하는 남성들이 없는 것은 아니지만, 한국 청년 남

---

* 마찬가지로 한국 안티페미니즘의 두 가지 유형을 구별하는 논의로는 다음을 참조하라. 김보명, 〈한국사회 보수우파 안티페미니즘의 담론과 실천: '20대 남성'과 보수개신교 안티페미니즘을 중심으로〉, 《한국여성학》 40(1), 한국여성학회, 2024. 다만 나는 몇몇 유튜버를 20대 남성 안티페미니즘의 대표자로 보는 시각에는 회의적이다. 실제로 펨코를 비롯해 안티페미니즘을 공유하는 여러 커뮤니티에서는 신남성연대와 같은 '극우 유튜버'에 대체로 냉소적이다.

** 예컨대 남초 커뮤니티에서 추앙하는 '알파 메일' 담론에서 남성의 우월함은 더 많은 여성과 성적인 관계를 맺을 수 있는 역량으로 규정되고는 한다. 청년 남성 집단에서 남성성 및 젠더에 관한 인식이 이전 세대와 변화하고 있음을 보여주는 연구로는 다음을 보라. 마경희 외, 《성불평등과 남성의 삶의 질에 관한 연구》, 한국여성정책연구원, 2018; 한유정·김민지, 〈20대 남성의 성평등인식: 지배적 남성성 규범과 능력주의와의 관계를 중심으로〉, 《문화와 사회》 30(2), 한국문화사회학회, 2022.

성들은 대체로 자신을 '적극적으로 의무를 수행하는 사람'보다는 '페미니즘 및 그와 결탁한 정치인들의 성평등 정책이 낳은 역차별의 희생자', 즉 '자신의 권리를 침해받은 사람'으로 인식하는 경향이 있다.[3] 이러한 특수성은 남초 커뮤니티에서 나타나는 안티페미니즘을 단순히 '기득권을 빼앗긴 남성들의 백래시'로 조롱하기보다는 그 담론이 형성되고 변용되어온 과정을 역사적으로 재구성하려는 노력이 필요함을 의미한다.[4] 이런 맥락에서 안티페미니스트가 단순히 하나의 정치적·사회적 견해나 문화적 정체성을 넘어 그들 나름의 세계 인식과 응집력, 그리고 무엇보다도 전략을 공유하는 집단으로서의 면모를 보이기 시작한 과정을 살펴보는 일은 매우 중요하다.

이 글은 먼저 2010년대 후반부터 2021년 상반기까지 남초 커뮤니티에서 촉발된 주요한 젠더 분쟁 몇 가지를 따라가면서 안티페미니즘 전략이 형성되는 과정을 살펴본다. 다음으로 안산 선수의 '남성혐오 표현' 발화 여부를 둘러싼 안티페미니스트 내부의 논쟁이 어떻게 전개되었고 또 실패했는가를 들여다본다. 글 후반부는 2021년 이후의 몇 가지 쟁점을 짚으면서 청년 남성 집단에서 형성된 안티페미니스트 부족tribe의 문제를 간략히 성찰한다.

일베 사냥에서 여혐 사냥, 다시 페미 사냥으로: 한국 온라인 안티페미니즘 전략의 형성

2010년대부터 한국의 여러 온라인 커뮤니티는 사회적으로 부적절하다고 간주되는 언행을 겨냥해 집단적인 압박을 가해왔다. 누군가가 반사회적 극우 커뮤니티로 호명된 '일간베스트 저장소'(약칭 '일베')의 구성원으로 밝혀지거나 혹은 그곳에서 유통되는 표현을 사용해 일베의 가치관을 공유한다고 의심받을 때, 이는 그 고용주 혹은 관계자에게 압력을 행사해 경제적·직업적인 '징벌'을 내리는 집단적 비난 및 보이콧운동을 초래하고는 했다. 2010년대 중반 이후 여성혐오자를 응징하려는 온라인 페미니즘 운동이나, 그 반대편에서 페미니스트를 공격하는 산발적인 시도 역시 적어도 전략과 행동양식의 차원에서는 마찬가지였다. 여러 남초 커뮤니티의 이용자들은 일찌감치 '메갈리아'와 '워마드', 나아가 (래디컬) 페미니스트가 일베와 마찬가지로 반사회적 집단이라는 여론을 확고하게 구축했으며, 따라서 '일베충'을 처벌했을 때와 마찬가지로 '극단적' 페미니스트 및 지지자를 추방해야 한다고 주장했다. 2016년 온라인 게임 '클로저스'의 성우 교체를 둘러싼 논란이나, 남성향 게임 일러스트레이터·웹툰 작가 등의 페미니즘 지지 여부를 '사상 검증'하려는 일련의 움직임에서 나타나듯, 이러한 열망은 특히 젊은 남성을 주요 소비자층으로 삼는 기업을 겨냥한 집단적인 소비자운동의 모습을 띠었다.* 이때까지 남성향 서브컬처 내부의 일회적인 소비자운동에 가까웠던 안티페미니즘적 행동양식은 아래에 설명할 몇 가지 변화를 거쳐 안티페미니즘적 세계관 및 전략의 구축으로 이어진다.

  2017년 집권한 문재인 정권은 다방면에서 성평등·여성권리증진 정책을 추진했다. 그 과정에서 심화된 남녀 갈등은 한국 젠더정치 담론에도 적지 않은 영향을 미쳤다. 남초 커뮤니티는 점차 다음과 같은 인식을 공유하게 되었다. 첫째, 페미니스트는 단순히 '문제적인 사고'를 공유하는 일부 집단이 아니라 강력한 사회적 영향력을 가진 하나의 권력이다. 둘째, 페미니스트가 가진 권력과는 대조적으로 남성, 특히 10대~30대 남성은 정치적·사회적 발언권도 없이 역차별에 노출된 무력한 피해자 집단이다. 셋째, 따라서 청년 남성 또한 페미니스트의 성공 전략을 이해하고 필요하다면 이를 '미러링' 해야 한다. 2020년 후반기에 이러한 인식은 단순한 정세 판단을 넘어 집단적 실천의 전략으로 구체화된다.

---

*   2016년 남성향 온라인 게임 클로저스에 참여한 성우가 자신의 트위터 계정에 메갈리아에서 제작한 티셔츠를 인증했고, 해당 게임의 남성 이용자들은 이를 '혐오 단체'인 메갈리아에 대한 지지로 판단해 항의했다. 주요 소비자층의 반발에 직면한 배급사와 제작사는 즉시 해당 성우를 교체하는 결정을 내렸다. 해당 논란 및 이후에 지속된 남성향 게임 업계의 '페미 사냥'에 관한 최근의 탐구로는 다음을 참조하라. 이민주, 《페미사냥》, 민음사, 2024.

그 자체로는 안티페미니즘적 운동이 아니지만, 2020년 9월에 발생한 웹툰 〈헬퍼〉 여성혐오 논란은 (결코 페미니즘에 우호적이지 않은) 남성 이용자들이 온라인 페미니즘을 전략적으로 활용하기 시작한 사례로서 주목할 가치가 있다. 2011년부터 네이버웹툰에 연재된 남성향 웹툰 〈헬퍼〉는 한때 청년 남성 독자들 사이에서 높은 인기를 누렸으나, 시즌2에서는 불필요하고 불쾌한 선정적 묘사나 실존 인물의 성적 대상화와 같은 논란의 소지가 있는 설정과 전개를 고집하여 독자들의 불만을 초래했다.[5] 이들의 분노는 불평을 제기하는 독자를 조롱하는 듯한 인물이 작품에 등장하면서 격화되었고, 이는 2020년 9월 초 인기 있는 노인 여성 등장인물이 고문당하는 장면을 가학적으로 그려낸 대목이 공개되며 절정으로 치달았다. 누적된 불만의 폭발은 해당 웹툰의 독자 커뮤니티인 '디시인사이드 헬퍼 마이너갤러리'(이하 '헬갤') 이용자들로 하여금 누구도 예상치 못한 결단에 도달하도록 이끌었다. 놀랍게도 그들은 작품에서 여성혐오적 문제 제기가 가능한 장면을 수집한 뒤 트위터의 페미니스트들에게 제보하는 길을 선택했다. 이후 트위터에서의 공론화로 언론의 조명을 받게 된 〈헬퍼〉는 곧 작가의 사과문과 함께 휴재에 들어간다.

페미니스트와의 협력은 곧 웹툰 검열의 강화로 직결되는 자충수라는 여타 웹툰 갤러리 이용자들의 비난에 직면하여, 헬갤 이용자들은 다음과 같은 논리로 자신들의 결정을 정당화했다. 그동안 웹툰 플랫폼에서의 별점과 댓글, 또 커뮤니티에서의 불만 제기 등이 어떤 효과도 내지 못했음에 반해 페미니스트들은 사건을 제보받은 지 하루 만에 기사화에 성공하고 작가와 플랫폼을 굴복시켰다. 헬겔의 선택을 비판하는 다른 남성들은 무의미한 지적과 우려만 반복할 뿐 어떠한 실질적인 해결책도 내놓지 못하는 (부정적인 의미에서) '여성화된' 존재였으며, 강한 추진력으로 공론화를 통해 실질적인 목적을 달성하는 페미니스트들이야말로 '남성적' 덕성을 실현하는 이들이었다. 예컨대 당시 많은 추천을 받은 포스팅은 칼과 깃발을 든 여성 기사의 이미지와 함께 "한남 : 해줘~ 페미막아줘 ~ 웹툰계 어떡해~"와 "눈나들[누나들] : 합시다"의 대조적인 구도를 설정하고 있다.[6] 비슷한 시점에 역시 높은 추천수를 기록한 또 다른 포스팅은 "이 사건으로 한남과 페미의 차이를 깨달았다"는 표제하에 "한남이 1년내내 지랄해도 변한 게 없는데 단 하루만에 많은것들이 일어난거 보면 한남이 왜 4등시민인지 뼈저리게 느"껴진다고 쓴다.[7]

이러한 정치적 역량의 차이가 나타난 이유는 무엇일까? 당시 헬겔에서 높은 추천수를 기록한 게시물의 작성자는 페미니스트의 성공 요인이 일단 목표를 정하면 추진 과정에서 발생하는 사소한 사실관계의 오류나 도덕적 갈등을 무시하고 단합된 실천을 유지하는 전략적 면모에 있다고 주장했다. 그는 다음과 같이 남초 커뮤니티와 여초 커뮤니티의 행동양식을 대비시킨다. "여자들 봐라. 어제 새벽 리트윗 30따리는 만번이 넘게 리트윗 되고 한남 헬붕이들이 몇년간 못하던 일을 하룻밤만에 해낸다. 그 일이 옳고 그르고를 떠나 목적이 있으면 뭉치고 원하는 성취를 위해 행동 할 줄 안다. (…) 반면 이 병신 한남새끼들은 나가서 시위도 안해 의견표출도 안해 뭉치지도 못해 하는거라고는 커뮤에서 키배뜨는것밖에 없음." 그는 댓글에서 여성들이 일단 단합하는 성향을 무기로 "페미민국 만들고 정치인들도 다 그 뇌 빵꾸난 성별편 들어주[도록 해]는데 성공"했다면서, "4년전인가 5년전인가 그때 남자들이 페미들처럼 좆지랄 하려니까 선비새끼들이 엣헴 그렇게 하면 우리도 똑같은 사람이 되는거고 ㅇㅈㄹ[이 지랄] 했는데 그래서 얻은게 뭐가있냐고 시발ㅋㅋ 그냥 페미민국 돼서 걔들은 흥하고 우리는 좆됐는데"라고 덧붙인다.[8] 그에 따르면 남성들의 무능함은 원리와 원칙을 따지는 개인들로 분열되어 정치적 단결을 이뤄내지 못하는 습성에서 비롯된 것이었다.

2021년 남초 커뮤니티를 중심으로 형성된 주요한 젠더 논쟁들, 대표적으로 1월의 알페스 공론화 논쟁, 3월의 박나래 성희롱 문제 제기 논란, 5월 GS25 캠핑 광고 이미지에서부터 시작된 '남성혐오 손가락' 홍보물 논란 등에서 안티페미니스트들은 〈헬퍼〉 논란에서 나타났던 두 가지 논리를 공유하는 모습을 보여주었다. 첫째, 이들은 자신들이 성희롱·성범죄·

혐오표현에 대항하는 '사상 검증'의 투쟁을 전개한다고 주장했다. 주로 남성 소비자층이 일정 이상의 지분을 차지하는 소비·대중문화 영역에서 남성을 공격하거나 조롱하는 (혹은 그러한 혐의를 받는) 표현이 발견될 때, 해당 표현의 주체가 '적절한' 책임, 이를테면 충분한 사과 및 자신과 페미니즘이 무관하다는 공식적인 선언 등을 수행할 때까지 비판적인 여론을 형성하고 보이콧하는 게 이들의 단기적 목표였다.* 둘째, 이들은 상대가 굴복할 때까지 남성들이 조직화와 단결을 유지할 수 있는가에 투쟁의 성패가 달렸다고 믿었다. 공격 대상이 문제 제기를 무시하거나 회피한다고 해도 흔들림 없이 집단적인 '공론화' 및 불매운동을 지속한다면 결국 상대는 어느 시점에서는 굴복하고 남성들은 '승리'를 쟁취할 수 있다고 여긴 것이다. 2015년 이후 한국 온라인 페미니즘이 여성 대상 성폭력·혐오표현과의 투쟁에서 공론화와 소비자운동을 주무기로 사용했다면, 2021년 한국 온라인 안티페미니즘은 전자를 모방하고 '미러링'하는 과정을 거쳐 일회적인 '소비자운동'을 넘어선 지속적인 전략을 확립했다.

---

* 남초 커뮤니티에서 페미니즘은 사실상 남성혐오·여성우월주의 사상으로 규정되었다. 따라서 남성혐오자로 지목된 주체가 혐의를 벗기 위해서는 스스로가 페미니즘과 무관하다는 선언을 하는 게 필수적인 절차로 간주되었다.

'오조오억'은 남성혐오 표현인가?: '안산=페미' 논쟁과 '무지성 메타'[*]

2021년 상반기, 한국 온라인 안티페미니즘은 본격적으로 공론장에 진입했다. 알페스 논쟁이 기사화되어 잠시나마 이목을 끌었고, 박나래를 간판으로 내건 채널 '헤이나래'는 사과 끝에 폐지되었다. 4월 서울시장 보궐선거에서 청년 남성층의 지지를 받은 국민의힘 오세훈 후보가 압승하면서 20~30대 남성층의 정치적 중요성이 조명되었으며, 정치인 하태경과 이준석은 청년 남성의 정치적 대변자로서의 지위를 인정받았다. GS25 불매운동을 포함해 이른바 '남성혐오 표현'을 게시했다고 공격받은 여러 창작자와 광고주는 자세를 낮추어 자신들이 페미니즘과 무관함을 공표했다. 안티페미니스트들은 드디어 애타게 갈구해오던 정치적 효능감을 만끽했다. 이들은 페미니즘과 남성혐오에 대항하는 문화전쟁을 통해 자신들이 지난 수년간 페미니스트들이 독점해온 문화정치적 권력을 획득할 수 있다고 믿었다. 그해 여름 '안산=페미 논쟁'이 왜 벌어졌고 어떻게 전개되었는가를 이해하려면 우리는 이러한 배경에서부터 출발해야 한다.

올림픽 메달리스트 양궁 선수 안산이 '페미'라는 의혹은 그

---

[*] '메타'란 게임 커뮤니티 내에서 전략이나 전술을 지칭하는 표현이다.

가 여대 소속이고 숏컷을 하고 있으며 특정 여성 아이돌 그룹의 팬이라는 보잘 것 없는 근거에서 출발했다. 이것이 본격적인 안티페미니즘 논쟁으로 격화된 계기는 해당 선수의 SNS에서 '웅앵웅'과 '오조오억' 같은 어휘가 사용된 게시물이 발견되면서부터다. 이러한 어휘는 본래 2010년대부터 주로 젊은 여성 집단 혹은 이들을 겨냥한 콘텐츠 제작자에 의해 사용되었다. 행위나 태도를 묘사하는 의성어 '웅앵웅'·'허버허버'·'드릉드릉'의 경우 대상을 가볍게 낮추어 보는 뉘앙스가 포함되어 있으나, 예컨대 특정한 발화자가 본인의 행동거지를 가벼운 웃음거리로 만드는 용도로 사용하는 사례들이 말해주듯 꼭 진지한 폄하의 의미만을 담는 것은 아니다. '오조오억'의 경우 대체로 강한 강조나 과장의 의미를 담은 수식어로 쓰인다.** 2021년 펨코를 중심으로 일부 남초 커뮤니티

** 〈남성혐오표현의 유형과 사용 양상〉(박대아, 《우리어문연구》 62, 우리어문학회, 2018)의 281~286쪽 및 291~292쪽은 '웅앵웅'을 "남성 지시형 혐오표현"으로 규정한다. 종종 남초 커뮤니티에서 '웅앵웅'이 혐오표현임을 뒷받침하는 학술적 근거로 인용되는 해당 논문의 주장이 얼마나 엄밀한 논증 위에 세워졌는가는 재고의 여지가 있다. 애초에 워마드의 남성혐오적 발화만을 분석 대상으로 삼는 이 논문은 해당 단어가 남성혐오적 발화 내에서 남성비하적 용도로 사용되니만큼 남성혐오 표현이라 규정할 수 있다는 결론에 너무 쉽게 도달한다. 그러나 '웅앵웅'이란 표현이 워마드 바깥에서 어떤 용도로 사용되고 있는지를 검토하는 과정 없이는 그 용어 자체가 남성혐오적 표현인지, 아니면 비하의 뉘앙스를 담은 일반적인 표현이 남성의 행동거지에도 적용된 것뿐인지를 판별하기 어렵다.

에서 해당 단어가 페미니즘·여초 커뮤니티에서 만들어낸 남성혐오 표현이라는 주장이 퍼지면서 상황은 급변한다. 단어가 특정한 남성의 행동거지를 비웃는 용도로 사용된 사례가 선택적으로 공유되거나, 혹은 명확한 근거가 제시되지 않더라도 여러 이용자가 그러한 주장을 반복하는 과정을 거치면서 해당 표현들이 남성혐오 표현이라는 믿음은 (적어도 여러 남성들에겐) 기정사실이 되었다.

그러한 믿음은 곧 남초 커뮤니티의 안티페미니스트 문화전쟁의 장치로 활용되었다. 늦어도 2021년 2월부터 해당 표현을 사용한 여러 유튜버·연예인 등을 겨냥한 집단적인 비판과 보이콧, 사상 검증이 시작되었다. 이는 콘텐츠 제작자가 공식적인 사과와 함께 자신이 페미니즘과 무관하다는 공개적인 선언을 한 후에만 중지되었다. 별다른 비하의 의미로 사용하지 않았음이 분명한 경우에도 "이미 사회적 논란이 되는 표현을 생각 없이 쓴 쪽이 잘못"이라는 논지가 보이콧을 정당화했다. 남초 커뮤니티의 이용자들은 "사회악"인 페미니즘을 내쫓으면서 성취감을 느꼈다.

문제는 유튜버 '중년게이머 김실장'이나, 오랜 무명 생활 끝에 드라마틱한 급상승을 이룩한 여성 아이돌그룹 '브레이브걸스'처럼 남성 팬덤의 지지를 받으며 페미니즘과 관계가 있다고 추정하기도 어려운 이들에게 혐의가 씌워질 때였다.* 특히 6월 말 브레이브걸스 멤버의 '오조억' 단어 사용 논란은

이전과 달리 남초 커뮤니티 내에 내전에 가까운 격한 논쟁을 초래했다.[9]

브레이브걸스의 변호자들은 해당 멤버를 페미니스트로 볼 근거가 전혀 없을 뿐만 아니라, 무엇보다도 '오조오억'이라는 단어가 여초 커뮤니티에서 많이 사용되는 표현이기는 하나 특별히 남성혐오적·페미니스트적인 함의를 지닌다고 볼 수 없다며 반론했다. 실제로 이 단어가 직접적으로 남성혐오를 뜻한다는 결정적인 증거를 제시할 수 없었던 비판자들은 대신 다음과 같은 논지로 자신들의 공격을 정당화했다. 첫째, '오조오억'이 실제로 남성혐오 표현인지 아닌지의 사실관계는 핵심이 아니다.** 둘째, 페미니스트들이 과격하고 비이성적인 집단행동을 통해 양보와 이권을 받아냈듯 청년 남성들도 일치된 목소리로 과격하고 비합리적인 집단행동을, 즉 "무지성 돌격"을 해나갈 때 비로소 정치적·사회적 인정을 받을 수 있다. 셋째, 합리성을 주장하며 보이콧과 사이버불링을

---

* 중년게이머김실장은 2021년 4월 9일 영상에서 '오조오천개'란 단어를 사용했다가 거센 비난을 받고 영상을 수정했으며, 브레이브걸스의 한 멤버는 6월 25일 예능 방송에서 말한 '오조억점'이란 단어로 공격을 받아 자신이 페미니즘에 별다른 관심이 없음을 밝혀야 했다.

** 안티페미니스트들 사이에서는 페미니스트·여초 커뮤니티가 여성혐오 표현을 자의적으로 규정해 남성을 공격했다는 전제하에 자신들 또한 전술적 필요에 따라 원래의 맥락과 무관하게 남성혐오 표현을 규정할 수 있다는 주장이 통용되었다.

비판하는 이들은 페미니즘에 협력하는 것이다. 이에 대해 한국 페미니즘의 비이성과 과격성에는 기꺼이 동조했던 브레이브걸스의 옹호자들은 자신들이 비합리적 과격파가 되어야 하며 여기에 이견을 표명하는 남성은 비난받아야 한다는 입장에는 동의할 수 없었다. 해당 멤버가 자신이 페미니즘과 무관하다는 입장을 밝히면서 논쟁은 곧 사그라들었으나 입장의 차이가 해소된 것은 아니었다.

  7월 말 안산이 페미니스트인지, 또 그가 사용한 '오조오억'이 남성혐오 표현인지를 두고 안티페미니스트들이 촉발한 논쟁의 구도는 브레이브걸스 때와 다를 바가 없었다. 그러나 결과는 전혀 달랐다. 첫째, 애초에 남초 커뮤니티 소비자운동의 영향권에 속하지 않았던 안산은 페미니즘을 공개적으로 부인하는 대신 아예 경기와 무관한 구설수에 얽히고 싶지 않다는 뜻만을 밝히는 것으로 대응을 마쳤다. 둘째, 안산이 이룩한 하계올림픽 3관왕의 위업은 논란이 남초 커뮤니티를 넘어 사회적인 주목을 받는 결과를 가져왔다. 지금까지 설명했듯 '오조오억'이 남성혐오 표현인가의 논쟁은 철저히 남초 커뮤니티 내에서만 축적되어온 여러 맥락을 전제했다. 달리 말해 그러한 선지식을 공유하지 않는 커뮤니티 바깥의 많은 사람에게 해당 논쟁은 중요하지도 않고 이해할 필요도 없는 것이었다. "남혐 용어 사용"이 문제라고 잠시 주장했던 양준우 국민의힘 대변인을 제외하면 대부분의 유력 인사 및 언론은 '오조오억' 논란에 관심을 두지 않았다. 거의 모든 기사는 이 사태를 숏컷을 문제 삼아 페미니즘과 애먼 사람을 공격한 멍청한 '트롤링'으로 받아들였다.[10] 곧 외신 기자들이 비슷한 견해를 담은 기사를 써내면서 안티페미니스트 집단의 문제 제기는 참담한 실패로 마무리되었다.

남초 커뮤니티의 안티페미니스트들은 패배를 어떻게 해석했을까? 즉각적으로 터져나온 반응은 '오조오억' 같은 '남혐표현'이 진짜 문제임에도 페미니스트들의 간계로 인해 숏컷만이 문제인 양 왜곡된 보도가 나왔다는 한탄이었다. 자신들의 전략이 정말로 효과적인지, 또 커뮤니티에서 통용되는 언어가 그 바깥의 사람들에게 어떻게 이해될지를 검토해야 한다는 반성적 성찰은 거의 제기되지 않았다. 확실한 근거 없이 억지로 여론몰이를 시도한 게 오판이었다는 반응도 나왔으나, 많은 이는 좀 더 편리한 음모론적 해석에 기댔다. 논란을 주도한 커뮤니티 중 하나인 펨코에서 많은 추천을 받은 게시물은 "페미, 기자, 정치인 모두가 합심한 드림팀"에 자신들의 문제 제기가 통하지 않는 것은 당연하며, 한국은 "페미민국"이라고 자조적으로 말한다.[11]

'그 손가락'과 '나거한':
음모론적 남성성의 등장

2021년 이후 현재까지의 한국 온라인 안티페미니즘은 대체로 기존의 경향성이 더욱 강화된 면모를 보여준다. 안티페미니스트들은 페미니스트들의 이중잣대와 위선, 악덕을 고발하고 조롱하는데, 이때 페미니스트에 대한 공격과 '이기적이고 반사회적인 한국 여성'에 대한 고발은 종종 뒤섞이곤 한다. 남초 커뮤니티에 안티페미니즘 포스팅이 범람하면서 이용자들은 페미니즘을 단순한 혐오 사상을 넘어 저출생 위기와 같은 난제를 초래한 '사회악'으로까지 바라보게 되었다. 안산 논쟁에서의 처참한 실패에도 불구하고, 소비자운동과 '공론화'가 결합한 한국 온라인 안티페미니즘의 투쟁 전략은 지속되고 있을 뿐만 아니라 후에 언급할 바와 같이 주류 남성문화로 침투하는 데 성공하고 있다. 이러한 흐름에서 관찰할 수 있는 독특한 면모 중 하나는 (예컨대 페미니즘과 성별 갈등이 한국 사회를 내부에서부터 붕괴시키려는 중국공산당의 공작으로 인한 결과물이라는 주장처럼) 안티페미니즘이 음모론적 사고방식과 결합하는 사례가 점차 빈번해지고 있다는 점이다.*

대표적으로 '오조오억'과 '웅앵웅'을 대체해 안티페미니즘 논쟁의 동력을 제공한 (종종 '메갈 손', '페미 손'으로 불리는) '집게 손'의 이미지를 살펴보자. 해당 이미지의 기원은 지금까지도 온라인 페미니즘과 동일시되곤 하는 여초 커뮤니티 메갈리아가 설립된 2015년 여름으로 거슬러 올라간다. 당시 온라인 젠더 전쟁에서 남성의 성기 길이를 겨냥한 조롱은 여성혐오적 남성들에게 심리적인 타격을 줄 수 있는 효과적인 수단으로 인식되었다. 그에 따라 메갈리아의 운영진은 사이트를 상징하는 로고로 엄지와 검지로 집게 모양을 한 손, 즉 한국 남성의 성기 길이가 짧다는 조롱을 담은 이미지를 채택했다. 이후 남초 커뮤니티에서 페미니즘이 혐오 사상으로, 메갈리아가 '여성판 일베'로 규정되면서 해당 이미지 역시 남성혐오의 상징물로 자리 잡게 된다.

일베와 메갈리아의 동일시는 집게 손 이미지에 대응하는 방식에도 깊은 영향을 미쳤다. 2010년대 초중반 일베의 이용자들은 자신들의 상징을 기존의 이미지에 합성해 정부 기관이나 기업, 언론의 공식적인 채널을 통해 은밀히 유포하는 활동을 즐겼으며, 이는 타 커뮤니티에서 일베의 숨겨진 상징을 식별하고 그 유포자를 잡아내려는 대응 양식을 일반화시켰다.** 이런 대응 양식은 '페미 사냥'에도 그대로 적용되었다.

* 설령 중국공산당의 사주를 받아 성별 갈등을 조장하는 댓글부대가 있다고 가정하더라도, 2010년대 중반부터 지금까지의 젠더 전쟁이 순전히 외부의 개입으로 만들어진 결과물이라고 보기는 어렵다. 흥미로운 사실은 오늘날 남초 커뮤니티 및 여초 커뮤니티 이용자들의 의견이 거의 일치하는 대표적인 주제가 바로 반중 인식이라는 점이다.

** 초기 일베의 모태 중 하나가 디시인사이드의 합성필수갤러리였다. 2010년

남성향 게임이나 애니메이션은 물론이고 특히 공공 디자인에서 집게 손 이미지가 등장할 때마다 남초 커뮤니티에서는 이것이 남성혐오 혹은 페미니즘의 은밀한 표현이 아니냐는 의혹을 제기하는 이들이 등장했다. 이런 의혹에는 여성 종사자가 많은 일러스트레이터 업계에 다수의 페미니스트들이 암약하고 있으리라는 전제가 깔려 있었다. 이런 의심에서 촉발된 '남성혐오와의 투쟁'은 앞서 언급한 2021년 5월의 GS25 불매운동을 시작으로 애니메이션 제작사 '스튜디오 뿌리' 제작물 논란 등 일련의 사건들이 이어진 2023년에 절정을 이뤘다.[12] 2023년 11월의 포스코 홍보 영상 논란이나 2024년 6월의 르노코리아 홍보 영상 논란은 집게 손과 페미니즘에 대한 경계가 남성향 서브컬처의 영역을 넘어 한국 남성문화의 주류에 침투하고 있음을 보여준다.

이러한 '남혐' 논란의 전개는 다음과 같이 도식화할 수 있다. 먼저 특정한 시각적 이미지에서 '집게 손'이 등장한 사례가 보고된다(혹은 특정한 창작자가 SNS 등을 통해 페미니즘 옹호 성향 혹은 남성혐오적 표현을 드러낸 사례가 고발되기도 한다). 남초 커뮤니티에서는 해당 이미지가 남성혐오 혹은 페미니즘에 해당하는지 여부를 놓고 논쟁이 전개되고, 이용자들은 연관된 기

대 일베에 관한 상세한 설명은 다음을 참조하라. 김학준, 《보통 일베들의 시대》, 오월의봄, 2022.

업·제작사의 다른 작업물을 파헤치기 시작한다. 일정 단계가 지나면 해당 이미지가 실제로 남성혐오 혹은 페미니즘적 의도를 담고 있는지 여부는 더 이상 중요하지 않으며, '애초에 논란이 될 만한 요소를 걸러내지 못한 기업·기관이 문제'라는 여론이 지배적으로 퍼진다.*

  손가락 논란이 복수의 남초 커뮤니티에서 확대되는 상황에 접어들면 기업 혹은 창작자들은 대응 방식을 선택해야 한다. 무대응은 논란을 키울 가능성이 높으며, 사과문과 반박 해명을 오갔던 스튜디오뿌리의 사례에서처럼 대응 방식에 일관성이 부족할 경우에도 남성 소비자들은 보이콧운동에 돌입하고는 한다. 커뮤니티의 남성들이 대체로 만족하는 대응책은 기업이 해당 작업자를 빠르게 징계하고 '남성혐오 사상, 즉 페미니즘을 거부한다'는 메시지가 선명하게 드러나

---

*   그렇다고 해서 남초 커뮤니티 이용자들이 이러한 주장의 음모론적 성격을 전혀 인식하지 못한다는 의미는 아니다. 애니메이션 〈위쳐〉 시리즈의 손가락 논란을 경계하는 게시물의 베스트 댓글은 남초 커뮤니티 이용자들 역시 손가락 논란의 편집증적인 면모를 자각하고 있음을 보여준다. "진지하게 커뮤니티 밖에 있는 사람들이 애니메이션 등에서 연속동작 가운데 프레임 하나 잘라서 100% 페미짓이라고 확정하고 거품무는 꼬라지보면 도대체 어떻게 생각할가 같음? 심지어 외국에서 작업한거에 페미손가락 찾았다면서 갑치다가 개병신취급 받는거 한두번 본게 아닌데 매번 반복함 ㅋㅋ 한국 스튜디오든 뭐든 아무런 증거도 없는데 그냥 프레임 하나에서 손가락 어색하다고 거품물어[.] 걍 나사구멍 보고 발작하는 페미년들이랑 똑같아 정신병이야 걍 ㅋㅋ"[13]

는 사과문을 발표하는 것이다. 여성 단체나 진보적 활동 단체, 혹은 언론의 개입은 유감스럽게도 논란의 해소에 별다른 도움이 되지 못한다. 안티페미니즘적 성향을 공유하는 이들 사이에서는 앞서 언급한 집단들이 이미 '페미니스트 카르텔'의 일부라는 인식이 확고한 사실처럼 받아들여지고 있기 때문이다. 여기서 알 수 있듯 안산 논쟁의 막바지에 흘러나왔던 탄식, 즉 정부, 언론, 정당, 시민단체가 페미니스트들에 장악당해 남성을 역차별한다는 불만은 이제 기정사실로 간주된다.

'나거한'은 이와 같은 음모론적 세계관을 집약하고 있는 표현이라 할 수 있다. 이는 "나라 자체가 거대한 한녀"라는 문구의 줄임말로, 2022년 8월 디시인사이드 주식갤러리에 올라온 게시물 '한국자체가 거대한 한녀임.txt'에서 유래되었다.[14] 본래 게시물의 의도는 부정적인 함의를 가진 '한녀'에 빗대어 한국 자체에 대한 혐오를 표현하는 것이었으나, 이후 전파 과정에서 원래의 문맥과 달리 '페미니즘으로 인해 여성에게는 특혜를 주면서 남성은 차별하는 한국 사회'를 비판적으로 언급하는 뜻으로 변용되었다. 여기에 전제된 인식에 따르면 한국의 (청년) 남성들은 일상적인 차별은 물론, 성폭력 무고와 같은 기습적인 재난으로 언제든 삶의 기반을 상실할 위험에 노출된 약자, 소수자, 피해자다.* 언론과 국가기구가 호시탐탐 청년 남성을 전락시킬 기회를 노리고 있다는 두려움은 안티페미니즘적 실천을 정당화할 뿐만 아니라, 남성을 억압하고 위협하는 세상에 대한 불신과 원망으로 가득한 음모론적 남성성의 출현으로 이어진다.

음모론적 남성성의 중핵에는 '피해자·약자로서의 청년 남성'이라는 인식이 존재한다. 이는 제도 정치 및 공론장 내에서 청년 남성을 대변하는 목소리가 매우 제한적이라는 사실과도 연결되어 있다. 페미니즘 리부트 이후 청년 여성들이 언론과 정당에서 자신들의 '대표자'를 확보하는 데 성공했다면, 청년 남성들에겐 그에 상응하는 대변자들이 존재하지 않는다.** 2021년 서울시장 보궐선거부터 2022년 3월 대통령 선거까지 잠시 결성되었던 보수정당과 2030 남성의 동맹은 윤석열 정권에서 국민의힘 당대표 이준석이 곧바로 숙청당하

---

*   성폭력 무고 사건은 남초 커뮤니티에서 안티페미니즘적 관점이 설득력을 얻는 데 크게 기여한 쟁점 중 하나다. 특히 2024년 6월 화성동탄경찰서 소속의 경찰들이 부정확한 신고를 바탕으로 강압적인 성범죄 수사를 진행한 사례는 '나거한'의 현실을 보여주는 근거로 인식되었다.[15]

**   제도권에 성공적으로 안착한 청년 여성 정치인이 나타나지 않고 있는 상황과 별개로, 우리는 2010년대 중반 이래 청년 여성 다수가 더불어민주당에 투표하고 있으며 역으로 후자가 전자를 고려한 정책을 계속해서 내놓고 있다는 것, 다시 말해 양자 사이에 이미 대표 관계가 형성되었다는 명확한 현실을 무시할 수 없다. 류호정, 장혜영 의원 등 직접적으로 청년 여성으로서의 정체성을 표방한 정치인을 내세웠던 정의당이 아니라 더불어민주당이 청년 여성 유권자의 지지를 획득하는 데 성공했다는 사실은 한번쯤 진지하게 숙고해볼 가치가 있는 주제이지만, 이는 이 글의 논의를 넘어서는 것이다.

면서 급속도로 와해되었다. 2024년 제22대 국회의원선거에서 이준석을 비롯한 보수계열의 청년 정치인들 일부가 원내로 입성했으나, 아직은 몇몇 쟁점에서 남초 커뮤니티의 여론을 그대로 읊는 정도인 것이 현실이다. 오늘날 청년 남성에게 진정으로 필요한 변화가 무엇인지 질문하고 선제적으로 의제를 제시함으로써 적극적인 대표 관계를 형성하는 정치인의 출현은 아직 요원한 듯하다. 주류 언론에서 청년 여성의 시선에 비해 청년 남성의 그것을 비교적 가볍게 여기는 경향 역시 피해자 인식 및 음모론적 남성성의 형성과 확산에 큰 영향을 끼치고 있다. 제도 정치와 공론장 모두에서 청년 남성의 대표자가 부재하는 상황은 남초 커뮤니티에 유통되는 갖가지 뒤틀린 해석이 정정되지 않은 채 음모론적 남성성을 강화하는 방향으로 작용하는 결과를 낳는다.

음모론적 남성성, 나아가 젠더 갈등에 기초해 정치·사회를 구성하는 다른 행위자들을 불신의 눈초리로 바라보는 안티페미니스트 '부족'은 당분간은 해산될 가능성이 높지 않아 보인다. 이미 안티페미니즘적 음모론이 하나의 지배적인 패러다임으로 자리 잡은 남초 커뮤니티의 이용자들은 그러한 패러다임에 부합하는 콘텐츠를 반복적으로 소비한다. 이 과정에서 음모론적 인식은 강화되며, 그와 상충하는 주장·논변은 조용히 배제된다.* 특히 커뮤니티 간의 직접적인 충돌이 감소하면서 각 커뮤니티의 성향이 고착화되는 중인 2020년대의 조건을 고려하면, 안티페미니즘이 확고하게 뿌리박은 커뮤니티와 매일 그 커뮤니티에 접속하면서 세계에 대한 인식을 형성하는 사람들의 사고방식이 저절로 변화하기를 기대하기란 어렵다.

현재까지 한국의 페미니스트들이 안티페미니즘적 인식을 깨트릴 전략을 고안하지 못하고 있다는 사실도 지적해야 한다. 냉정하게 말하자면 대중적인 페미니스트 대변자들은 '여성의 비참' 및 '구조적 불평등'의 고발이나 '여성의 독립성과 자아실현'의 강조 등 해당 담론의 주 소비자층이 편안하게 받아들이는 주제에서 잘 벗어나지 않는 경향이 있다. 같은 맥락에서 대중적인 페미니즘 담론은 청년 남성을 대체로 동등한 대화의 상대보다는 비판 혹은 교화의 대상으로 간주하는 클리셰를 반복한다. 의도가 무엇이든 이는 역설적으로 안티페미니즘 담론, 구체적으로 페미니스트 혹은 사회가 청년 남성을 위협하고 옭아맨다는 음모론적 피해의식을 강화하는 근거로 활용되곤 한다. 2010년대 중반 페미니즘 리부트 초기에 잠시 등장했던 일련의 '남성 페미니스트'들이 여러 가지 이유로 발언권을 상실하고 비가시화한 이래, 한국의 대중적 페미니즘은 청년 남성들과 대화할 통로를 아직 만들지 못하고 있

---

* 공정을 기하기 위해 말하자면, 아이돌 팬덤 간의 분쟁에서 볼 수 있듯 대형 여초 커뮤니티가 특별히 음모론적 인식의 전파에 면역력을 갖춘 것은 아니다.

다. 이런 조건에서 청년 남성들의 안티페미니즘이 변화하기를 기대하기란 어렵다.

좀 더 근본적인 문제는 비단 한국 사회만이 아니라 페미니즘의 부상을 경험한 거의 모든 사회가 아직 청년 남성의 역할과 지위를 명시한 정치적-사회적 서사를 창출하지 못하고 있다는 데 있다. 사회에서 자신이 어떠한 책임과 활동을 수행해야 하는지 인식하고 이를 실천하기 위해 인간은 자신의 역할이 기입된 서사를 필요로 한다. 고대부터 현대까지 그러한 서사에서 중요하게 작용하는 요소 중 하나가 성별이었음은 주지의 사실이다(좋고 나쁨을 떠나 이러한 상황은 한동안 지속될 것 같다). 문제는 가부장제 비판 이후 가부장적 남성성이 지속될 수 없음은 받아들였으나 여전히 남성이라는 정체성 자체는 간직하고 있는 다수의 청년 남성에게 그들이 새롭게 어떠한 역할을 맡아야 하는지 일러줄 서사가 등장하지 않고 있다는 것이다. 2024년 12월 이후의 광장에서 드러나는 20대 남성의 부재, 달리 말해 비상계엄 및 친위 쿠데타를 비판하면서도 정작 스스로가 광장에서 무엇을 수행해야 하는지 설명할 수 없는 청년 남성들의 모습이 그 한 가지 징후라고 본다면 지나치게 앞서 나가는 것일까?

음모론적 세계관에 젖어든 삶이, 사회적 역할의 부재가 장기화될 때, 언젠가 이 고치를 찢고 나오는 존재가 어떤 모습이 되어 있을지 예측하기란 어렵다. 우리는 다만 '사람이 혼자 있는 것은 좋지 않다'는 오래된 교훈을 상기할 수 있을 따름이다.

7장 짤의 시대, 안티페미니즘으로 공모하는 루저 남성 정서와 정치 언어*,**

이리예
페미니스트 연구 웹진
Fwd 필진

* 이 글은 〈짤방의 정치학〉(이리예,《페미니스트 연구 웹진 Fwd》6, 2022)을 수정·보완한 글이다.
** 원 출처를 특정할 수 없는 짤 이미지의 출처는 생략되었다.

한 장의 이미지는
어떻게 지지율이 되어 돌아왔는가

그림 1

2022년 1월 7일, 당시 국민의힘 대선후보였던 윤석열은 본인의 페이스북에 '여성가족부 폐지'라는 일곱 글자가 새겨진 이미지를 게시했고(〈그림 1〉), 이 이미지는 세간에 크나큰 파장을 일으

컸다. 곧바로 여성가족부 폐지 찬반 여론조사가 이어졌으며, 다른 대선후보들도 잇따라 여성가족부 존속에 관한 의견을 냈다.

여기서 주목할 것은 다른 후보들의 여성가족부 존속에 대한 '의견'이 줄글이 아니라 '패러디 이미지'로 개진되었다는 점이다. 예컨대 심상정은 '여성가족부 폐지'라는 일곱 글자를 '여성가족부 강화'라는 일곱 글자로 패러디하고(〈그림 2〉), 허경영은 '결혼부 신설'이라는 메시지를 덧붙였다(〈그림 3〉). 윤석열은 '여성가족부 폐지' 이후 '사드 추가 배치', '탈원전 백지

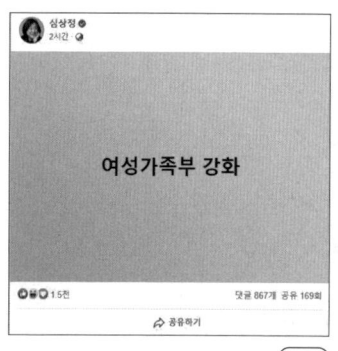

그림 2

그림 3

그림 4

그림 5

화' 등의 메시지를 동일한 형식으로 연이어 게시했다. 윤석열의 '주식양도세 폐지'라는 이미지(〈그림 4〉)에 대해 이재명은 '부자 감세 반대'라는 이미지를 맞붙였다(〈그림 5〉).

이미지를 이용해 메시지를 발신하는 방식은 쟁점을 논의하는 데 드는 시간과 에너지를 파격적으로 절감한다. 더 나아가, 저용량의 이미지 파일은 온라인에서 게시된 이후 다른 이용자들에 의해 손쉽게 다양한 온라인 플랫폼들로 확산된다. 이 전략은 윤석열이 2022년 1월 5일 선거대책위원회 해체와 함께 선언한 '청년 중심 선거운동'의 일환이었다. 그 후에도 윤석열은 일주일간 '성범죄 처벌 강화, 무고죄 처벌 강화', '병사 봉급 월 200만 원' 등이 적힌 이미지를 게시했다. 이미지를 이용한 '청년 중심 선거운동'은 즉각 반향을 일으켰다. 리얼미터 여론조사에 따르면 18~29세 남성의 윤석열 지지율은 1월 3~4일 15.8퍼센트에서 9~14일 58.1퍼센트로 급상승하는 모습을 보인다.[1]

이 현상을 두고 청년 남성이 제도 정치에서 보내온 여성혐오적 메시지에 호응했다고 간략히 정리할 수도 있을 것이다. 그러나 이 정리는 이어지는 질문의 답이 되기에는 부족하다. 이 메시지는 왜 온라인 소셜 미디어를 매개체로 삼았는가? '여성가족부 폐지'라는 무책임한 메시지는 왜 정연한 비판보다 패러디된 메시지를 불러왔는가? 왜 그 선언 방식이 경계와 질타보다 호응을 받을 수 있었는가? 왜 그 호응이 특히 청년 남성층에서 두드러졌는가? 왜 청년 남성층은 여성혐오적 메시지에 호응을 보내게 되었는가?

이러한 질문들에 대한 답으로, 이 글은 윤석열의 '여성가족부 폐지'라는 메시지가 기존 정치 영역의 언어와 다르게 '짤'의 문법으로 쓰였기 때문이라고 주장한다. 다시 말해 이 글은 윤석열이 발신한 메시지뿐 아니라 그 메시지를 담은 '짤' 형식에 주목한다. 윤석열이라는 정치인의 구두선을 미덥게 포장한 것이 바로 이 형식이기 때문이다. 여성가족부를 폐지하겠다는 메시지가 짤 형식을 취했기 때문에 정책을 시행해야 하는 타당한 근거, 구체적인 이행 방안, 후속 조치 등 그 메시지의 개연성을 의심케 할 세부 사항은 결락될 수 있었다. 한 장의 이미지가 즉각 청년 남성층의 정치적 지지가 되어 돌아올 수 있었던 현상은 근 20년간 한국 온라인 지형에서 짤이 안티페미니즘의 도체로 쓰여온 맥락을 이해할 때 더 구체적으로 들여다볼 수 있다.

**남성의 찌질함,
짤이 되다**

짤이란 형식은 국내 온라인 커뮤니티 디시인사이드에서 처음 만들어졌다. 1999년 디지털카메라 동호 커뮤니티로 출발

그림 6　　　　　　　　　　　　　　그림 7

한 디시인사이드에서는 게시글에 사진이 반드시 포함되어 있어야 했고, 그렇지 않을 경우 글이 삭제되곤 했다. 이러한 삭제, '짤림'을 '방지'하기 위해 첨부하는 이미지가 곧 '짤방'이라고 불리게 된 것이다. 오늘날 짤방은 원래의 목적과 멀어진 채, '짤'로 축약되어 불리고 있다.

짤은 텍스트와 결합되며 이미지의 맥락을 새롭게 주조하고 특정한 정서를 증폭시키는 역할을 한다. 〈그림 6〉은 사극 〈신돈〉의 한 장면에 '언제까지 그따위로 살 텐가?'라는 텍스트가 곁들여진 짤이다. 원래는 주인공이 신출귀몰한 재주를 보이는 장면이지만, 짤로 편집됨으로써 그 맥락이 사라지고 독자와 게시자를 '자조하는' 새로운 맥락이 깃든다. 한편 〈그림 7〉은 밴드 '장기하와 얼굴들'의 2016년 공연 장면이다. '엉엉엉엉 엉엉엉엉'은 가사의 한 부분이라 자막으로 출력되었지만, 짤이 된 순간 그것은 가사로 인식되기보다 '울고픈 마음'을 시각화한 요소가 된다. 만약 어떤 글의 게시자가 힘들었던 사연에 〈그림 7〉을 첨부했다면, 우리는 게시자의 표정이나 어조 없이도 울고팠던 그의 심정을 느낄 수 있다. 또한 우리는 게시자가 선정한 이미지의 적절성에 감탄하며 글에 '추천'을 남기거나, 댓글을 달고, 글을 공유하거나, 짤을 저장해둔 다음 자신도 비슷한 감정을 토로할 때 활용할 수 있다.

미디어 기술 연구자 오웬스는 이러한 행위를 통해 짤 향유자들이 "'나도 그러하다'는 공통성commonality의 순간에 참여하게 된다"고 설명한다.[2] 이는 누구나 스스로를 자조하거나 엉엉 울고픈 감정을 느낄 때가 있듯, 짤이 인간의 일반적인 유사성에 대한 인식을 기반으로 삼고 있기 때문에 가능한 일이다. 짤 향유자들은 이런 공통성의 순간에 참여하며 짤을 읽고 쓰는 능력을 학습한다. 부연 설명이나 사연이 없어도 '신돈 짤'을 보면 '자조'의 감정을 읽어내고, '엉엉 짤'을 보면 '울고픈 마음'을 읽어낼 수 있게 되는 것이다.

짤은 복잡미묘한 정서를 유머러스하게 전달하고 전파하는 데 효과적으로 기능했다. 글로는 다 표현할 수 없고 뭐라 말하기 어려운 그런 정서 말이다. '찌질함'은 그런 정서 중 하나였다. 보잘것없고 변변치 못한 상태. 그것은 그들이 어떤 것들을 하지 못하거나 갖지 못하는 (또는 그렇다고 생각하는) 상태에서 느끼는 정서였다. 그 '어떤 것'에는 전통적인 성역할, 생계 부양자의 사회문화적 지위, 여성과의 친밀한 관계 같은 것도 포함되어왔다.

짤과 짤 문화를 설명하는 기사에서 소개된 예시를 보자.[3]

솔로인 내 앞에서 연애하는 커플을 보았을 때(왼쪽) 나는 솔로다(오른쪽)

 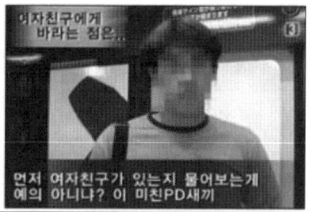

그림 8

〈그림 8〉에서 울분에 찬 왼쪽 남성의 표정은 '솔로인 내 앞에서 연애하는 커플을 보았을 때'라는 맥락에 위치시킬 때 새롭게 읽힌다. 오른쪽 남성의 경우 자막으로 처리된 대사에서 여자친구가 없는 처지에 대한 울분이 읽힌다.

이외에도 짤 향유자들 사이에서 여자친구가 없는 상태의 열등감이나 울분 등의 감정을 우스꽝스럽게 다루는 짤은 수없이 많이 생성되었다. 이런 정서는 어떻게 짤의 한 장르가 될 수 있었을까? 여성과 친밀한 관계를 맺지 못하는 상황이 '나도 그러하다는 공통성의 순간', 즉 그들 간의 공통적인 경험으로 받아들여졌기 때문이다. 중요한 것은 이런 짤 향유자들이 누구이기에 (또는 누구로 상정되기에) 공통성을 느끼냐는 점이다. 이를 알기 위해서는 〈그림 8〉에서 감정을 표출하는 것은 남성이며, 그 감정을 표출하게 된 원인은 여성과 관련된다는 점에 주목해야 한다. 우리는 남성과 여성 사이의 사랑만을 '정상적'인 것으로 인정하는 이성애 중심적 사회, 남성이 가장이 되어 아내와 자식을 거느리는 것이 응당하다고 여겨지는 가부장제 사회에서 살아가고 있다. 이러한 맥락에서 남성답다는 것은 여성을 애인이나 아내로 맞을 만한 능력을 갖추고 있음을 함의하기도 한다. 그래서 위 짤들은 그렇지 못한 남성들에게 찌질함이라는 공통성을 느끼게 했다. 온라인 공간에서 발화되는 찌질함은 성별에 무관하게 느낄 수 있는 감정이라기보다 남성이 느끼는 감정이었던 것이다.

짤에 담긴 정서가 이처럼 젠더화된 것은 곧 짤 향유자들이 젠더화되어 있다는 문제와 직결된다. 짤의 발생지 디시인사이드를 인류학적 관점으로 연구한 인류학자이자 사회학자인 이길호는 그곳이 폭력적인 의례를 통과한 신참만을 구성원으로 받아들이는 '남성 의례'의 방식으로 작동한다고 지적한다. 남성적 에토스, 즉 남성적인 행동거지를 만드는 지배적인 분위기는 커뮤니티 이용자를 남성화한다. 다시 말해, 이용자들은 당연히 남성으로 간주되고 실제 여성 이용자 역시 남성처럼 행동하는 등, 여성의 존재가 명시적으로 배척되기 쉬워지는 것이다.[4]

이용자의 남성화는 비단 디시인사이드에 국한된 특성이 아니다. 1990년대 중반부터 2000년대 중반까지 초기 한국 온라인 공간 내 페미니스트 역사를 기술한 여성학자 권김현영은 2000년대 초반 여성 이용자가 한국 인터넷 공간에서 떠나거나 자신을 감추게 된 원인으로 지속적인 '플레이밍 flaming' 행위가 반복되었던 점을 지적한다. 플레이밍이란 적대적이거나 모욕적인 말을 끊임없이 하거나 상호 소통을 부정한 채로 게시판을 자기 글로만 도배하거나 명백하게 무례한 태도로 사람들의 신경을 긁는 등의 행위를 말한다.[5] 이러한 폭력을 견디는 (그리고 동참하는) 남성들, 또는 남성화한 이들이 인터넷의 구성원으로 인식되어왔고, 짤은 이들이 공감하는 정서를 이미지화해왔다.

'루저남'을 깔보는 '루저녀'의 탄생

그렇다면 여성은 짤 속에서 어떻게 다뤄져왔을까? '딸녀'(〈그림 9〉), '핥녀'(〈그림 10〉) 등 2000년대 초반 짤 속의 여성은 과장되게 성적인 제스처를 취하는 모습으로 등장한다.

그림 9

그림 10

이런 이미지를 목격하는 일은 사회적으로 금기시되는 이야기를 입에 담음으로써 카타르시스를 느끼는 것과 마찬가지로 웃음을 유발한다.[6] 남성이 짤 속에서 남성성을 배반하는 방식으로 표상되며 웃음을 부를 때, 여성은 과하게 성적인 모습으로 표상되며 웃음을 불렀다는 것이다. 디시인사이드에서 파생된 온라인 커뮤니티 '일베'를 연구한 사회학자 김학준은 이런 웃음을 "온라인 커뮤니티를 움직이는 하부구조라 할 만큼의 힘을 가진 집합행동의 원인이자 결과"로 본다.[7] 사이버 공간에서의 온갖 역동이 근본적으로 '주목'을 받고자 하는 욕망에 있다고 할 때, 웃음은 바로 그 주목과 화제성을 부르는 자본으로 기능한다는 것이다.[8]

그런데 오로지 웃음만이 주목을 부르는 것은 아니다. 대상에 대한 비웃음과 공분 역시 이용자에게 주목을 안겨줄 수 있다. 2005년 등장한 '개똥녀' 이미지가 그 적절한 예시다(〈그림 11〉, 〈그림 12〉). 누군가 지하철 내에서 반려견의 배설물을 방치한 여성의 모습을 촬영해 온라인 커뮤니티에 업로드하며 유명해진 이 이미지는 웃음보다도 비웃음과 공분을 불러일으켰다. 이 여성은 영화 포스터를 패러디한 짤 속에서 '무개념', '왕싸가지', '밥맛'이라는 텍스트와 함께 합성되며 비난과 조롱의 대상이 되었다.

당시 카메라폰과 디지털카메라의 보급은 목격한 상황을 즉각 촬영할 수 있는 사회적 기반을 형성했고, 온라인 커뮤니

그림 11   그림 12

티는 이러한 이미지가 게시되어 주목을 받을 수 있는 환경을 조성했다. 사진이 격한 감정을 유발할수록 온라인 커뮤니티에서는 더 큰 주목이 돌아왔다. 민폐를 끼치는 이기적인 여성 이미지는 '화제'나 '논란'이라는 이름으로 언론에까지 유통되며 커뮤니티 외부 대중들의 감정도 자극할 수 있었다. 그 결과 온라인에서는 이기적인 태도로 타인에게 폐를 끼치는 여성 이미지가 꾸준히 생산되고 유통되었다.

'개똥녀'가 성별과 상관없이 공중에게 폐를 끼친 여성으로 비난받았다면, 이듬해인 2006년에는 남성과 맺는 관계 속에서 비난받는 '된장녀'가 등장한다. '된장녀의 하루'라는 글에 나타난 된장녀는 분수에 맞지 않는 허영심으로 사치를 일삼는 여대생인데, 이를 위한 비용은 아빠, 남자친구, 복학생 선배 등 주변 남성들이 대신 지불한다. 이러한 이미지는 싸이월

그림 13

드 이용자 '번개돌이'가 그린 만화 '된장녀와 사귈 때 해야 될 9가지'를 통해 더욱 큰 파급력을 갖게 된다.[9] 〈그림 13〉은 그 만화의 한 장면인데, 여기서 여성은 자신의 즐거움과 허영을 위해 남자친구의 경제력을 착취하면서 죄책감도 느끼지 않는 뻔뻔한 존재로 표상된다. 이 만화에서 여성이 소지한 선글라스, 명품 가방, 핸드폰, 스타벅스 음료 등의 소품은 이후 오래도록 젊은 여성의 허영심을 비난하기 위한 상징물로 각종 매체에서 반복하여 등장했다.

2009년에 이르면 된장녀를 기반으로 하는 '이기적 여성' 이미지와 '찌질한 남성' 이미지가 하나의 쌍을 이루게 된다. KBS

그림 14

토크쇼 〈미녀들의 수다〉에서 '외모가 중요해진 시대에서 키는 굉장한 경쟁력'이라며 '키 작은 남자는 루저라고 생각한다'고 발언한 여성 대학생이 '루저녀' 짤(〈그림 14〉)로 재편되며 공분과 조롱의 대상이 되고, 이에 발맞추어 키 작은 남자인 '루저남'에 대한 자학적·자조적 짤도 생산되기 시작한 것이다.

그 대표적 예가 '루저의 난' 짤(〈그림 15〉)인데, 동학농민운동을 묘사한 삽화에 당시 유행하던 개그 프로그램의 꽁트 코너 '남성인권보장위원회' 출연진의 얼굴을 합성하고 텍스트를 배치한 이미지다. 이 짤에서 결연한 표정의 동학농민군들은 여성에게 폄하당한 루저들로 탈바꿈되고, '우리의 적은 위너가 아닌 조선된장'이라는 선언에 '대동단결'하는 장면을 연출한다. 찌질한 루저 남성의 대립 항에 놓이는 것은 우월한 위너 남성이 아니라, 외모와 경제력에 따라 남성을 이용하거나 폄하하는 '된장녀'라는 것이다.

외모가 나쁜 '루저남'은 깔보고 '위너남'은 그 경제력을 이용한다는 혐의를 받은 '된장녀' 및 '루저녀' 이미지는 어떤 맥

그림 15

락 속에서 탄생하게 되었을까. 된장녀와 루저녀에 대한 조롱과 비난이 들끓었던 2009년은 가깝게는 2008년 세계 금융위기, 멀게는 1997년 IMF 외환위기의 여파 속에 놓인 해였다. 신자유주의적 구조조정으로 인해 한국의 사회적 삶에는 "고용 불안, 노동시간 연장과 상습적인 야근, 자기계발과 재테크, 출산율 저하, 자살률 증가, 타인에 대한 신뢰와 삶에 대한 만족도의 저하"가 일어났다.[10]

이러한 악화일로에 있어 '여대생'으로 대표되는 젊은 엘리트 여성들은 고용 불안을 비껴간 것처럼 표상되었다. 이들은 성평등한 환경에서 교육받고 자라 학업이나 운동, 리더십 등 모든 면에서 남자아이들보다 우세한 '알파걸'로 호명되며, 사법고시를 비롯해 외무, 행정, 기술 등 주요 국가자격 시험에서 수석을 차지하는 등 전문직 고용시장의 강자처럼 여겨졌다.[11] 2005년 외무고시에 이어 2008년 행정고시 등에서도 여성 합격자가 50퍼센트를 넘기는 경우가 빈번해졌으므로, '국가고시 여풍 거세다'는 당시 한 기사의 제목은 일견 그럴싸해 보인다.[12]

한국 온라인 공간의 여성혐오 현상을 연구한 여성학자 윤보라는 이러한 여성들의 등장이 남성에게 경쟁자가 될 수 있다는 '위기감'이 되었으며, 이 위기감이 곧 '알파걸'이나 '된장녀' 담론으로 형성되었다고 지적한다. '알파걸' 담론은 남성의 불안을 바탕으로 여성을 견제하기 위해 나타났으며, '된장녀' 담론은 여성 스스로 소비 능력을 갖추고 소비에 대한 욕망을 적극적으로 드러내기 시작하자 나타났다는 것이다.[13]

담론에서 표상된 모습과 달리, 청년층 여성은 경제 위기 국면에 부정적인 영향을 받아왔다. 예컨대 앞서 언급된 국가고시 여성 합격자 비율은 2009년 일제히 급감하는 현상을 보인다.[14] 금융위기 여파로 고용 불안이 심화되자 안정적인 직장으로 인식되는 고시로 구직자가 몰리고, 여기에 더해 국가고시 응시 상한 연령이 폐지되면서 30대 이상의 남성 '장수생長修生' 합격이 늘어났기 때문이다.[15]

이런 고용 환경에서 엘리트층이 아닌 여성들이 입은 고용 타격은 더욱 가혹했다. 사회학자 김병권의 분석에 따르면 2009년 줄어든 일자리 10개 가운데 9.5개는 여성 일자리였다. 남성들이 많이 종사하던 '대기업 정규직'보다는 여성들이 많이 종사하던 중소기업, 비정규직, 자영업 등의 일자리에 고용 충격이 집중되었기 때문이다.[16] 그러나 이러한 성별화된 노동시장 구조는 성차별의 결과라기보다 개인의 능력 문제로 환원되어 비가시화되었고, '여대생'으로 대표되는 엘리트층 여성은 전문직 고용 경쟁을 더욱 치열하게 만드는 경쟁자로 존재감을 드러내며 남성에게 위기감을 준 것이다. "개인의 능력개발은 물론 외모와 건강, 취미까지 다재다능함을 추구"하는 여대생의 외연은 신자유주의적 노동 주체라기보다 소비 주체로 인식되었고,[17] 이는 남성의 경제력에 편승해 사치와 허영을 일삼는 '된장녀'로 둔갑했다.

남성의 일자리, 남성의 돈, 남성의 여성 선택권 등 "남성이 가지고 있어야 마땅한 자원을 여성이 아무런 대가도 치르지 않고 가져간다는 설정은 경제위기가 극복될 수 있을 것이라는 희망조차 남지 않은 상황에서 매우 효과적인 힘을 발휘한다"고 윤보라는 지적한다. 이러한 맥락에서 한국의 청년 여성은 '된장녀'와 '루저녀'처럼 "남성을 착취하고 약탈하는 존재로 재현"되는 한편,[18] 한국 청년 남성은 억울한 존재, 빼앗긴 존재, 피해자로 재현되었다.

'루저녀'에 대한 울분을 표출하거나 '루저'임을 자조하는 '루저남' 짤들은 그 향유자들에게 익숙하고 공통된 정체감을 마련해주었다. 앞서 말한 '찌질함', 즉 남성답지 못할 때 느끼는 감정 말이다. 남성들은 짤 형식에 탑재된 이 감정을 공유하며 '이념을 뛰어넘어 대동단결'함으로써 남성연대를 더욱 공고히 할 수 있게 되었다. 이런 상황에서 여성은 남성 주체를 결속시키는 타자로 표상되어왔다. 이러한 여성상은 '그저 '찌질할' 뿐 아무 해를 끼치지 않았는데도 여성에게 착취당하고 매도당하는 소극적이고 선량한 남성'이라는 정체감을 토대로 만들어진 것이다.[19] 루저 남성과 그를 깔보는 이기적 여성에 대한 짤은 서로를 되먹이며 한국 온라인 공간에 허구적 젠더 지형을 형성했다.

안티페미니즘
짤의 번성

온라인 공간에서 짤 형식을 이용한 젠더 대립은 착취할 것도 없는 찌질한 남성을 자신의 안위를 위해 이용하려 드는 여성의 이기성을 보여주는 형식으로 진화해갔고, 이러한 짤은 공분을 증폭시키며 온라인 커뮤니티에 무한히 퍼져나갔다. 그와 함께 이기적인 여성을 부르는 멸칭도 늘어갔다. 모자란 운전 실력으로 다른 운전자를 불편과 위험에 빠뜨리면서도 뻔뻔한 '김여사', 자신의 자녀만 우선시하는 '맘충', 보지를 지닌 것을 벼슬로 알고 유세 떠는 '보슬아치' 등에 이어, 2010년경에는 '김치녀'라는 멸칭이 등장한다. 일본의 '스시녀', 미국의 '햄벅녀' 등 나라마다의 대표 음식에 '-녀'를 붙인 이 신조어는

그림 16

한국 남성의 입장에서 각국 여성들의 됨됨이, 특히 연애나 결혼의 대상으로서의 품성을 대조하고 품평하기 위해 만들어졌다. 〈그림 16〉과 〈그림 17〉에서 보듯, '김치녀'가 오만하게 남성의 능력을 따지고, 남성에게 헌신하지 않는다는 혐의는 '스시녀'와의 대조 속에서 성립된다. 특히 방송 출연자의 인터뷰 장면을 대조시키듯 나열하는 짤 형식은 해외 여성과 비교해 한국 여성을 이기적인 존재로 묘사하는 데 효과적이었다.

'한국 여성은 이기적'이라는 명제가 꾸준히 번성할 수 있었던 것은 한국 사회 주류 온라인 공간이 남성화되어 있을 뿐 아니라, 안티페미니즘화되어 있었기 때문이다. 윤보라는 여

(그림 17)

성을 이기적으로 표상하는 정서의 뿌리를 온라인 공간 내 최초의 젠더 갈등이자 사이버 테러의 효시격인 1999년 군필자 가산점 제도 폐지 논란에서 찾는다.[20]

군필자 가산점 제도란 공공기관 등에서 직원을 채용할 때, 제대군인이 채용 시험에 응시하는 경우 점수를 가산해주는 제도로, 제대군인의 원활한 사회 복귀를 돕고 그 인력의 활용을 촉진한다는 취지로 1997년 도입되었다. 그러나 공무원 채용 시험 응시를 준비하던 비장애인 여성 다섯 명과 장애인 남성 대학생 한 명 등이 이 제도가 군대에 현역으로 복무하기 어려운 여성과 장애인 등을 차별하는 제도라고 주장하며 헌법소원심판을 청구했고, 1999년 헌법재판소는 해당 제도에 위헌 판결을 내렸다. 이 판결 직후 여성 단체 홈페이지들은 해킹을 당하는 등 거센 공격을 받아 한 달 이상 문을 닫아야 했다.[21] 헌법소원심판을 청구한 '여대생'들에 대한 분노가 '페미니스트'에 대한 공격으로 이어졌기 때문이다. 남성화된 온라인 공간에서 페미니스트-여성은 각종 '우대 정책'을 등에 업고 군필자 가산점 제도와 같이 자신들의 몫으로 배정된 지분을 앗아가는 이기적 존재로 위치되고, '꼴페미(꼴통+페미니스트)'로 불리게 되었다.[22]

군 가산점 폐지를 기점으로 안티페미니즘 정서가 팽배해진 한국 사회 온라인 공간에서 2001년 출범한 여성부는 꼴페미들의 집합체이자 그들이 장악한 권력기관으로 이해되었다. 자신의 권리를 주장하거나 욕망을 드러내는 여성이 온라인 공간에서 꼴페미로 호명되며 공분의 대상이 된 것처럼, 페미니스트 개인들은 여성부와 연관된 인물로 호명되고 분노를 샀다. 이를 통해 페미니스트 개인들의 (호도된) 의견은 마치 국가기관의 공식적 입장인 것처럼 꾸며지고, 더 큰 공분을 동원할 수 있게 했다.

예컨대 1998년 한 토론 프로그램에서 '총 대신 책 잡고 싶다는 남성 방청객을 비웃는' 것으로 짤방화된 여성 패널들은 '여성부 관계자'로 널리 알려진 채 지금까지도 온라인 공간을 떠돌고, 회자되고, 인용되며, 분노를 동원하고 있다(〈그림18〉).

(그림 18)

이 분노는 '여성부라는 권력기관이 군 가산점 제도를 폐지시켰다'는, 호도된 믿음을 토대로 구축된 것이었다.

  이미지와 텍스트를 결합해 특정한 정서를 전달하는 짤의 형식은, 온라인 지형에서 여성을 호도하였듯 여성부도 호도했다. 교양 프로그램 〈지식채널-e〉 화면 양식을 패러디해 '무엇이든 논란이 되는 부서'라는 텍스트를 배치하거나(〈그림 19〉), 역대 여성부 장관의 사진 아래 '대표적 업적: 화분 구입비로 1570만원 사용'과 같은 텍스트를 배치한다(〈그림 20〉). 이러한 허위 비방의 신빙성은 기재된 내용보다도 그 내용이 배치된 양식에 기대어 생성된다. 마치 만화 독자가 일정한 간격

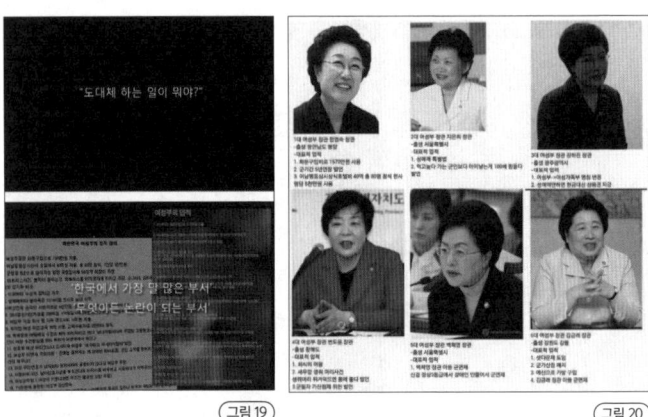

그림 19   그림 20

을 둔 사각형의 컷 배치만으로 컷 사이에 시간이 연속적으로 흐르고 있음을 읽어내듯, 또 근엄한 인물 사진 옆에 적힌 글귀를 보면 사진 속 인물이 한 발언이라고 믿게 되듯, 짤 향유자는 인물의 사진 곁에 텍스트가 배치되어 있는 형태만으로 그 텍스트가 사진 속 인물과 관계되어 있으며, 짤의 텍스트가 여성부와 관련된 진실이라고 받아들인다.

텍스트가 허위 비방에 지나지 않다는 사실은 짤 향유자들에게 거의 어떠한 영향도 주지 못한다. 페미니스트 미디어 연구자 김수아가 지적한 것처럼, "온라인 공간에서의 정보 공유에서 중요한 것은 오류의 문제가 아니라 자신의 평소 신념과 일치하는지의 여부"가 되고 있기 때문이다.[23] 즉, 이들이 공유하고 싶은 것은 객관적인 사실관계가 아니라 '여성부는 여성의 특혜를 보장하고 나의 권리를 박탈하는 불공정한 정책을 집행하므로 나쁘다'는 감정적 추론에 근거하는 가치판단이다.

  이런 정보를 공유하는 형식으로서 짤은 매력적인 선택지다. 짤은 복잡다단한 세계를 이데올로기적으로 도려내 압축적으로 재현하기 때문이다.[24] 짤에 담기는 과정에서 한국 여성, 페미니스트, 그리고 여성부가 지니는 구체적인 사회·문화·역사적 맥락은 결락된다. 예컨대 앞서 제시한 〈그림 18〉은 악의적으로 편집된 것이다. '그래서요?'는 남성 방청객의 말을 무시하는 것이 아니라 채근하는 것이었으며, 그럼에도 그가 말을 끝마치지 못해 시간상 다음 순서로 넘어가게 되자 좌중에 멋쩍은 웃음이 퍼졌고, 그 순간 카메라에 패널 여성 두 사람의 모습이 잡힌 것이다. 그러나 이러한 맥락은 짤을 조직할 때 의도적으로 누락됐다. 그뿐만 아니라 이 짤은 '군필자 가산점 제도'라는 이슈를 페미니스트에 대한 비난으로만 연결 짓고 있으며, 이 제도가 도입된 맥락과 문제점을 사유하지 못하게 한다는 점에서도 문제적이다. 사회학자 배은경은 이 제도가 당시 외환위기로 촉발된 고용 불안, 그리고 권력층 자제들의 병역 비리에 대한 불만이 징병제 자체, 의무복무 자체에 대한 사회적 저항으로 이어지는 것을 막기 위해 내놓은 것임을 지적하며, '논란'을 시발한 것은 여성이 아니라 그 어떤 추가 비용 없이 군필자를 위로하기 위해 안 그래도 좁아터진 여성 취업의 문을 아예 닫아버리려고 한 '국가'와 기득권층임을 논증한 바 있다.[25] 그러나 몇 장의 이미지와 짧은 텍스트만으로 구성되는 짤의 문법에 이러한 사유는 자리할 수 없을뿐더러 불필요한 것이다.

짤과 더불어 여성부에 대한 혐오의 정서는 한국 온라인 공간에서 효과적으로 확산되었다. 짤은 향유자들이 공유하고자 하는 신념을 효율적으로 확산시키는 도체로 기능했다. 남성이 주 이용자층이었던 취미 커뮤니티의 유머 게시판은 '루저 남성이라는 내집단에 대한 자조'의 정서와 '깔보는 여성이라는 외집단에 대한 비난'이 짤로 생성되고 유통되는 토양이 되었다. 짤의 문법 속에서 한국 사회의 온라인 담론은 사회, 남성과 여성, 그리고 여성부의 존재를 간편하게 압축해 보여준다. 이 이미지에서 한국 사회는 성평등이 충분히 (때로는 과잉하게) 달성된 공간이다. 남성들은 그들을 깔보고 이용하는 여성들 때문에 자/타의적으로 루저의 상태에 놓여 있다. 그런데 여성부는 권력기관으로서 그런 여성을 비호하는 데 세금과 행정력을 낭비한다. 근 20년간 축적된 이 허구적 세계는 남성들의 억울함과 울분을 추동하고, '그러므로 여성부는 폐지되어야 마땅하다'라는 하나의 가치판단을 이끌어낸다.

짤의 시대에
정치인은 어떻게 구애하는가

'여성가족부 폐지'라는 무책임한 메시지는 왜 정연한 비판보다 패러디된 메시지를 불러왔는가? 왜 그 선언 방식이 경계와 질타보다 호응을 받을 수 있었는가? 왜 그 호응이 특히 2030 남성에게서 두드러지는가? 그 메시지가 기존 정치 담론의 언어가 아닌 '짤'의 문법으로 표현되었다는 점이 강한 영향을 미쳤음은 틀림없다. 그 메시지는 페이스북이라는 SNS에 텍스트가 배치된 이미지의 형태로, '루저 남성을 이용하는 이기적인 한국 여성 편에 서 있는 여성부'라는 공유된 집단 서사 및 '여성부는 불공정한 정책을 집행한다'는 축적된 지식을 토대로 삼아,[26] 보는 이들에게 공감을 얻고자 했다는 점에서 짤과 같은 메커니즘을 지니고 있다. 이러한 메시지와 축약적인 짤들은 공통적으로 '여성가족부를 폐지함으로써 공정은 보장될 수 있다'는 식으로 논리를 환원한다.

윤석열이 '여성가족부 폐지' 짤을 게재하게 된 데에는 당시 국민의힘 대표 이준석과의 극적 타결이라는 배경이 선행했다. 이준석은 2030 청년 표심을 끌어들여야 중장년층까지 설득에 성공해 대선에서 승리할 수 있다는 이른바 '세대포위론'을 주창한 바 있다. '여성가족부 폐지' 짤 게시는 이준석의 이러한 조언을 수용하고, 페미니스트 정치인을 표방했던 신지

예를 선대위에 영입하며 잃었던 청년 남성 지지율을 회복하기 위한 방편이었다.

안티페미니즘 메시지를 전달할 때와 마찬가지로, 정치적 메시지를 전달할 때 역시 짤은 매력적인 선택지다. 메시지에 방해가 되는 맥락을 결락시킬 수 있을 뿐 아니라, 유머의 탈을 쓰고 진지한 비판을 회피할 수 있기 때문이다. 일찍이 짤의 정치적 이점을 알고 있었던 이준석은 이를 윤석열 유세에 활용했다.

2022년 1월 8일, 이준석이 생활 속 불편을 토로하면 윤석열이 불편 해결을 공약하는 구성의 '59초 공약짤' 동영상 시리즈가 윤석열의 유튜브 계정에 업로드되는가 하면(〈그림 21〉) 2월 20일에는 이준석의 페이스북 계정에 각종 지역 특산물 사진과 '(지역 특산물) ○○의 힘으로 정권 교체!'라는 텍스트를 배치한 홍보물이 대거 업로드됐다(〈그림 22〉). 함께 게

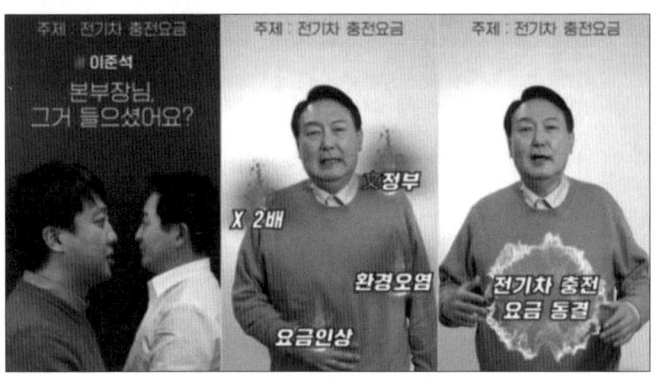

〈그림 21〉

(그림 22)

시한 '민주적이나 객관적이지 않은 방식으로 제 마음대로 골랐습니다'라는 코멘트는 남초 온라인 커뮤니티의 반-민주화운동 정서를 활용한 것이다. 이 '홍보물'에는 해당 지역에 관한 정책과 공약이 전혀 적혀 있지 않다. 그곳엔 진지해야 할 후보 홍보물이 요란한 슈퍼마켓 전단지처럼 보이는 갭에서 오는 '웃김'만이 있다. 이러한 유머성은 짤방이라는 형식에 대해 면책 특권을 부여한다. 유머가 첨가된 짤방은 "이슈들에 대한 변증법적인 관여를 의도적으로 회피"한다.[27] 유머는 논리에서 벗어나 있기에, 그 메시지를 여러 시각으로 살펴보는 등 심층적인 논의 대상이 되는 것을 회피하고, 그 메시지에 대한 더 깊은 이해를 불가하게 만든다는 것이다.

이준석은 어떤 정치인이기에 짤의 문법에 익숙했던 것인가? 이준석의 지지 세력은 에펨코리아 등의 온라인 커뮤니티를 기반으로 한다. 과거 정치인 팬덤이 '팬카페'라는 고유 공간을 중심으로 형성되었다면 이준석의 팬덤은 남성들이 즐기는 취미(축구, 게임 등) 커뮤니티에서 형성되었다는 점이 특징적이다. 이준석은 직접 커뮤니티의 주요 게시물을 모니터링하고, 자신의 SNS에 관련 글을 올려 커뮤니티 이용자들이 가지고 놀 '떡감'을 끊임없이 제공함으로써 호감을 샀다.[28] 이는 온라인 커뮤니티와 이준석이라는 정치인 모두에게 득이 되었다. 커뮤니티 이용자나 정치인이나 모두 주목이라는 자원을 원하기 때문에, 서로에게 이를 제공함으로써 상부상조의 관계를 이룬 것이다.

남초 커뮤니티는 취미에 대한 정보, 유머와 짤, 그리고 정치적 올바름·페미니즘·다문화주의 등에 대한 반감이 자리하는 곳이다. 그들은 이 의제들이 자유로운 삶과 테크놀로지를 영위하는 데 방해가 된다고 믿는다.[29] 온라인상의 여성혐오가 주류화되는 과정을 탐색한 작가 로라 베이츠Laura Bates는 남초 온라인 커뮤니티의 안티페미니즘 사상이 정상이라는 외피를 얻어 주류 담론으로 편입되는 데 정치인과 같이 영향력 있는 자들이 통로가 되어준다고 지적한다. 이들은

"극단주의적이고 여성혐오적인 남성들에게 곧바로 어필할 수 있는 이데올로기에 장단을 맞추면서도, 사회적으로 용인 가능한 수위를 절대 넘기지 않는다".[30]

이준석이 해낸 것이 바로 극단적인 안티페미니즘 정서를 이용한 정치적 조율이었다. 이준석이 '남초' 커뮤니티에서 크게 주목받으며 지지층을 얻게 된 것은 2019년 2월 〈100분 토론〉 '성 평등인가? 역차별인가?' 편에 출연하면서부터였다. 이 방송에서 초연한 태도로 여성가족부의 정책을 비판하고, 2030 남성은 여성보다 혜택을 누린 적이 없다고 강조한 그의 발언은 남초 커뮤니티 이용자들에게 승리감을 안겨주었고, 그는 남초 커뮤니티라는 지지 기반을 얻었다.

그해 8월 남성 잡지 《맥심》이 그를 표지 모델로 선정하자 커뮤니티는 다시금 들썩였다(〈그림 23〉). 잡지 내 인터뷰에서 그는 잠옷 차림과 정장 차림, 두 가지 모습으로 표상되었다. 잠옷 차림은 그를 "쓰레빠 끌고 동네 편의점에서 메로나 사 먹을 것 같"은 '찌질한' 모습으로 이미지화했다. 한편 정장 차림은 그를 "한국인이 갈망하는 고급인력"이자 "하버드 엘리트"인 정치인으로 이미지화하며 그가 마냥 우습게 깔볼 존재가 아님을 표현했다.[31] 이 모습들은 다른 페이지에 실린 수많은 여성 화보와 달리 포르노그래피의 문법에서 벗어나 있었다. 이 모습들은 성적 욕망을 부르는 것이 아니라 이미지 간 괴리에서 오는 웃음을, 나와 닮은 평범한 모습이 있다는 친근감을 부른다.

그림 23

　《맥심》 인터뷰에서 인터뷰이는 이준석에게 묻는다. "지난 그 〈100분 토론〉 이후, 남자들의 지지도가 급변했다. '재수없다'에서 '저 사람이 내 편을 들어주네?'랄까?" 이준석은 그에 이렇게 대답한다. "살면서 단 한 번도 내가 반페미니스트의 선두 주자 비슷한 역할에 놓일 거라 생각한 적이 없었는데 어쩌다 보니 그렇게 된 것 같다."[32] 그 대답처럼, 이준석이 남성들에게 호응을 얻은 것은 '안티페미니스트의 선두 주자'라는 점이었다. 그냥 선두 주자가 아니다. 자신과 같이 찌질한 면도 있고, 자신과 같이 남초 커뮤니티의 유머를 즐기면서도,

페미니스트를 조목조목 공격하는 고학력 엘리트에 말발 좋은 정치인이다. 이렇게 안티페미니즘은 정치인 이준석을 남초 커뮤니티 이용자와 이어주며 지지 기반을 마련해주었다.

3년 뒤 《맥심》은 다시 한 번 정치인을 안티페미니즘적 화보의 장에 불러들인다. 대선 국면에 '맥심 독자 전용 선거 자료집'을 표방하며 대선 특집으로 국민의힘과 더불어민주당 정치인들의 인터뷰를 대거 게재한 것이다.[33] 《맥심》은 어떤 잡지인가? 발행인의 말을 빌리면 그것은 "연애, 연예, 섹스, 여자, 스포츠, 역사, 게임, 법률, 애니, 기어, 패션, 화장품, 술, 담배, 자동차, 의학, 과학, 영화나 드라마 등등 남자가 좋아할 만한 거라면 뭐든지" 건드리는 잡지다. 이 목록에서 빠진 것이 하나 있다면 '안티페미니즘'이다. 《맥심》과 그 독자들에게 페미니즘과 페미니스트 정치는 "연애와 섹스에 관한 거침없던 담론은 언젠가부터 성 인지 감수성을 스스로 따져보게" 만들었으며, "미스맥심 화보 촬영을 할 때 입혀서는 안 될 의상들"을 만든 무엇으로 이해되었다.[34] 이러한 잡지에 여야를 가리지 않고 수많은 정치인들이 출연한 것은 물론 맥심의 주요 타깃인 청년 남성에게 구애하기 위해서다. '《맥심》이 2030 청년을 대표하는 매체이니 당연히 대화해야 한다'는 더불어민주당 장철민 의원의 발언이나,[35] '20~30대들이 대선 캐스팅보트라서 센스 있는 기획이라고 생각했다'는 더불어민주당 청년대변인 하헌기의 발언은 이를 뒷받침한다.[36] 인터뷰는 정치인들에게 근황, 대선 공약과 유세 전략, 연애 팁 등을 묻는다. 이 질문 중 여성가족부, 페미니스트, 그리고 성평등 정책에 대한 의견은 빠지지 않고 등장한다. 이때 정치인들이 안티페미니즘 입장을 취하며 감정 표현을 활용하는 방식은 주목할 만하다. 인터뷰 내용을 몇 가지 들여다보자(볼드체는 저자가 강조한 부분).

문 군 복무를 '군무새', '군캉스'로 비하하는 것에 남자들이 **격노했다**. 박용진은 경선 때 '모병제 전환과 남녀평등복무제 도입'을 이야기했는데?

답 (…) 사병 월급은 말해 뭐해. 진짜 이렇게 하는 게 어디 있나. 이런데 '군캉스'라고 조롱하면 젊은 남성들이 **열받고 서운하지**. (…) (더불어민주당 박용진 의원)[37]

문 왜 이 지경[이재명 후보와 민주당이 '이대남'에게 인기가 없는 상황]이 됐을까?

답 (…) 사실 이대남이 **억울할 만한** 게 기득권은 50대 남성이지 20대 남성은 아니다. 거기에 대고 민주당은 엄마가 아들에게 잔소리하는 모습밖에 보여주지 못했다. (…) (더불어민주당 장경태 의원)[38]

문 이대남이 왜 이번 정권에 **실망**하고 등을 돌렸을까?

답   (…) '사회에서 여성이 차별받으니 여성할당제 하고 군가산점 폐지.' **반감** 가질 만하다. (…) (국민의힘 당협위원장 김재섭)[39]

양당의 정치인들은 여성부에 대해 '열받고 서운'한, '억울'한 '반감'을 언급함으로써 자신이 청년 남성의 편이라는 메시지를 전했다. 이러한 모습에서 우리는 정치인들이 청년 남성에게 구애하고 그들을 지지층으로 흡수하는 전략을 확인할 수 있다. 그것은 안티페미니즘을 정서적으로 표현함으로써 공감대를 형성하는 일이다.

'여성가족부 폐지' 메시지에 청년 남성층이 호응한 현상, 그리고 공교롭게도 '루저의 난' 짤에 적힌 표현처럼 '이념을 뛰어넘어' 남성 정치인들이 여성 포르노그래피 이미지를 주 콘텐츠로 삼는 《맥심》에 출연해 청년 남성에게 구애한 현상에는 주목해야 할 지점이 있다. 바로 청년 남성층을 정치적으로 결집시키는 공감이 여성혐오의 형태로 형성되고 있다는 것이다. '꼴페미'와 '여성부'에 의해 피해를 입는 '루저 남성'의 정서가 20년간 축적되었다는 것은 한국 온라인 공간에 여성혐오가 만연해졌다는 뜻이기도 하지만, 루저 남성 정서가 정치 세력화로 이어질 수 있는 토대가 마련됐다는 뜻이기도 하다. 지난 대선 기간에 우리가 목도한 2030 청년 (남성) 유세 전략은 그 정서를 일찍이 보듬지 못했다는 반성과 앞으로 그러하겠노라는 구애였던 것이다.

메시지의 양식 또한 질문하는
정치를 향하여

———

'김치녀' 담론의 출현에서 4년 뒤인 2014년, 대학가에는 "김치녀는 안녕들하십니까?"라는 대자보가 붙었다. 당시 청년들을 향해 사회문제에의 관심을 촉구한 '안녕들하십니까' 대자보에 이어, '김치녀'란 표현으로 여성을 비하하는 사회적 분위기에 일침을 가하는 대자보가 등장한 것이다.[40] 이듬해, 온라인상에 부풀 대로 부푼 여성혐오 정서가 메갈리아로 위시되는 '미러링'의 반격을 맞이하게 되는 2015년, 한국여성정책연구원은 온라인상 여성혐오 현상과 관련하여 청소년 및 청년층 1500명을 대상으로 설문조사를 실시한다.

조사 결과 '김치녀' 등 여성혐오적 표현을 접촉한 경험이 있는 경우가 전체 응답자의 83.7퍼센트로 나타났다. 이런 표현에 대한 공감 정도에 대해서는 남성 청소년의 공감 비율이 66.7퍼센트로 가장 높게 나타났다.[41] 그 원인을 물은 결과 '여성가족부 때문'이라는 응답이 가장 많았고, 대상별로 볼 때 이 응답은 남성 청소년(53.8퍼센트)과 대학생(48.4퍼센트) 사이에서 매우 높게 나타났다. 여성혐오 현상의 이유 중 두 번째로 높게 꼽은 것은 '남자에게 의존해서 사치를 일삼는 여자 때문'이라는 응답이었는데, 이는 청소년(40.8퍼센트)과 직장인(37.9퍼센트) 사이에서 많았다. '여성 단체나 페미니스트 때문'

이라는 응답도 비슷한 비율로 나왔다.[42] 또, 우리나라가 누구에게 가장 살기 좋은 나라인지 묻는 질문에 대해 남성 청소년, 대학생, 취업준비생/무직, 직장인 응답자 모두 '20~30대 여성'을 가장 우선적으로 꼽았다.[43] 이러한 조사 결과는 온라인상의 여성혐오가 여성가족부와 젊은 여성에 대한 반감으로 어린 연령대에까지 광범위하게 확산되어 있음을 보여준다.

동 연구의 심층 면접 분석에서 10대 남자 고등학생들에게 '김치녀' 등 여성을 비하하는 단어가 무엇을 뜻한다고 생각하는지 질문했을 때, 학생들 대부분이 미디어와 온라인에서 재현되는 여성 이미지들을 예시로 답변했다는 점은 여성을 이기적으로 재현하는 짤의 저력을 반증한다.[44] 짤과 같이 온라인 담론에서 여성을 비난하는 내용과 표현은 '재미'가 있으며, 손쉽게 공유하거나 공감을 표시할 수 있는 매체 특성 때문에 비교적 무비판적으로 수용되고 확산된다.[45] 또 일단 축적된 정보는 온라인 환경에서 소멸하지 않는다. 시간성도 맥락도 결락된 채 끊임없이 재업로드되며 상기된다. 20년간 여성혐오와 루저 정서가 축적되며 어린 연령층까지 확산될 수 있었던 이유다.

온라인 공간에서 공감과 유머는 강렬한 힘을 가지고 있다. 짤의 사례에서 보듯 공감과 웃음을 부르는 콘텐츠는 소셜 미디어 테크놀로지를 통해 온라인 시공간을 무한히 순환할 수 있다. 한번 공감이 작동하면 짤과 함께 전달되는 텍스트의 진실성이나 타당성은 질문되지 않고, 공감이 곧 진실성을 담보한다. 짤의 문법은 세계를 지금, 여기, 나의 경험을 중심으로 압축하며, 결락된 다층적이고 이질적인 국면은 지적되지 않는다. 더군다나 재미가 있는 한 그 내용은 아무리 불완전하고 모순적이라 할지라도 온라인 공간 안에서 절대 기각되지 않는다.[46] 그렇기 때문에 사회문제를 규정하고 해결을 모색할 힘이 있는 정치 영역의 메시지가 짤의 문법을 따르며 유머러스하게 전달되는 것은 문제적이다.

 소셜 미디어 테크놀로지가 짤의 형태로 가짜 뉴스와 탈-진실을 전파하는 시대, 짤에서 정서적 공감을 취한 대중이 정치 세력으로 결집하는 시대, 우리는 이제 메시지뿐 아니라 그 메시지를 전달하는 양식에 대해서도 질문하는 정치를 불러와야 한다. '여성가족부 폐지'라는 짤에 대해 짤로 반박하거나 무시하는 것이 아니라, 그러한 형태로 말해질 수 없고 말해서는 안 되는, 사회문제의 환원 불가능성을 지적하는 정치가 필요하다. 커뮤니티에는 유머를 가장한 혐오표현을 규제할 수 있는 제도가 필요하고, 청소년에게는 짤이 증폭시키는 정서를 고찰하면서, 진실성을 따져볼 수 있는 미디어 리터러시 교육이 시행되어야 한다. 또 우리는 안티페미니즘적 주장의 허위성뿐 아니라 그것이 추동한 정서의 허위성도 지적할 수 있는 이론을 마련해야 한다. 찌질함으로 위시되는 피해의식과 울분 등의 정서를 안티페미니즘 담론의 부산물이 아니라 그를 (재)생산하는 핵심 요소로 접근할 필요가 있다. 그러한 정서를 조직하는 것은 어디의 무엇인지,* 온라인상에서 정서가 어떤 방식으로 안티페미니즘에 결부되는지 밝혀내야 한다. 2025년 오늘날, 여성가족부 폐지 짤을 내세워 청년 남성층의 지지를 얻었으나 공약 이행은커녕 임기도 마치지 못한 윤석열이라는 정치인의 말로가 이런 작업의 실마리가 될지도 모른다. 짤이 담는 메시지는 언제나 공허했다. 힘은 그것이 호도하는 세계에 공감하려는 정서, 그리고 그것을 먹이 삼는 정치에서 나온다. 우리는 그 힘의 허위성을 폭로할 수 있는 언어, 문화, 정치를 만들어가야 할 것이다.

---

* 가령, 이 글에 사용된 많은 여성혐오적 짤 자료는 자동차, 스포츠, 영화, 디지털게임 등의 취미 동호회로 시작된 커뮤니티에서 추출되었다. 이러한 취미들은 영위하는 데 다양한 정보를 요하기 때문에 커뮤니티를 이루게 된다. 이 취미들이 페미니즘의 개입으로 비판받고 변화를 겪었기 때문에 커뮤니티에 안티페미니즘 정서가 팽배해졌을 수 있다.

더 찾아볼 자료

손희정, 《페미니즘 리부트》, 나무연필, 2017.

온라인에 포화된 여성혐오 표현에 대한 대대적인 반격이 시작된 2015년의 장면을 '페미니즘 리부트'라 명명한 연구자 손희정의 글을 모은 책이다. 팽배해진 혐오의 정서와 페미니즘 리부트라는 현상을 역사화하여, 즉 민주화, IMF 등 역사적 국면의 연장선상에서 규명한다. 2010년대 온라인을 달군 '페미니스트 의제'의 문제를 미디어/문화 지형을 경유하여 해설했기에 함께 읽기를 권하고 싶다.

윤보라 외, 《여성 혐오가 어쨌다구?》, 현실문화, 2015.

'페미니즘 리부트' 시기, 페미니스트들이 당면한 혐오 발화라는 문제의 맥락과 통찰을 제시하는 책이다. 온라인 공간 내 여성혐오의 역사와 내적 논리를 풍부한 예시와 함께 설명하며, '역차별 논쟁'이란 프레임의 함정을 넘어 페미니즘이 이끌어야 할 논의의 방향성을 제시해주기에 추천한다.

아서 존스, 〈밈 전쟁: 개구리 페페 구하기〉, 2020.

만화 캐릭터 '개구리 페페'가 어쩌다 온라인상 극우들의 상징물(짤)이 되었는지를 짚어보는 다큐멘터리다. '짤방화'되는 정서, 그것을 활용하는 정치권과 온라인 하위문화의 정치 세력화라는 역동을 스토리텔링을 통해 잘 풀어냈다.

8장 윤석열은 어떻게 극우 청년들의 우상이 되었나[*]

12.3 비상계엄에서 1.19 백색테러까지

권김현영
여성현실연구소 소장

[*] 이 글을 쓰기 위해 유튜브, 오픈채팅방, 극우 성향 웹사이트 등을 참고했다. 극우 유튜브로는 윤석열이 즐겨보는 채널이라고 언급한 '그라운드씨'와 윤석열 체포 당시 라이브 동시 접속자가 가장 많았던 '신남성연대'를 보았고, 카카오톡 오픈채팅방 한 곳과 텔레그램 채널 두 곳에 2024년 12월 26일부터 2025년 4월 1일까지 참여했으며, 극우 성향 웹사이트로는 나무위키의 '극우 성향 웹사이트' 항목을 참고해 디시인사이드 '국내야구 갤러리', '국민의힘 마이너갤러리', '미국 정치 마이너갤러리', 네이버 카페 '부동산 스터디'의 게시물을 2024년 12월 3일 계엄 이후부터 2025년 4월 4일까지 참고했다.

2024년 12월 3일 22시 29분, 윤석열이 비상계엄을 선포하며 반국가세력을 '척결'하겠다고 선언한다. 비상계엄 선포 1분 뒤인 22시 30분, 계엄군 십여 명이 중앙선거관리위원회 과천 청사에 진입했다. 22시 35분, 서울경찰청은 국회 주변에 5개 기동대를 배치했다. 22시 57분, 국회경비대는 국회 출입 통제를 시작했다. 23시 28분, 계엄사령부에서는 포고령 1호가 발령된다. 포고령에는 정치 활동 금지, 집회 및 결사의 자유 금지, 언론과 출판 통제, 정부조치에 따르지 않는 의료인은 '처단'의 대상이라고 적시되어 있었다. '척결'과 '처단'. 이 두 단어는 공권력이 국가 독점 폭력으로서 국민에게 위임받은 권력이라는 한계에 스스로를 가두지 않겠다는 선언과도 같았다. 다행히도 계엄이 선포되고 몇 시간 만에 비상계엄은 해제되었다. 그로부터 11일 후, 응원봉을 들고 나온 2030 여성들을 필두로 한 시민들의 저항은 국회의 탄핵 가결을 이끌어냈다.

4개월 후인 2025년 4월 4일 헌법재판소는 전원일치로 윤석열의 파면을 인용했다. 한국의 민주주의는 위기에 처했지만 회복력이 강하다는 외신의 찬사가 잇달았다. 하지만 이것은 사태의 끝이 아니라 시작이었을 뿐이다.

12.3 내란 이후 한국의 극우는 유례없는 대중 동원에 성공했다. 대선에서 자신을 지지했던 2030 청년 보수들에게 임기 내내 외면당했던 윤석열은 탄핵 이후에야 청년 남성들을 중심으로 지지세를 회복했다. 파면 선고 이후 관저를 나온 윤석열은 학교 이름이 적힌 야구잠바를 입은 청년들을 한 명 한 명 격려하며 부활의 의지를 다졌다. 파면 직후 급속도로 꺼져가던 극우 세력은 버티기에 들어간 윤석열을 '아버지'라고 연호하고 '윤어게인'을 외치며 다시 세력을 모으는 중이다. 극우 대중운동의 불은 아직 꺼지지 않았다.

이 글은 윤석열 탄핵 국면에서 청년 극우 세력들이 급진적으로 결집하며 대중적 확산을 이루었다고 보고, 이러한 국면이 만들어진 의미를 살피며 청년 남성들의 급진적 극우화를 가능케 한 조건들을 탐색해보고자 한다.

응원봉의 광장 정치와
그 반동

―――

계엄을 선포한 2024년 12월 3일부터 탄핵이 인용된 2025년 4월 4일에 이르기까지 우리는 몇 번의 변곡점을 겪었다. 우선 추위 속에 빛나던 12월의 시간이 있다. 이 시간은 응원봉을 든 시민들이 만들어갔다. "밤의 광장에 각자가 가진 가장 소중한 빛을 꺼내들고 민주주의를 지켰다"는 표현이 널리 회자되었다.[1] 유시민은 이렇게 말했다. "우리 시대가 조직화하려고 했던 방식과는 전혀 다른 방식으로 지금 저 젊은이들은 저런 식으로 역사를 만들어가는구나. (…) 자기네들의 무기를 써서 자기네들이 잘할 수 있는 방식으로 새로운 역사를 만들어가는구나."[2]

2024년의 응원봉 광장은 2008년의 촛불 광장의 흐름을 잇되 새로운 차원으로 도약한 결과라고 볼 수 있다. 응원봉을 든 2030 여성들이 광장을 이끌어간 핵심 주체가 되기까지는 그 전 광장을 열었던 여성 대중의 역사가 있다. 2008년 광우병 촛불시위에 나선 촛불 소녀와 '유모차' 부대, 하이힐을 신은 '배운 여자'가 있었고, 2016년 박근혜 탄핵 촛불시위의 여성혐오를 반대하고 '페미존'을 만들었던 페미니스트가 있었다.[3] 이들은 2024년 탄핵 광장에서 응원봉을 들고 나와 민주주의를 '지켰고', 다양한 장소에 출몰하며 새로운 연합을 즉

석에서 만들어냈다. 선결제와 난방 버스, 그리고 유튜브 스트리밍을 통한 목격자의 연대 등 새로운 저항의 방법이 만들어졌다. 2024년의 광장에는 광장에 직접 나간 이들뿐만 아니라 나오지 못한 이들이 보낸 각종 구호 물품들로 가득 찼다. '나 대신 나가줘서' 고마워하는 이들과 광장에 있는 이들 간에는 서로 대신하고 호환하는 주체들의 결합이 일어났다. 여성학자 김주희는 이를 동시대 여성들의 집단적 여성 '봉기'이자 '대신하는 몸들이 만들어간 팀플의 연대'로 설명한다. 이때 여성이라는 정체성이 더 이상 개별적인 '나'를 설명하는 것이 아니라, 집단 속의 '나들'이 관계적으로 연결되면서 만들어졌다는 점이 중요하다. 광장에서 만들어진 '여성'이라는 '집단 정체성'은 "성별 위계와 차별을 둘러싼 억압에 저항하는 집단"으로 재규정되었다.[4]

저항의 방식 또한 누적된 경험치의 세계 속에 내재되어 있는데, 2024년에 울려퍼진 케이팝의 응원봉 행렬은 2016년 이대 시위에서 부르던 〈다시 만난 세계〉, 그리고 2000년대 내내 한국 사회에서 케이팝을 틀고 행진했던 퀴어문화축제의 경험을 연료로 피어난 불꽃이었다. 2008년 촛불 소녀 때와는 달리 이제는 아무도 응원봉을 든 청년 여성들의 '배후'를 의심하지 않는다. 이들은 스스로 '말벌 시민'이 되어 전국의 투쟁 현장에서 먼저 깃발을 올렸던 꿀벌들을 지키려고 달려가는 연대의 민주주의를 만들어내고 있다.[5]

여기까지가 12.3 이후 약 3주간의 핵심 흐름이었다면, 12월 말부터는 소위 '우파' 진영의 '극우'로의 결집과 도약이 눈에 띄게 이루어졌다. 뉴스 댓글 창에서 탄핵을 반대하고 윤석열을 수호하자고 주장하는 이들이 자주 구사하는 공통 단어를 단서로 MZ, 우파, 청년, 자유, 반페미 등을 키워드로 한 그들의 단체 채팅방 세 곳을 관찰한 결과다. 나는 한국의 '극우'가 윤석열 내란 정국 시기에 대중운동으로서의 성공을 거두었다고 본다. 이 성공이 지속될지 아니면 일회적일지는 아직 알 수 없다. 다만 이 시기를 거치면서 이전부터 존재했던 '아스팔트 우파' 세력, 즉 전광훈을 비롯한 극우 개신교 집단과 박근혜 탄핵 이후 조직된 태극기 부대만이 아니라, 안티페미니즘 성향의 2030 남성들이 극우에 결합했다는 점은 이후 한국의 '극우화' 과정에 대한 분석에서 중요한 분기가 될 것이다.

12월 25일을 전후해서 정치 뉴스의 댓글 창을 점령한 이들은 계엄군을 맨손으로 막은 여성 시민들의 안보 불감증에 개탄하고, 남태령의 트랙터 집회와 동덕여대 투쟁, 전국장애인차별철폐연대의 휠체어 시위 등을 싸잡아 '무지성'이라고 조롱하며(이유를 밝히는 이들은 없다), 그런 시끄러운 좌파들을 척결하기 위해 어쩔 수 없이 계엄령을 감행한 '윤버지(윤석열 아버지)'의 애국심을 찬양한다. 이들을 약자를 혐오하고 힘을 숭배할지언정 전통적 극우처럼 민족주의자나 반공주의자는 아니다. 어쩌면 지금 한국 사회에는 전통적 극우와는 다른 방식의 극우화 경로가 만들어지고 있는 것은 아닐까.

2030 남성들과 '신극우화'의 새로운 경로

2024년 12월 7일 여의도 탄핵 집회 참가자를 성별과 연령대 별로 측정해본 결과에 따르면 20대 여성 비율이 전체의 18.9퍼센트로 가장 높았던 반면, 20대 남성은 3.3퍼센트로 현저히 낮다.[6] 2025년 6월 3일 21대 대통령 선거 결과, 20대 남성은 모든 세대와 성별을 통틀어 보수진영 후보를 가장 많이 찍은 것으로 나타났다. 20대 남성의 '극우화'는 투표 성향과 사회의식 조사 등을 통해 반복적으로 확인되고 있다. 많은 논자들이 20대 남성의 '보수화'라는 진단에는 동의하지만 '극우화'라는 진단은 극단적이라고 꺼려한다. 하지만 이는 보수를 좀 더 체제 유지적이고 질서를 중시하는 성향으로, 극우를 극단적인 입장 정도로 생각하기 때문에 생기는 오해다. '극우'라는 라벨링이 오히려 극우화를 부추긴다는 진단도 있지만 내 생각은 반대다. 극우화 경향에 대한 분석이 제대로 이루어지지 못한 결과는 극우 세력의 성장으로 이어졌다.

각종 지표에서 드러난 20대 남성들의 사회의식에 따르면 그들이 전통적 사회질서를 유지한다는 의미에서의 '보수' 성향을 가졌다고 보기 어렵다. 하지만 반체제적 성격을 가지고 있다고 진단하기에는 이념적인 일관성도, 지속적 신념으로서의 수렴도 찾아보기 어렵다는 점에서 '극우' 그 자체로 단정하기도 어렵다. 또한 극우라는 범주 자체도 최근 들어 새롭게 정의되어야 하는 개념이기도 하다.

논의를 위해 몇 가지 개념 정리를 해보자. 우선 우파right-wing와 보수conservatism는 다르다. '우파'라는 말은 프랑스혁명 당시 혁명을 반대하고 왕정을 지지하는 사람들이 국민공회의 오른편에 앉은 데에서 유래된다. 자유시장경제에서 개인들이 알아서 경쟁하도록 두고 그에 따른 불평등의 결과도 받아들이게 하는 것이 우파의 세계관이다. 우파는 보통 기존 질서를 옹호하고 점진적 개혁을 선호하는 특징이 있지만 모든 우파가 그런 것은 아니다. 오히려 최근 들어 등장한 극단 우파far-right, extreme-right, 급진 우파radical right, 소위 '대안 우파alt-right' 등은 기존 질서에 대한 거부감을 포퓰리즘과 연계하고 사회 개혁 문제에 대한 '급진적인' 변화를 추구한다. 비록 좌파의 입장에서는 그 급진적인 변화가 퇴행과 퇴보일지라도 말이다. 우파라는 정치 블록에서 보수가 차지하고 있는 지분이 점점 작아지고 대부분 극단화 혹은 급진화돼가고 있는 것이 2000년대 이후 우파 정치의 세계적 흐름이다. 그렇다면 극단 우파(이하 '극우'), 급진 우파, 대안 우파 등은 어떤 차이가 있는가.

극우란 민주주의의 본질인 국민주권과 다수결 원칙을 거부하고 차별, 혐오, 폭력을 정치적 수단으로 옹호하며 세력화된 집단을 지칭한다.[7] 이들은 전통적으로 강한 민족주의와 국가주의에 기반을 두고 외국인 노동자와 난민, 이민자를 배척하며 민주주의 제도를 불신하는 경향성을 보여왔다. 하지만 유럽의 극우 정당들은 의회에 진입하기 위해 민주주의 선거 절차를 불신하는 전통적인 극우의 입장 일부를 버리거나 감추고 극우의 주장 중 체제 내에서 대중들에게 호응을 얻을 만한 부분을 중심으로 대중적 지지를 호소했는데, 이들을 통칭 '급진 우파' 혹은 '우파 포퓰리즘 세력'이라고 한다. 이들은 전통 우파 중에서도 급진적 행동주의를 전략으로 삼지만 민주주의 체제 안에서 움직이고, 엘리트주의에 반대하면서 포퓰리즘을 주요 전략으로 삼는다. 또 다른 세력으로 '대안 우파'가 있다. 대안 우파는 2010년 전후 온라인을 기반으로 등장한 새로운 우파 세력을 지칭한다. 이들은 온라인상 청년 남성들을 주축으로 백인우월주의를 위시하고, 정치적 올바름에 반대하며, 페미니즘과 소수자 정책을 증오하는 것을 특징으로 한다.

급진 우파가 전통적 권위주의에 기반해 제도권 정치에 참여하는 것을 목표로 한다면, 대안 우파는 온라인 기반의 밈 문화를 통해 정치적 담화공간을 점령하고 문제의 해결보다는 상대를 이기기 위한 말싸움으로 공론장을 낭비한다는 점에서 '반정치적'이다. 또 급진 우파와 대안 우파는 체제 변화를 원한다는 점에서 오래된 것을 지키고자 하는 '보수'와 구분되지만, 극단적 소수의 힘(군사엘리트 등)에 의한 지배를 믿지는 않는다는 점에서 폭력을 적극적인 수단으로 사용하는 극우와는 차이가 있다. 다만 극우가 포퓰리즘적으로 변모하는 과정에서 극우의 범죄적 성격은 급진 우파의 과격한 주장 정도로 순치되거나,* 급진 우파가 제도 정치 내에서 일정 수준의 권력을 확보하게 되면 직접적 폭력 대신 제도적 권력을 활용한 폭력 행사가 이루어지며 '극우화'로의 전환이 일어난다.

이외에도 1990년대 말에 등장한 일본의 넷우익이 있는데, 이들은 역사 부정론과 피해의식 등을 바탕으로 혐중과 혐한을 기본 정서에 깔고 있다. 1990년대 말부터 일본의 넷우익이 만들어낸 온라인 문화와 2010년 전후의 대안 우파가 공명하면서 만들어진 온라인 커뮤니케이션 습성이 2025년 현재 한국의 극우 온라인 남초 커뮤니티에 깔린 반중과 친일, 안티 페미니즘 정서의 감정 구조라고 할 수 있다.

또 다른 방식으로 극우를 규정하는 것도 가능하다. 즉, 극

---

* 프랑스의 대표적인 극우 정치인 마린 르펜Marine Le Pen처럼 아버지 장 마리 르펜Jean-Marie Le Pen의 극우 이미지를 순화하고 국민전선을 제도 정치 내에 안착시킨 경우가 있다.

우를 '사회적 약자에 대한 혐오와 타자화에 기반해 자신의 지지세력을 모으고 때로는 신념에 의해 폭력적 수단을 사용해도 된다'고 생각하는 세력으로 규정해보자. 이렇게 보면 한국의 극우는 이들이 타자화한 집단에 따라, 반공을 외치는 전통적 극우('구우익')와 안티페미니즘을 외치는 새로운 극우('신우익')로 존재한다고 할 수 있다. 정리하자면, 지금 한국 청년 남성들의 변화는 '보수화'보다는 '우파'로의 결집이라고 보아야 하며, 현재 '우파'는 전반적으로 기존의 극우 개념이 확대·재구성되는 '극우화'의 경향 속에 있다는 얘기다.

그런 의미에서 2030 남성들은 '보수화'가 아니라 '극우화'되고 있다고 할 수 있을까? 우선 2030 남성들이 정말 극우화되었는지를 살펴보자. 계엄 이후, 2030 여성들이 여의도 탄핵 집회에서 응원봉을 들었다면 2030 남성들은 서부지법폭동에 가담했다는 대립 구도가 만들어졌다. 이 대립 구도가 싸움 붙이기를 좋아하는 사람들이 지어낸 프레임에 불과하다는 의견도 있다. 이러한 평가는 일견 일리가 있다. 우선 여의도 탄핵 집회에 응원봉을 들고 나선 2030 여성들이 엄청난 규모의 '대중 봉기'를 실천했다면,[8] 서부지법폭동에 참여한 2030 남성들의 숫자는 수십여 명 남짓이다. 현행범으로 체포된 46명 중 20대와 30대는 25명에 불과하다. 애초에 광장의 여성 '대중'들과는 비교할 수 없는 숫자다. 그렇기에 이런 극단적 소수가 2030 남성을 과대 대표하고 있다는 주장이 제기된다.

청년정치크루의 대표 이동수는 2030 남성들의 '우파 결집'은 착시 현상이라며 2024년 12월 14일 탄핵 가결 당시 청년 남성 다수는 탄핵에 찬성했고, 한국갤럽의 1월 통합조사에서도 2030 남성들의 탄핵 찬성 비율은 전체 평균에 가깝다는 점을 짚었다. 다만 여의도 탄핵 집회 당시 교통 흐름 등의 통계에 따르면 탄핵 찬성 광장에 2030 남성들의 참석률이 저조했던 것은 사실로 보인다.[9] 왜일까. 이동수는 정치권이 '청년 우파'를 적극적으로 호명하고 비호하면서 일부 극단화된 이들에게는 정치적 효능감이 생긴 한편, 계엄에 반대하는 대다수의 2030 남성들은 '2030 남성의 극우화'라는 진단 속에서 소외되고 있다는 점을 우려했다. 중요한 지적이다.

다만 극히 소수의 '극단화된' 이들에 의해 전체적인 여론 지형이 왜곡되고 있는 것은 사실이라 해도, 2025년 1월부터 2030 남성들의 '우파'로의 결집이 뚜렷해진 경향은 분명하다. 이는 바로 그 극단화된 소수가 전반적인 여론을 바꿀 수 있는 중요한 행위자가 되었음을 의미한다. 이전까지 청년 보수들 사이에서 '극우'는 선동적이고 자극적인 섬네일에 이끌려 클릭했다가 '현타'를 느끼게 하는 구경거리, 소위 선거 결과에 불복하고 부정선거나 주장하는 '틀딱'들의 것으로 인식되어 외면하는 존재였다.

청년 보수들이 윤석열과 국민의힘을 지지한 가장 큰 이유는 바로 '페미가 싫어서'였다. 시사인과 한국리서치가 실시한

'2025 유권자 인식 여론조사'에 따르면 2030 남성들은 민주주의 규범과 관련해 전체 평균과 크게 차이가 나지 않았다. 이렇게 보면 계엄을 옹호하고 탄핵을 반대하는 '2030 남성 극우화' 담론은 과대 대표되었다고 볼 수 있다. 하지만 이런 분석은 '극우화'를 계엄과 탄핵이라는 사건에 대한 태도에 한정했기 때문에 나오는 결과다. 같은 조사에서 민주주의 규범에 대한 이탈 가능성이 도드라지게 높게 나온 응답이 있다. 2030 남성의 29퍼센트가 "지나친 페미니즘을 막기 위해서라면 법 규칙을 어기거나 무력을 사용하는 게 정당화될 수 있다"고 답했다.[10] 전체 평균으로 나온 14퍼센트의 두 배가 넘는 수치다. 10명 중 3명이 페미니즘에 한정해서는 민주주의 규범을 지키지 않아도 된다고 답한 것이다. 이 기사는 펨코를 비롯한 남초 커뮤니티와 청년 우파 단톡방에서 (부정적인 의미에서) 큰 관심을 끌었다. 자신들을 '악마화'한다는 불만이 제기되기도 했으나, 해당 문항에 대한 답변 자체를 수정하기보다는 강화하는 반응("말로 안되면 패야", "(그동안 우리가 당했으니) 이제는 참교육")이 대다수였다.

윤석열은 2022년 대선 캠페인 당시 '여성가족부 폐지'라는 일곱 글자 공약을 통해 2030 남성들의 지지를 가져올 수 있었고, 같은 해 2월 7일 '구조적 성차별은 없다'는 내용의 인터뷰를 통해 그러한 인식을 확인한 바 있다. 하지만 그럼에도 2030 남성들의 지지는 확고하지 않았다. 온라인 남초 정치 및 시사 커뮤니티의 유저들은 냉소와 조롱의 문법에 익숙하여 기본적으로 자신들이 지지하는 대상과의 거리를 강조하는 경향을 보인다. 이들은 민주당과 페미니즘에 반대하는 수단으로써 윤석열을 지지했다. 이를테면 대선 캠페인 중간에 윤석열 캠프가 신지예 등 페미니스트 스피커로 알려진 인물들을 영입한 직후 2030 남성들의 지지율은 곤두박질쳤다.[11] 당시 국민의힘 당대표였던 이준석은 이에 항의하며 대선 캠페인에서 손을 떼겠다 선언했는데, 신지예가 영입 2주 만에 새시대위 수석부위원장을 사퇴하자 다시 캠프에 합류해 화해하면서 2030 남성 지지율은 회복되었다. 윤석열을 지지하는 2030 남성들의 핵심 정동이 페미니즘에 대한 반대 그 자체였다는 뜻이다. 그렇기 때문에 당선 이후, 윤석열과 국민의힘에 대한 2030 남성 지지율의 낙세는 정해진 결과였다. 그러나 그 지지율이 계엄 이후 오히려 다시 회복되었다. 리얼미터 조사에 의하면 국민의힘 지지율은 2025년 1월 첫째 주와 둘째 주에 비상계엄 이전과 비슷한 수치인 12.3퍼센트까지 회복되었는데, 2030 남성들의 결집이 지지율 회복의 주요 인이었다고 분석한다.[12] 2025년 1월 9~10일 실시한 조사와 2024년 12월 12~13일 조사를 비교하면 2030 남성들 중 무려 20퍼센트가 국민의힘 쪽으로 의견을 바꾸었다. 이러한 반동의 모멘텀은 어디에서 생겨난 걸까. 이 한 달 사이에 무슨 일이 일어났던 걸까.

탄핵 이후
극우청년들의 결집

───

다시 강조하건대 지금의 현상은 2030 남성들 대다수가 '극우화'되었다기보다는 2030 남성 집단 내에서 '극우'의 의미와 영향력이 확장된 것으로 볼 필요가 있다. 특히 온라인 남초 커뮤니티와 극우유튜버의 영향이 매우 커졌다. 12.3 비상계엄 이후 급격하게 성장한 디시인사이드 갤러리 중 하나는 '미국정치갤러리'로, 2024년 11월 2447건이었던 게시물 수가 2025년 1월 33만 501건으로 급증했다.[13] 2030 청년을 대상으로 한 역사·정치 교육을 주요 콘텐츠로 삼는 '그라운드씨' 채널의 경우, 2024년 12월 3일 28만 명이었던 구독자가 2025년 4월 1일 현재 82만 명까지 증가했다. 짧은 기간 내 엄청난 결집이 이루어졌다는 뜻이다.

국회에서 탄핵이 가결된 2024년 12월 14일 이후의 타임라인을 보자. 2024년 12월 16일, 경찰은 윤석열 내란 혐의 수사를 공수처로 이첩한다. 12월 18일 공수처에서는 1차 출석 통보를 하고 윤석열은 불응한다. 12월 20일 공수처에서 재차 출석 통보를 하자 12월 25일 윤석열은 이에 또 불응한다. 체면을 구긴 공수처가 바로 다음 날인 12월 26일 3차 출석 통보를 한다. 12월 29일, 윤석열은 불응한다. 공수처의 출석 요구를 반복해서 불응하는 시점부터 소위 '우파 유튜버'들의 태도 변화가 감지된다. '법의 집행을 거부한다고? 검찰총장 출신의 대통령이? 법과 제도 자체에 문제가 있는 것은 아닐까?' 이런 흐름이 만들어졌다. 청년 남성 대부분은 탄핵에 찬성하고 계엄에 반대했다. 극히 드문 우익 청년 일부만이 계엄에 찬성했지만, 이들은 이때까지만 해도 얼굴을 드러내고 광장에 나와 공개적으로 자신의 의견을 펼치지는 않았다. 그러나 윤석열이 법의 통치를 거부하면서 이런 우익 청년들에게 공간이 생겨난 것이다.

파시즘 연구의 권위자 로버트 팩스턴Robert Paxton에 의하면 초기 파시스트들의 상당수는 젊은이들이었다고 한다. 당시 이탈리아의 청년 세대는 전쟁의 책임이 중장년 세대에 있다고 생각했기에 사회 명사들이 이끄는 중간계급 정당보다는 당원들이 똑같이 함께 격정적인 형제애를 불태우는 파시스트당에 열광했다.[14] 한국의 우익 역시 청년들이 이끌어간 역사가 있다. 1공화국 당시 자유당의 외곽단체로 물리적 폭력을 휘둘렀던 일종의 정치 깡패 집단인 '서북청년단'을 기억해보라. 그러므로 '왜 청년이 보수화되었는가?'라는 질문은 우익 청년운동의 역사에 무지하기 때문에 비롯된다.

2010년대 중반 이후 한국의 우익 청년 운동의 명맥을 이은 것은 기독교, 안티페미니즘, 그리고 유튜브와 커뮤니티 등 온라인 문화라는 세 가지 핵심 요소다. 이 중 기독교는 오프라인 중심으로 학교와 지역 등 특정 단위에서 청년들을 조직하는 특유의 조직 방식이 있다.[15] 또한 안티페미니즘은 공정 담론과 결합해 온라인 중심으로 극우 남성 청년들을 묶는 감정적 끈끈이로 기능한다. 우파 유튜버들은 기독교, 안티페미니즘 등을 주요 이념으로 삼아 그때그때 콘텐츠를 바꿔가며 대중의 관심을 붙잡아놓고, 그게 무슨 문제이든 끼어들어 현안에 집중하는 일종의 중간 리더이자 해결사 역할을 자임한다. 이 세 가지 요소 중 특히 이번 윤석열 탄핵 국면에서 도드라진 것은 보수 유튜버의 급진적 극우화였다.

한국에서 '우파 유튜버'가 번성하기 시작한 시기는 2017년 박근혜 탄핵 인용 이후다. 당시 이들은 탄핵 결정을 수용하지 않고 부정선거 등을 주장했지만 크게 영향력이 있지는 않았다. 2018~2019년에 우파 유튜버들은 주로 사이버레커처럼 이슈 몰이로 구독자를 늘려 성장했는데, 이들은 보수 정치의 의제 자체에 목적이 있다기보다는 돈벌이가 주요 관심사였다. 이들은 2020년 1월, 코로나 팬데믹이라는 새로운 국면을 맞이한다. 이때 전광훈을 비롯한 극우 기독교 세력이 방역을 이유로 오프라인 예배를 제한하는 정부 방침에 반발하며 예배를 감행하면서 본격적으로 '아스팔트 우파'의 주류 자리를 꿰찬다. 이때까지만 해도 청년 극우 유튜버들은 부정선거와 백신 반대 등의 담론과는 거리를 두고 있었다. 2020년 8월 안티페미니즘을 주요 콘텐츠로 내세웠던 '신남성연대(당시 채널명 '왕자')'의 배인규, 반공주의를 주요 콘텐츠로 내세웠던 'GZSS'의 안정권 등은 내부 직원에 대한 갑질, 후원금 사적 횡령, 가정폭력 등의 문제가 폭로되며 채널이 정지되는 등 내홍을 겪으면서 사실상 활동을 중단한 상태였다.[16] 그뿐만 아니라 2020년 4월 총선과 2024년 5월 총선, 그리고 이어진 7월 국민의힘 4차 전당대회 결과가 모두 '친윤'계의 패배로 이어지면서 극우 유튜버들의 활동 반경도 축소되어 있었다.

그러나 탄핵 가결 이후 이들은 2030 남성들의 안티페미니즘 정서를 바탕으로 반등의 계기를 만들어간다. 정모 씨(22)는 중앙일보와의 인터뷰에서 "지난 대선에서 '여성가족부 폐지'를 내세운 윤 대통령을 지지했는데, 약속을 지키지 않아 철회했다"면서도 "하지만, 윤 대통령이 탄핵당하자 페미니스트들이 '이때다' 싶어 뛰쳐나오는 걸 보고 그냥 있으면 안 되겠다는 생각이 들었다"고 말한다.[17] 극우 청년들이 모인 단톡방에서도 잠잠해질 때마다 "힘내자. 페미들을 생각해"라는 글로 독려가 이루어졌다. 안티페미니즘은 탄핵 이후 극우 청년들이 반등의 국면을 만들어내는 주요한 감정적 자원이었다. 신남성연대 배인규의 경우를 보자. 그는 '왕자'라는 활동명으로 5.18 광주민주화운동의 허위사실 유포, 세월호 유족 모독, 조두순 호송 차량 파손 등의 만행으로 사회적 물의를 일으키다가 2021년 4월 7일 신남성연대를 설립하고 안티페미니즘 및 극우를 핵심 콘텐츠로 다루는 유튜브 채널을 개설했다. 하지만 2022년 9월 자신의 멘토인 안정권이 구속되고 윤석열 정부의 인기가 하락함에 따라 주요 콘텐츠에서 정치 얘기를 거의 다루지 않았다가, 2024년 12월 26일 짧은 영상을 하나 게시한다. 그 영상은 헬스장에서 운동하는 모습을 담는 것이 원래의 기획이었는데, 그는 영상 중간에 운동을 그만두고 한숨을 쉬며 시청자들에게 자신의 근심을 이야기한다. "얘들아… 부정선거 그거 '틀딱 음모론' 아니었냐? 아니면 형이 드디어 X친 거야?" 이 짧은 영상에 주목해야 하는 이유는 이것이 그의 논조 변화를 예고하는 일종의 빌드업이었기 때문이다. 배인규는 이 영상을 기점으로 극우 청년들이 모인 채팅방에서 '맹윤'이라고 불리며, 2024년 12월 29일에는 오프라인으로 열린 탄핵 반대 집회 연단에 올라 자신이 '나라 걱정'에 잠을 못 잔다며 그동안 부정선거론을 무시해서 죄송했다고 연설함으로써 7080 아스팔트 우파들의 환호를 받는다.

한국의 극우 유튜브 생태계를 분석한 시사평론가 임경빈은 2018년 전후해서 막 떠오르기 시작한 극우 유튜브의 성공 공식을 이렇게 설명한 바 있다. "유튜브(배유근)라는 친구가 따랐던 성공 공식을 그대로 복사하는 경우, 처음에 안티페미로 시작해서 젊은 남성층의 관심을 끈 다음에 이야깃거리가 떨어지기 시작하면 슬슬 극우 프로파간다, 자유한국당 계열의 이야기들이 재탕 삼탕이 되고, 그다음 단계는 이제 혐오의 단계로 넘어가 외국인들을 혐오하고 그렇습니다. 이민자, 중국인, 외국인 노동자, 심지어는 한국인 자신들[에게] '미개하니까' 이런 식의 혐오 발화를 하는 경우. 최근에는 혐한 일뽕 장사…"[18] 이러한 흐름을 중심으로 지지층을 늘리려는 극우 세력의 두 가지 회로를 확인할 수 있다. 하나는 박근혜 탄핵 이후 극우 세력이 결집시키려는 주요 타깃은 청년 남성들이었고, 이들을 묶는 주요 정서 중 하나는 안티페미니즘이었다는 것이다. 페미니즘에 반감을 가진 모든 청년 남성들이 다 극우가 된 것은 아니다. 다만 극우의 특징은 이데올로기적 일관성을 가진 총체적 세계관이 아니라 현존하는 권력 구조에서 다른 누구보다 자격을 갖춘 자신이 소외당했다는 울분으로 만들어진다는 것이다.

2016년 페미니즘 대중화 이후 페미니즘에 대한 반감이 더욱 강화된 청년 남성들은 '이대남'이 되었고, 윤석열이나 이준석을 지지하는 '2찍남'이 되었다. 이들 사이에는 '논리적 연결고리'가 아니라 '감정적 친연성'이 있다. 그들의 울분을 거칠게 요약하자면 다음과 같다. 여자와 남자 사이에 약자가 있다면 그것은 남자고, 페미니즘은 어딜 가나 목소리가 큰데 자신들은 언제나 소수다. 그러므로 청년 남성들에게 페미니스트를 짓밟고 남자가 약자임을 부르짖는 것은 일종의 거대한 이데올로기 투쟁인 셈이다. 하지만 이런 명분만으로는 오프라인에서 실제 자신의 몸으로 집회에 참가하진 않는다. 어쨌든 '쪽팔리는 일'이기 때문이다. 하지만 이들은 광장에서 '팀플'을 하던 여성들처럼 자기를 대신해 오프라인에 나서서 얼굴을 공개하는 이들을 위해 무엇을 하기보다는, 더 자극적인 콘텐츠를 요구하는 라이브 스트리밍 방송 시청자 같은 태도를 가지고 있다. 이런 청년 극우 남성의 성향을 고려했을 때 신남성연대 배인규의 입에서 갑자기 '나라 걱정'이라는 말이 나왔다는 것은 주목할 필요가 있다.

1.19 서부지법폭동에 이르게 된 극우 청년들의 계산법

2025년 1월 19일, 윤석열 구속에 항의하는 폭도들이 경찰의 방패를 탈취해 법원 건물에 침입하고 유리창과 집기를 부수면서 윤석열의 구속영장을 발부한 여자 판사의 이름을 큰 소리로 외치며 난동을 피웠다. 온라인상의 사념체 수준으로 머물렀던 극우 청년들이 어떻게 법원을 때려 부수는 백색테러를 감행할 만큼 '용기'를 낼 수 있었던 걸까. 이들은 우발적으로 폭력에 가담한 것이 아니다. 극우 파시즘의 폭력은 철저하게 계산된 메시지하에서 이루어진다. 로버트 팩스턴은 파시스트들의 폭력 정당화 담론이 다음과 같은 삼단논법을 통해 이루어진다고 설명한다. 첫째, 폭력 사태를 일으킨 것은 반국가세력이다. 둘째, 그런데 이에 대한 민주국가의 대처는 부적절했다. 셋째, 그러므로 강하고 결연한 의지를 가진 지도자가 필요하다. 이는 윤석열 체포 저지를 위해 모였던 청년들이 한 말과 정확히 동일하다. 이들은 "계엄령은 대통령의 권한 행사"이며, "반국가세력에 맞서기 위한 수단"이었다고 주장한다. 2025년 1월 6일 그라운드씨 유튜브에 출연한 20대 남성들은 "이 정도로 전투력을 높이는 지도자는 없었다. 반국가세력 척결하는 지도자 필요하다"며, "나라가 위험할 것 같아서" 나왔다고 말한다.

윤석열 이전에 한국의 극우는 제도 정치 안에 들어가지 못했고, 자신들 외의 집단에게 대중적 호응을 받은 적도 없다. 미국과 유럽에서 극우 정당이 국회 의석 1, 2위를 차지하는 주요 정당이 되고, 급기야는 행정부 수반이 극우 정치인이 될 정도로 극우 대중운동의 바람이 불 때조차 한국에서는 대표적인 극우 정당이자 극우 개신교 세력이 주축인 자유통일당이 단 한 석도 얻지 못했다. 2014년 일베의 난동을 본 극우 세력이 청년 남성들을 1공화국에서 정치 깡패 노릇을 했던 '서북청년단'의 새 회원으로 포섭하려 시도했으나 그마저도 실패로 돌아갔다. 박근혜 탄핵 이후 대선 후보로 나선 홍준표가 젊은 남성들에게 부끄러워하지 말고 자신을 지지하라 연설했던 것에서 단적으로 드러나듯 윤석열을 지지한 2030 남성들은 '2찍남'이라고 불리며 연애 시장과 일상의 사회관계에서 공공연한 기피 대상이 되었다. 2015년 12월 시사인과의 인터뷰에서 스스로 극우라고 분명히 밝힌 이들은 "지금 한국에는 우파 단체는 있지만 극우 단체는 없다. 내가 말하는 극우 단체는 법이나 국가권력으로 안 되는 일을 나라를 위해 해줄 수 있는 단체"다, "서북청년단이 남한으로 내려왔을 때 공산주의 세력이 판을 치고 있었다. 지금 우리 사회도 다 거짓. 세월호 유가족의 배후가 광우병 선동 세력. 9월 15일 일베에 글이 올라와 놀랐다. 나와 뜻을 같이하는 사람이 많은가 기대했다. 처음 모였는데 열다섯 명이 왔다. 조금 실망"했다고 말한다.[19] 2015년만 해도 한국에 극우 단체도 극우 청년도 없다고 극우들 스스로 단언했던 것이다. 더구나 폭력을 직접적으로 사용할 만한 용기나 명분도 부족했다.

2025년에는 무엇이 달라졌기에 법질서에 정면으로 도전하는 극우 대중이 등장할 수 있었던 걸까. 극우들의 특징은 자신들은 민주주의 규범을 지키지 않지만 스스로를 테러리스트나 아나키스트가 아니라 체제의 수호자라고 믿는다는 데 있다. 이들이 이런 자신감을 가지게 되는 급진적 극우화의 배경에는 권력이 그들의 행동을 비호할 것이라는 믿음이 깔려 있다. 이들의 행동 패턴은 '규범과 예외'로 이중 구조화된 파시즘 체제의 이중 국가dual state에서 나치에 참여한 독일 시민들과 매우 유사하다. 이중 국가란 독일의 정치학자 에른스트 프랑켈Ernst Fraenkel이 제시한 파시즘 이론으로, 나치 독일을 두 개의 법체계가 공존하고 있는 국가로 분석한다. 하나는 정상적인 법치주의가 작동하는 규범적 국가이고, 다른 하나는 국가권력을 유지하기 위한 활동이 초법적으로 허용되는 재량적 국가다.[20] 한국에서 내란 이후 급진화된 극우 세력은 윤석열의 계엄 선포를 국가권력의 유지를 위한 대통령의 권한으로 보고 윤석열을 지킴으로써 이 재량적 국가 속으로 포섭될 수 있다고 믿은 것으로 보인다. 2025년 1월 6일은 극우 유튜버들이 '한남대첩'이라 부르는 날이다. 이날은 어떤 날이었는가. 이날 국민의힘 의원들 57명은 윤석열 체포 저지를 위해 관저 앞에 모여 기자 회견을 열었다. 또한 2021년 1월 6일은 2020년 대통령 선거에서 낙선한 도널드 트럼프Donald Trump가 선거에 불복하고, 스티브 배넌Steve Bannon 등 그의 핵심 참모들이 극우 지지자들과 함께 미국 국회의사당을 습격한 날이다. 스티브 배넌은 2024년 4월에야 6개월 징역형이 확정되어 수감되었고 2025년 1월 트럼프 2기가 출범하기 전에 출소했다. 2021년 자신의 팟캐스트 '워룸'에서 국회 폭동을 선동했던 바로 그 스티브 배넌은 2025년 1월 6일 '워룸'에서 윤석열 탄핵을 언급하고 한미동맹을 걱정했다. 2025년 1월 8일 조선일보는 스티브 배넌의 이 발언을 두고 "스티브 배넌, 윤석열 탄핵, 한미동맹 위험"이라는 제목으로 대대적인 보도를 내보낸다. 청년 보수들의 급진적 극우화는 미국의 보수 정치와 한국의 보수 정치가 자신들을 지지하고 있음을 확신한 결과였다. 그들의 메시지가 서부지방법원의 답장을 넘은 이들에게 폭력을 사용해도 괜찮을 것이라는 근거가 된 셈이다. 파시스트들이 대중의 승인을 얻어 권력을 장악하려면 법과 질서를 존중하는 보수주의자들과 중간계급을 설득해 우리의 폭력은 좌파의 도발을 막기 위한 필요악이라고 인정하게 만들면 된다.[21] 서부지법폭동이 발생하기 전날 1월 18일 국민의힘갤러리와 미국정치갤러리 등에는 구속을 결정한 서부지법을 공격하자는 선동 글이 계속 올라왔다. 국민의힘 윤상현 의원은 1월 18일 신남성연대 유튜브에 출연해 서부지법 담장을 넘은 월담자들이 곧 훈방될 것이라며 "애국 시민에게 감사드린다"고 말한 바 있다.[22] 이것이 극우 집회에 '성조기'가 등장한 이유이고, 윤석열이 계엄 이후에 오히려 극우 청년 집단의 우상이 된 배경이다.

누가 극우의 타깃이 되는가

다시 한 번 정리해보자. 정치적 입장으로서의 극우가 무엇인지를 정의 내리는 것은 불가능하다. 극우란 일관성 있는 정치적 입장이 아니라, 타자를 적으로 취급하여 내집단의 동질성을 높이는 정치적 전략에 불과하기 때문이다. 극우는 타자에 대한 '적대' 그 자체를 입장으로 삼기 때문에 인종차별주의자,

여성혐오주의자, 자민족 중심주의자, 반공주의자 등을 반대하고 차별하고 혐오하자고 주장하며 선동하는 '반대자'의 형상으로 나타난다. 한 집단 내에서 그다지 인기 없는 소수집단에 대한 공격으로 시작해 그중 어떤 것이 대중적 호응을 얻게 되면 그때부터 극우는 대중화되고, 대중화된 극우는 급진화되는 수순을 밟는다. 짓밟아도 되는 대상을 정하고 그에 대한 폭력에 무감해지게 만드는 과정이 반복된다. 강조컨대, 지금 현대 정치에서 '극우'는 히틀러를 지지하는지 파시스트를 숭배하는지 트럼프를 지지하는지 윤석열을 지지하는지 여부에 따라 정해지는 것이 아니라, '타자를 배제하고 절멸하고 처단하고 수거하면 문제가 해결된다'는 믿음을 가진 자들의 세력화 과정을 통해 구성되고 있다. 고정된 의미의 극우가 있는 것이 아니라 새롭게 극우가 구성되는 과정, 즉 '극우화'에 주목할 필요가 있다는 의미다.

독일을 비롯해 유럽에서 극우의 기원은 나치즘과 같은 파시즘이었다. 나치는 전체주의 국가의 통치 원리로서의 '파시즘 체제'를 만들었다. 그리고 서구 사회는 공개적인 파시즘 지지를 다양한 의견 중 하나가 아니라 그 자체로 대중 범죄임을 분명히 했다. 이는 파시즘 체제를 겪어본 역사적 경험 때문이다.

그러나 이러한 전후의 성찰과 책임이 '기성세대'의 잘못을 '청년세대'에게 이전시킨다는 불만이 터져나오면서 '파시즘 체제'와는 구분되는 '파시즘 현상'이 전 세계에 등장했다. 독일에서 히틀러를 공개적으로 지지하는 것은 불법이지만, 바로 그 지점이 네오파시스트나 1990년대 이후 등장한 신우익이 자신들을 표현의 자유 수호자라고 주장하면서 발흥하게 된 원인이 되기도 한 것이다. 이들은 민주주의를 위협하지만 민주주의 체제를 완전히 전체주의에 기반한 권위주의 국가로 만들지는 않았다는 점에서 '파시즘 현상'에 가깝다고 할 수 있다. 이때 대중 동원의 감정 정치로서의 '파시즘 현상'은 '파시즘 체제'와는 달리 그 자체로 불법의 대상으로 규정되기 어렵다. 이것이 우리가 '파시즘 현상'인 극우에 어떻게 대처할 것인지, 극우와의 공존은 가능한 것인지에 대해 논의하기 어려운 이유다. 그러므로 누가 극우인지를 알기 위해서는 누가 지금 극우의 타깃이 되는가에 주목할 필요가 있다.

한국에서 욱일기와 일베의 표식은 바로 극우의 상징이 되었지만, 이러한 이미지의 재현을 금지한다고 해서 극우 세력이 제거되는 것은 아니다. 일베 인증이라는 아무런 가치 없는 행동을 금지하는 것이 아니라 일베에서 나온 여성과 소수자, 장애인, 이민자, 전라도 지역에 대한 혐오 발화와 폭력 선동을 법적으로 금지했어야 한다. 하지만 정작 이러한 혐오, 배제, 차별은 법적으로 금지되기는커녕 이명박 정부 시절 국정원의 댓글 조작으로, 즉 '공권력'에 의해 직접 이루어졌다. 여기에서 우리 사회의 '선'이 한 번 무너졌고 극우화가 진행되는 데 더할 나위 없이 비옥한 토양이 만들어졌다. 윤석열 '체포를 저지하고 탄핵을 반대'하면서 우파들은 급속도로 '극우화'되었고 그 결과 2025년 1월 19일 서부지법폭동으로 이어졌다. 이는 폭력의 고삐를 푼 극우가 어떤 선을 넘을 수 있는지를 보여준 징후다.

여기에 극우 대중운동의 심각성이 있다. 극우는 우리 사회에서 무엇이 민주공화정의 체제를 위협하는 행동인지에 대한 공통 감각을 부정하고, 우리가 '선'을 지켜야 공존이 가능하다는 생각 자체를 부인한다. 젊은 청년 우파들이 모여 있는 단톡방에서는 종종 자신들이 혐오나 차별을 '하는' 존재가 아니라 '당하는' 존재라는 항변이 이루어진다. 이들은 약자들이 사실은 가해자라고 주장한다. 약자라는 명목으로 공동체에 아무것도 기여하지 않고 자신들이 이뤄낸 공동체의 결실만을 취한다고 생각한다. 자신들이 가진 특권을 성찰하라는 얘기는 '가해자 취급'이라는 울분으로 기각되며, 청년들이 미래에 대한 불안과 사회경제적 양극화로 인해 생겨난 격차를 줄이는 유일한 방법은 오직 개인기뿐이라는 '능력주의'적 사고방식을 적극적으로 옹호한다. 이들에게 차별은 구조적 억압이 체계적으로 실행된 결과로서 누적되어온 문제가 아니라, 개개인의 주관적이고 예외적인 경험들 중에 기존의 권력관계를 전도하는 가장 부조리해 보이는 몇몇 사례로서 등장했다. 무해한 남성 시민을 무고하게 고발해서 곤란에 처하게 만든 '꽃뱀' 서사가 대표적이다.

이 과정에서 폭력을 무기화한 '유해한 남성성'은 극우적 이데올로기를 확산시키는 남초 커뮤니티 전반에 사회 개혁을 위한 피치 못할 선택지로 받아들여진다. 즉, 보수 우파가 극우화되었다는 말은 보수 우파의 전통적인 통치 이데올로기인 '사회질서의 유지'가 더 이상 작동할 수 없는 위기에 빠졌다는 의미고, 극우가 대중운동으로 성공했다는 것은 대중들이 문제의 내적 원인을 찾아 제도적으로 해결하는 과정에 환멸을 느낄 만큼 지쳐 혐오와 배제를 기꺼이 수용하기 시작했다는 의미이며, 폭력을 매개로 한 폭주하는 남성성이 그 뜻을 펼칠 곳이 준비되었다는 의미다. 이때 혐오와 배제의 대상으로 처음 선택되는 것은 누구일까? 당연히 사회적 약자다.

2025년 4월 현재 한국의 극우가 총궐기에도 불구하고 실패할 수밖에 없는 이유는 이들이 타깃팅한 집단이 작지도 않고 사회적으로 환영받지 못하지도 않기 때문이다. 윤석열의 비상계엄은 총선에서 승리한 다수당인 민주당 전체를 반국가 세력으로 몰았기 때문에 도저히 성공할 수 없는 전략이었다. 이전까지 극우는 적대의 타깃을 더 좁혀 해당 소수집단에 대한 괴롭힘이 사회적으로 용인되도록 하면서 성장해왔다. 실제로 숫자가 적은 성소수자, 이민자, 장애인을 향한 적대는 항상 더 손쉽게 이루어졌다. 페미니스트도 그 집단에 속하지만 '인기 없는 소수집단'이라기에는 특정 세대와 성별 내에서 이

M. (eds.), *Women, Violence and Social Control*, Humanities Press International, 1987.

4　Boyle, K., "What's in a name? Theorizing the interrelationships of gender and violence", *Feminist Theory* 20(1), 2018, pp.1~18.

5　홍수현, 〈신림 흉기난동범 "남들보다 키 작아 열등감 느껴"〉, 《이데일리》, 2023.7.26.

6　수원지방법원 성남지원, 2024.2.1. 선고 2023고합237 판결.

7　서울중앙지방법원, 2024.1.22. 선고 2023고합849 판결.

8　Raewyn Connell, *Masculinities*, University of California Press, 1995. [래윈 코넬, 안상욱·현민 옮김, 《남성성/들》, 이매진, 2013.]

9　수원지방법원, 2012.6.15. 선고 2012고합290 판결.

10　James Messerschmidt, *Crime as Structured Action: Gender, Race, Class, and Crime in the Making*, SAGE Publications, 1997; Vic Seidler, *Transforming Masculinities: Men, Cultures, Bodies, Power, Sex and Love*, Routledge, 2005.

11　이진혁, 〈'살인 예고글' 전국서 469건…경찰 사칭 '칼부림 예고' 30대 구속〉, 《파이낸셜뉴스》, 2023.8.25.

12　전익진 외, 〈벌써 46명 잡혔다…"살인예고도 법정최고형" 검경 강력 경고〉, 《중앙일보》, 2023.8.6.

13　Daly, S. E., & Reed, S. M., ""I think most of society hates us": A qualitative thematic analysis of interviews with incels", *Sex Roles* 86(1-2), 2022, pp.14~33; Halpin, M., "Weaponized subordination: How incels discredit themselves to degrade women", *Gender & Society* 36(6), 2022, pp.813~837.

14　Gosse, M., Halpin, M., & Maguire, F., "Stochastic Gender-Based Violence: How Incels Justify and Encourage Sexualized Violence Against Women", *Violence Against Women*, 2024.

15　Lockyer, D., Halpin, M., & Maguire, F., "The Emergence of the Incel Community as a Misogyny-Motivated Terrorist Threat", *Terrorism and Political Violence* 37(3), 2025, pp.1~17.

16　Amman, M., & Meloy, R., "Incitement to Violence and Stochastic Terrorism: Legal, Academic, and Practical Parameters for Researchers and Investigators", *Terrorism and Political Violence* 36(2), 2024, pp.234~245; Mark Hamm &

Ramón Spaaij, *The Age of Lone Wolf Terrorism*, Columbia University Press, 2017.

17 Paola Loriggio, 〈Man who pleaded guilty in incel-inspired Toronto murder sentenced to life in prison〉,《CBC》, 2023.11.28.

18 김엘리, 〈20~30대 남성들의 하이브리드 남성성〉,《한국여성학》 36(1), 한국여성학회, 2020, 139~173쪽.

19 Raewyn Connell, *Masculinites*(2nd Edition), University of California Press, 2005.

20 Carlsson, C., "Masculinities, Persistence, and Desistance", *Criminology* 51(3), 2013, pp.661~693.

21 이하나, 〈경찰 이어 검찰도 "강남역 살인, 여성혐오 범죄 아니다" 논란〉,《여성신문》, 2016.7.10.

22 서울중앙지방법원, 2016.10.14. 선고 2016고합673 판결.

23 김유민, 〈취재진 보고 "우와"… '강간 살인' 최윤종 "미녀 차지" 메모〉,《서울신문》, 2023.9.12.

24 Messerschmidt, J., "Managing to Kill: Masculinities and the Space Shuttle Challenger explosion", *Masculinities* 3(4), 1995, pp.1~22; Holtfreter, K., "White-Collar and Corporate Crime", in Gartner, R., & McCarthy, B. (eds.), *The Oxford Handbook of Gender, Sex, and Crime*, Oxford University Press, 2014.

25 이희영, 〈사회학 방법론으로서의 생애사 재구성: 행위이론의 관점에서 본 이론적 의의와 방법론적 원칙〉,《한국사회학》 39(3), 한국사회학회, 2005, 120~148쪽.

26 김예숙, 〈미국과 한국의 여성주의상담 역사 비교 분석〉,《한국심리학회지:여성》 16(2), 한국심리학회, 2011, 197~218쪽; 제럴드 코리, 천성문 외 옮김,《심리상담과 치료의 이론과 실제》, 학지사, 2017.

27 필리스 체슬러, 임옥희 옮김,《여성과 광기》, 여성신문사, 2002, 110~113쪽.

28 서울중앙지방검찰청,《신림동 등산로 성폭행 살인 사건 수사결과》(보도자료), 2023.9.12.

29 한병찬, 〈"신림 그놈, 재범 징후 많았다"…돌려차기 피해자, 한동훈에 장문의 편지〉,《뉴스1》, 2023.7.28.

더 찾아볼 자료

벤저민 R. 타이텔바움, 김정은 옮김, 《영원의 전쟁》, 글항아리, 2024.

인류학자이자 극우 정치 전문가인 저자가 오늘날 가장 중요한 극우 정치인인 트럼프와 푸틴에게 영향을 끼친 배후의 극우 전략가, 스티브 배넌과 알렉산드르 두긴을 인터뷰한 내용이 담긴 책이다. 새롭게 등장하는 극우 이데올로기의 사상적 뿌리를 검토하고 앞으로 닥칠 해악을 구체적인 논증을 통해 증명한다.

테오도어 W. 아도르노, 이경진 옮김, 《신극우주의의 양상》, 문학과지성사, 2020.

1967년 아도르노의 강연을 엮은 책이다. 시대착오성, 무책임한 논변, 공포의 조장, 책임의 전가 등 이제 막 태동하기 시작한 극우 포퓰리즘의 특징을 놀랍도록 빠른 속도로, 그리고 거의 예견적인 수준으로 정리하고 있다. 이 책은 2010년 이후 온라인 공간에서 안티페미니즘을 매개로 영향력을 키워온 세력을 '대안 우파'나 '청년의 보수화' 정도로 단순화함으로써, 이들을 전통적 극우와는 다른, 사소하거나 덜 해로운 존재로 인식하게 만든 구분 방식의 문제를 드러낸다는 점에서 중요하다.

야콥 요한센, 김정은 옮김, 《온라인 청년 극우의 성차별, 인종주의, 여성혐오의 정신분석》, 학지사, 2025.

성차별적이고 인종차별주의적인 극우 온라인 남성계에 대한 연구보고서다. 인셀, 픽업아티스트, 레디, 믹타우, 호구남 등을 주요한 연구 대상으로 삼는다. 이러한 연구 대상에 대한 진지한 연구가 필요하다는 것부터 증명해야 하기에 저자는 제1차세계대전 당시 독일군들의 '메일 판타지male fantasy'를 연구했던 클라우스 테벨라이트의 방법론은 물론이고, 프로이트와 라캉의 정동이론부터 빌헬름 라이히의 대중심리론까지 다양한 이론적 자원을 활용해 극우 집단의 특징을 분석한다.

주

들어가는 글

1 수수, 〈'흉기난동' 사건을 바라보는 반성폭력 활동가들의 이야기〉,《나눔터》93, 한국성폭력상담소, 2023, 44~51쪽.

2 한국성폭력상담소, 〈[단호한시선] 텔레그램 딥페이크 성폭력, '22만 명' 발생 전조였던 22개 장면〉, 2024.8.30., https://sisters.or.kr/activity/react/7270(접속일: 2025.6.20.).

3 주디스 핼버스탬, 유강은 옮김,《여성의 남성성》, 이매진, 2015, 42쪽.

4 권김현영 외,《한국 남성을 분석한다》, 교양인, 2017, 11~14쪽.

5 조앤 W. 스콧, 정지영 외 옮김,《젠더와 역사의 정치》, 후마니타스, 2023.

6 ㈜여성문화이론연구소,《페미니즘의 개념들》, 동녘, 2015, 335쪽.

1장 폭력의 연속선과 남성성'들'

1 조소현, 〈대낮 성폭행에 여성 '극한 공포'…"단순 묻지마 범죄 아냐"〉,《더팩트》, 2023.8.26.

2 이혜리, 〈'신림역 살인예고' 20대 남성 기소…'여성혐오 범죄' 맞다〉,《플랫》, 2023.8.11.

3 Kelly, L., "The Continuum of Sexual Violence", in Hanmer, J., & Maynard,

미 주류화되었다는 점이 다르다. 2018년 미투 운동 당시 20대 여성 대부분은 자신을 페미니스트라고 말했다. 극우를 막아내는 최전선에 20대 여성들의 페미니스트 자의식이 있다는 점은 중요하다. 그리고 바로 이 점이 기독교 우파 여성들을 중심으로 여성과 페미, 페미와 성소수자 사이의 연대를 불안정한 것으로 만들고자 하는 극우화 전략(박근혜와 나경원을 생물학적 여성이라는 이유로 지지하자는 주장, 트랜스젠더에 대한 혐오를 페미니즘이라는 이름으로 자행하는 터프 등)이 계속해서 시도되고 있는 이유이기도 하다.

한국성폭력상담소가 포착해낸 '폭주하는 남성성'이란 표현은 2024년 탄핵 광장에서 '폭주하는 남성성의 시대는 끝났다'는 구호로 등장한 바 있다. 나는 이 슬로건을 인용해 〈폭주하고 격노하는 남성성과 민주주의의 적〉이라는 칼럼을 썼다.[23] 이 글은 온라인에서 펨코부터 디시인사이드까지 널리 퍼져나갔다. 그때 달린 댓글 중 인상적이었던 것은 '윤석열이 잘못했는데 왜 남자가 죄다 욕을 먹는가, 폭주는 김건희가 했다'는 내용이었다. 여기에서 말하는 '폭주하고 격노하는 남성성'은 남성 일반에 대한 이야기도 윤석열 개인에 대한 이야기도 아니다. 남성 권력을 모방해 격노를 이어가는 여성 권력자들도 포함된다. 이것이 페미니즘에서 '남성성'을 남성으로 성차화된 남성 일반에 대한 범주적 지식이 아니라 '지배 문화'의 성별화된 경향성을 설명하는 지식으로, 즉 '헤게모니 남성성', '극단적으로 유해한toxic 남성성' 등으로 설명해온 이유다.

  권력자의 격노에 공명하는 지지자의 폭주는 대통령을 '아버지'라고 부르는 남성연대의 상징 체계 속에 있다. 그들이 행하는 '폭주와 격노'의 정치는 기본적으로 자신이 가용할 수 있는 힘을 군사적이고 절멸적인 방식으로 상상하는 데 기반하며, 힘에 의한 지배를 신념으로 삼는 군사주의적 세계관과 맞닿아 있다. 하지만 우리가 지난 비상계엄과 탄핵 광장에서 본 대로 압도적이고 물리적인 폭력은 나라를 지키는 것이 아니라 오히려 위기에 빠트린다. 2025년 4월 4일 헌법재판소는 윤석열 탄핵 결정문에서 "시민들의 저항과 군경의 소극적인 임무 수행"이 위헌적인 비상계엄을 막아낼 수 있다고 적시한 바 있다. 헌법재판소의 바로 이 문장이 '폭주하는 남성성' 시대의 종언을 지칭하고 있다. 폭주하는 남성성의 종말은 남성의 끝을 의미하는 것이 아니다. 우리 사회에 연대하고 환대하는 남성 시민의 자리, 제복을 입고도 국가의 폭력에 맞서고 부당한 명령을 거부하는, 극우의 타깃이 된 이들과 함께 연대하고 극우화에 맞서 싸우는, 성찰하고 연대하는 남성 시민의 자리는 여전히 남아 있다.

30 Hohl, K., & Stanko, E., "Five Pillars: A Framework for Transforming the Police Response", *International Criminology* 2(3), 2022.

31 신상숙, 〈젠더에 기반한 차별과 폭력의 연속선: 통합적 접근의 모색〉, 《페미니즘 연구》 18(1), 한국여성연구소, 2018, 267~301쪽.

32 벨 훅스, 이순영 옮김, 《남자다움이 만드는 이상한 거리감》, 책담, 2017.

2장 가장 일상적인 폭력, 친밀한 관계 내 여성폭력

1 대검찰청, 《2024 범죄분석》, 2024, 41~44쪽.

2 Sexual and Reproductive Health and Research, *Violence Against Women Prevalence Estimates 2018*, WHO, 2021.

3 통계별설명자료조회, 〈범죄분석통계〉, https://www.k-stat.go.kr/metasvc/msba100/statsdcdta?statsConfmNo=135001&kosisYn=Y(접속일: 2025.5.16.).

4 허민숙, 〈친밀한 관계 살인의 해부: 가정폭력 사망검토제 도입을 위한 입법·정책 과제〉, 《NARS 입법·정책》 164, 국회입법조사처, 2025, 9쪽.

5 최윤아·박현정, 〈[단독] 살인·미수 4건 중 1건은… 배우자나 애인 노렸다〉, 《한겨레》, 2024.8.20.

6 한국여성의전화, 《2024년 분노의 게이지: 언론 보도를 통해 본 친밀한 관계의 남성 파트너 및 일면식 없는 남성에 의한 여성살해 분석》, 한국여성의전화, 2024.

7 UN, 〈World's Women 2020 – Intimate partner violence is the most common form of violence against women〉, https://www.un.org/en/desa/world%E2%80%99s-women-2020-intimate-partner-violence-most-common-form-violence-against-women(접속일: 2025.5.31.).

8 김효정 외, 《2024년 여성폭력 실태조사》, 여성가족부, 2024, 188~190쪽.

9 심은진, 〈가해자 관점 벗어난 성범죄 보도, 어떻게 할까?〉, 《단비뉴스》, 2025.2.17.

10 Johnson, H., Eriksson, L., Mazerrole, P., & Wortley, R., "Intimate femicide: The role of coercive control", *Feminist Criminology* 14(1), 2019, pp.4~7.

11 이보람, 〈강남역 인근 옥상서 여친 살해…수능 만점 의대생이 범인이었다〉, 《중앙일보》, 2024.5.7.; 김수현·임재혁, 〈강남역 인근 옥상서 여친살해… 범인은 수능 만점받은 의대생〉, 《동아일보》, 2024.5.8.

12 이유나, 〈여친 살해 의대생, 동성애 의혹…'가학적 성행위 요구해'〉, 《YTN》, 2025.3.17.; 소봄이, 〈여친 살해한 의대생 '남탕 동성애' 소문난 찜질방에…'SM플레이 즐겼다'〉, 《뉴스1》, 2025.3.16.

13 전국언론노동조합 성평등위원회, 《평등한 보도를 위한 젠더보도 가이드라인》, 전국언론노동조합, 2023.

14 한승곤, 〈'여친 살해' 김레아, 흉기 휘두르며 웃음소리 '녹취록' 충격〉, 《파이낸셜뉴스》, 2024.12.11.

15 최윤아·박현정, 앞의 기사.

16 법제처 국가법령정보센터, 〈가정폭력범죄의 처벌 등에 관한 특례법〉, https://www.law.go.kr/법령/가정폭력범죄의 처벌 등에 관한 특례법(접속일: 2025.5.16.).

17 사단법인 한국여성의전화, 《F언니의 두번째 상담실: 데이트폭력 대응을 위한 안내서》, 서울특별시, 2018; UNiTE Working Group, Asia-Pacific, *A Resource Book on Intimate Partners Violence for UN Staff in Asia*, UN WOMEN, 2019.

18 대검찰청, 《교제폭력 등 폭력범죄 처벌 강화》(보도자료), 2023.3.8.

3장 어떤 남자들과 딥페이크 성폭력

1 연합뉴스 팩트체크부, 〈[팩트체크] '허위 영상물' 딥페이크는 10대 청소년이 만든다?〉, 《연합뉴스》, 2025.1.9.

2 연합뉴스 팩트체크부, 앞의 기사.

3 Tim Harford, 〈Does pornography still drive the internet?〉, 《BBC》, 2019.6.5.

4 심윤지 외, 〈n번방 리와인드 디지털 성범죄를 되감다〉, 《경향신문》, https://news.khan.co.kr/kh_storytelling/2020/tracknroom/(접속일: 2025.4.12.); 원다라, 〈빨간 마후라부터 딥페이크까지… '보는 자' 사라져야 끝난다〉, 《한국일보》, 2024.12.3.

5 심윤지 외, 앞의 기사.

6 여성가족부, 《디지털 성범죄 관련 국민 인식조사》, 2024, 29쪽.

7 여성가족부, 앞의 책, 11쪽.

8 여성가족부, 앞의 책, 26쪽.

9 여성가족부, 앞의 책, 36~41쪽.

10 김민이, 〈데이터로 보는 디지털 성범죄〉, 《Data&Low》 23, 국회도서관, 2024, 2쪽.

11 안정훈, 〈尹정부 "딥페이크 성범죄 막아라"…여가부 국정과제 성과 톡톡〉, 《한경닷컴》, 2024.11.26.

12 안정훈, 앞의 기사.

13 윤인경, 〈'웰컴투비디오' 사용자들은 어떤 처벌을 받았나〉, 《BBC뉴스 코리아》, 2020.7.8.

14 여성가족부, 앞의 책, 72쪽.

15 여성가족부, 앞의 책, 16쪽.

16 신다인, 〈[단독] 딥페이크 성범죄 피의자 98% 남성… 경찰, 성별 구분 통계 첫 공개〉, 《여성신문》, 2024.10.19.

17 이유나, 〈외신 "딥페이크 성착취물 피해자 절반이 한국인…99%는 여성"〉, 《YTN》, 2024.8.30.

18 대검찰청, 〈범죄분석〉 '범죄별 범죄자(성별)', 2025.2.5., https://gsis.kwdi.re.kr/statHtml/statHtml.do?orgId=338&tblId=DT_1XI2040(접속일: 2025.6.14.); 대검찰청, 〈범죄분석〉 '성폭력범죄 피해자(성/연령별)', 2025.2.5., https://gsis.kwdi.re.kr/statHtml/statHtml.do?orgId=338&tblId=DT_5ED0610N_1(접속일: 2025.6.14.).

19 교육부, 〈청소년의 89.4%, '딥페이크 불법영상물'을 범죄로 인식〉(보도자료), 2024.12.11.

20 박효령, 〈디지털성범죄 70% '친밀한 관계'서 발생…애인·채팅상대 가장 많아〉, 《투데이신문》, 2022.7.20.

21 고나린, 〈[단독] '○○○ 능욕방' 딥페이크, 겹지인 노렸다…지역별·대학별·미성년까지〉, 《한겨레》, 2024.9.2.

22 박상혁, 〈"엄마 영상 공유하니 영웅 된 느낌ㅋㅋ"…딥페이크, 친족까지 확

대됐다〉,《프레시안》, 2024.8.26.

23 우에노 지즈코, 나일등 옮김,《여성 혐오를 혐오한다》, 은행나무, 2022, 296쪽.

24 유민상 외,《2024 아동·청소년 권리에 관한 국제협약 이행 연구 – 한국 아동·청소년 인권실태 : 기초분석보고서》, 한국청소년정책연구원, 2024, 292쪽.

25 김홍미리,《서울시 아동·청소년 디지털성범죄 피해 실태 및 정책대응 방안 연구》, 서울시여성가족재단, 2021, 109쪽.

26 최윤정 외,《또래문화를 통해 본 청소년의 성평등 의식과 태도 연구(Ⅰ): 남녀 청소년의 또래문화와 젠더의식 격차 비교》, 한국여성정책연구원, 2021, 485쪽.

27 마경희 외,《성불평등과 남성의 삶의 질에 관한 연구》, 한국여성정책연구원, 2018, 87쪽.

28 마경희 외, 앞의 책, 69쪽.

29 마경희, 〈변화하는 남성성과 성차별〉,《2019 변화하는 남성성을 분석한다: 성평등 정책의 확장을 위해》, 한국여성정책연구원, 2019, 30쪽.

30 마경희, 앞의 책, 30쪽.

31 보건복지부,《2024년 고독사 사망자 실태조사 결과 발표》, 2024, 6쪽.

32 통계청,《2023년 사망원인통계》, 2024, 18쪽.

33 국민건강보험공단, 〈검강검진통계 2023〉 '시도별 연령별 성별 일반건강검진 정신건강검사 결과(기분상태 및 우울증)', 2025.3.30., https://stat.kosis.kr/statHtml_host/statHtml.do?orgId=350&tblId=DT_35007_N1180&conn_path=I2&dbUser=NSI_IN_350(접속일: 2025.5.31.).

34 벨 훅스, 이경아 옮김,《모두를 위한 페미니즘》, 문학동네, 2017, 19쪽.

35 임아영, 〈"'쌤, 페미예요?' 질문 받고, '도전 한남' '여유림' 동아리 만들었죠" [플랫 입주자 프로젝트 – '쌤, 페미예요?']〉,《경향신문 FLAT》, 2025.2.4.

4장　사이버레커와 여성폭력 사건들: 정의 구현에 활용된 성폭력

1 홍국기, 〈한국인 1인당 유튜브 월평균 사용 40시간 돌파〉, 《연합뉴스》, 2024.3.4.

2 이지은, 〈유튜브 제국의 네트워크 경제와 사이버레커 정책〉, 《언론중재》 172, 언론중재위원회, 2024, 20쪽.

3 이신행·현아연, 〈유튜브 '사이버렉카' 채널은 어떻게 악성댓글을 양산하는가? 유튜버 익명성, 규범 동조, 혐오의 반향실 효과를 중심으로〉, 《사이버커뮤니케이션학보》 40(2), 사이버커뮤니케이션학회, 2023.

4 최모란, 〈"2억은 받아야" 모의… '쯔양 공갈' 사이버레커 조직범죄였다〉, 《중앙일보》, 2024.8.14.

5 리처드 H. 스미스, 이영아 옮김, 《쌤통의 심리학》, 현암사, 2015.

6 김세연, 〈뉴미디어 시대 속 '참교육' 콘텐츠와 현대인의 의식구조〉, 《한국콘텐츠학회 논문지》 22(4), 한국콘텐츠학회, 2022, 469~471쪽.

7 추지현, 〈사법민주화와 엄벌주의: 성폭력 처벌제도의 사회적 구성을 중심으로〉, 서울대학교 대학원 사회학과 박사학위논문, 2017, 168~185쪽.

8 추지현, 앞의 논문, 188~192쪽.

9 추지현, 앞의 논문, 192~206쪽.

10 한국리서치 여론 속의 여론, 〈[2024 범죄인식조사] 범죄 발생 요인 및 범죄 처벌 수준 평가〉, 2024.10.23., https://hrcopinion.co.kr/archives/31195(접속일: 2025.4.10.).

11 손희정, 〈디지털 시대, 고어 남성성의 등장〉, 한국여성학회 기획, 《디지털 시대의 페미니즘》, 한겨레출판사, 2024, 39~40쪽.

12 김대근 외, 《사적 신상공개 문제에 관한 리포트》, 국가인권위원회, 2024.

13 김민주, 〈돌려차기男 신상공개 영상 474만뷰…정작 피해자는 당혹스럽다〉, 《중앙일보》, 2023.6.5.

14 21대 국회 토론회 자료집, 《폭행협박에서 동의여부로 : 형법 297조 강간죄 구성요건 개정 쟁점과 과제》, 2023, 13쪽.

15 김정연, 〈[단독]두 달새 25건 "무죄" "무죄" "무죄"…성범죄 판결이 달라진다〉, 《중앙일보》, 2024.3.06.

16 우에노 지즈코, 나일등 옮김,《여성 혐오를 혐오한다》, 은행나무, 2012, 37쪽; 51~53쪽.

17 이동경,〈조직명 '온라인 견인차공제회'··단독 털었더니 "형님! 이건 2억"〉,《MBC뉴스》, 2024.8.14.

18 사야크 발렌시아, 최이슬기 옮김,《고어 자본주의》, 워크룸프레스, 2021, 98~99쪽: 손희정, 앞의 책, 31~32쪽에서 재인용.

19 손희정, 앞의 책, 33쪽.

20 손희정, 앞의 책, 38쪽.

21 김보화,〈성폭력 상담일지를 통해 본 2018년 한국 미투운동의 의미〉,《페미니즘 연구》19(2), 한국여성연구소, 2019, 22~30쪽.

22 주디스 허먼, 최현정 옮김,《트라우마》, 열린책들, 2017, 225~227쪽.

23 김수정,〈'그알' 밀양 집단성폭행 피해자, 가해자 신상 공개 '동의 NO' 재차 밝혀〉,《노컷뉴스》, 2024.7.21.

24 세리자와 가즈야, 김상운 옮김,〈'생존'에서 '생명'으로 – 사회를 관리하는 두 개의 장치〉, 세리자와 가즈야·다카쿠와 가즈미 엮음,《푸코 이후– 통치성, 안전, 투쟁》, 난장, 2015, 106~113쪽: 권김현영,〈성폭력 피해자 대리인 연구〉, 이화여자대학교 여성학과 박사학위논문, 2024, 20~21쪽에서 재인용.

25 권김현영, 앞의 논문, 20~21쪽.

26 권김현영, 앞의 논문, 158쪽.

27 권김현영, 앞의 논문, 167~168쪽.

28 주디스 허먼, 앞의 책, 317쪽.

5장 '벗방' 시장의 탄생

1 성연이,〈'여캠'담론과 인터넷 개인방송 여성BJ의 노동 경험〉, 서울대학교 대학원 여성학협동과정 석사학위논문, 2024, 31~32쪽.

2 황유나,《남자들의 방》, 오월의봄, 2022, 83~87쪽.

3 박주연 외,〈인터넷 개인방송 자율규제에 관한 탐색적 연구: 플랫폼 및 MCN 사업자의 자율규제 현황분석을 중심으로〉,《정보사회와 미디어》

19⑶, 한국정보사회학회, 2018, 129~157쪽.

4 지민구, 〈인터넷 1인방송 징계 올해 81건⋯ 역대 최고치 기록〉, 《서울경제》, 2018.9.16.

5 ㈜더블미디어, 《불법촬영물등의 처리에 관한 2023년도 투명성 보고서》, 방송통신위원회, 2024.

6 Jones, A., *Camming: Money, power, and pleasure in the sex work industry*, New York University Press, 2020, pp. 2~5; Henry, M. V., & Farvid, P., "'Always hot, always live': Computer-mediated sex work in the era of 'camming'", *Women's Studies Journal* 31⑵, 2017, p119.

7 Jones, A., "'I Get Paid to Have Orgasms': Adult Webcam Models' Negotiation of Pleasure and Danger", *Signs: Journal of Women in Culture and Society* 42⑴, 2016; Henry, M. V., & Farvid, P., Ibid.; Shimshak, AK., "Livestreaming: The mainstreaming of the commodified body and sexual labor in Thailand", *Asian Journal of Women's Studies* 26⑶, 2020; Rubattu, V., A., & Brooks-Gordon, B., "'Cam Girls and Adult Performers Are Enjoying a Boom in Business': The Reportage on the Pandemic Impact on Virtual Sex Work", *Social sciences(Basel)* 12⑵, 2023.

8 Jones, Ibid., 2016.

9 van Doorn, N., & Velthuis, O., "A good hustle: the moral economy of market competition in adult webcam modeling", *Journal of Cultural Economy* 11⑶, 2018; Jones, Ibid., 2020.

10 권김현영, 《늘 그랬듯이 길을 찾아낼 것이다》, 휴머니스트, 2020, 63쪽.

11 Jones, Ibid., 2020, p.44.

12 지혜, 〈'벗도록' 유인하는 거대한 산업, 뒤에 숨겨진 '협업'〉, 《닷페이스》, 2022.4.29.

13 박다솔·윤지연, 〈성착취 위에 선 벗방의 전성기〉, 《민중언론 참세상》, 2020.5.28.

14 이지훈 외, 〈블록체인 기반의 영상저작물 저작권 보호 및 유통 모델 가이드라인 연구〉, 《한국디자인리서치》 6⑴, 한국디자인리서치학회, 158~172쪽.

15 대법원, 1997.12.26. 선고 97누 11287.

16 Teela Sanders, Jane Scoular, Rosie Campbell, Jane Pitcher & Stewart Cunningham, *Internet sex work: beyond the gaze.* Palgrave Macmillan, 2018, pp.111~114.

17 LIU BING, 〈중국 '쇼장방송秀场直播' 여성BJ들의 젠더화된 정동노동〉, 연세대학교 석사학위논문, 2020, 81쪽.

18 김주희, 〈N번방은 신종 범죄인가?〉, 김은실 엮음, 《코로나 시대의 페미니즘》, 휴머니스트, 2020, 125~133쪽.

19 윤명희, 〈디지털 연결사회에서 사생활은 소멸하는가: 네트워크화된 사생활과 선별적 자기 전시〉, 《문화와 사회》 24, 한국문화사회학회, 2017, 183~217쪽.

20 Mitchell, T., "FIXING THE ECONOMY", *Cultural Studies* 12(1), 1998, pp.82~101.

21 김수진, 〈위반하는 사회: 실시간 인터넷 방송 아프리카TV에서 나타나는 사회분화의 역동〉, 서울대학교 대학원 사회학과 석사학위논문, 2018; 성연이, 앞의 논문.

6장 안티페미니즘 전략의 형성에서 음모론적 남성성의 등장까지

1 이러한 해석적 서사를 구축·공유하는 주요한 연구로는 다음을 참조하라. 마경희 외, 《지배적 남성성의 균열과 변화하는 남성의 삶: 남성들 내부의 차이를 중심으로》, 한국여성정책연구원, 2017; 마경희 외, 《성불평등과 남성의 삶의 질에 관한 연구》, 한국여성정책연구원, 2018; 한유정·김민지, 〈20대 남성의 성평등인식: 지배적 남성성 규범과 능력주의와의 관계를 중심으로〉, 《문화와 사회》 30(2), 한국문화사회학회, 2022, 101~161쪽. 세 작업에서 수행한 양적·질적 연구는 한국 남성의 젠더의식·남성성 변화에 관심이 있는 독자라면 지금도 (연구 시점을 감안하면서) 읽을 가치가 있다. 기존의 연구문헌들을 종합하여 이러한 서사를 좀 더 확장하려는 시도로는 다음을 보라. 김보명, 〈한국사회 보수우파 안티페미니즘의 담론과 실천: '20대 남성'과 보수개신교 안티페미니즘을 중심으로〉, 《한국여성학》 40(1), 한국여성학회, 2024, 183~211쪽.

2 드문 예외로는 다음을 참조하라. 마경희 외, 《청년관점의 '젠더갈등' 진단과 포용국가를 위한 정책적 대응 방안 연구》, 한국여성정책연구원, 2020의 3부; 김수아, 〈'이대남'과 반 페미니즘 담론: '메갈 손가락 기호' 논란을 중심으로〉, 《여성문학연구》 53, 한국여성문학학회, 443~475쪽; 김동욱, 〈2030 남성들과 결혼: 부정적인 인식과 그 원인에 대한 사례연구〉, 《한국행정학회 학술발표논문집》, 한국행정학회, 2022.

3 이런 청년 남성들의 자기 인식을 지적하는 대표적인 예로 다음을 보라. 천관율·정한울, 《20대 남자: '남성 마이너리티' 자의식의 탄생》, 시사IN북, 2019.

4 예비적인 시도로는 다음을 참조하라. 이우창, 〈"20대 남자" 문제 혹은 반페미니즘 언어 분석을 위한 시론〉, 《한편》 1, 민음사, 2020, 69~92쪽.

5 독자들의 불만 사항은 다음을 참조하라. 나무위키, 〈헬퍼(웹툰)/논란〉, 2025.4.9., https://namu.wiki/w/%ED%97%AC%ED%8D%BC(%EC%9B%B9%ED%88%B0)/%EB%85%BC%EB%9E%80(접속일: 2025.4.22.).

6 디시인사이드 HELLPER 마이너 갤러리, 〈한남 : 해줘~ 페미막아줘 ~ 웹툰계 어떡해~〉, 2020.9.11., https://gall.dcinside.com/mgallery/board/view/?id=sakkhellper&no=33674(접속일: 2025.4.15.).

7 디시인사이드 HELLPER 마이너 갤러리, 〈이 사건으로 한남과 페미의 차이를 깨달았다〉, 2020.9.11., https://gall.dcinside.com/mgallery/board/view/?id=sakkhellper&no=30838(접속일: 2025.4.15.).

8 디시인사이드 HELLPER 마이너 갤러리, 〈오늘 확실히 느꼈다. 한남은 병신이고 페미가 메인스트림인건 당연한거다〉, 2020.9.11., https://gall.dcinside.com/mgallery/board/view/?id=sakkhellper&no=30954(접속일: 2025.4.15.).

9 당시 서로 다른 연령대·정치 성향의 이용자들로 구성된 여러 남초 커뮤니티에서는 다량의 댓글로 해당 이슈에 대한 논쟁이 전개되었다(PGR21, 〈브레이브걸스 논란〉, 2021.6.28., https://pgr21.com/freedom/92301(접속일: 2025.6.2.); 개드립, 〈쁘걸 단발좌 오조오억 발언.mp4〉, 2021.6.28., https://www.dogdrip.net/333834559(접속일: 2025.6.2.)). 페미니즘 사냥의 중심 커뮤니티 중 하나였던 펨코에서는 6월 28일 전후로 같은 주제를 다룬 논쟁글이 여럿 게시되었다.

10 조연경, 〈맥락없는 '숏컷 페미' 논쟁…연예계·외신도 비난 목소리(종합)〉, 《jtbc news》, 2021.7.30.

11 에펨코리아, 〈안산사태, 페미한테 졌다 패배인정해라 ㅋㅋ 이제 페미민국

임〉, 2021.7.30., https://www.fmkorea.com/best/3792772343(접속일: 2021년 7월 30일); 에펨코리아, 〈'안산 숏컷' 논란은 여성계의 조직적인 페미니즘 확산 전략임.〉, 2021.8.2., https://www.fmkorea.com/best/3800390568(접속일: 2025.4.15.).

12 나무위키, 〈2023년 남성혐오 표현 연쇄 파동〉, 2025.2.7., https://namu.wiki/w/2023년%20남성혐오%20표현%20연쇄%20파동(접속일: 2025.4.15.).

13 에펨코리아, 〈'넷플 위쳐 손가락 논란'에 조금은 신중할 필요가 있다 생각함.〉, 2025.2.19., https://www.fmkorea.com/best/8048998555(접속일: 2025.4.15.).

14 나무위키, 〈나거한〉, 2025.3.8., https://namu.wiki/w/나거한(접속일: 2025.4.15.).

15 나무위키, 〈화성동탄경찰서 성범죄 누명 사건〉, 2025.3.3., https://namu.wiki/w/화성동탄경찰서%20성범죄%20누명%20사건(접속일: 2025.4.15.).

7장 짤의 시대, 안티페미니즘으로 공모하는 루저 남성 정서와 정치 언어

1 리얼미터, 〈YTN 대선관련 #2030 여론조사〉, 2022.1.5. https://www.nesdc.go.kr/portal/bbs/B0000005/view.do?nttId=9592(접속일: 2025.4.16.); 리얼미터, 〈주간집계 2022년 1월 2주차 (9~14일)〉, 2022.1.14., https://www.nesdc.go.kr/portal/bbs/B0000005/view.do?nttId=9658(접속일: 2025.4.16.).

2 Jay Owens, "Post-Authenticity and the Ironic Truths of Meme Culture", A. Bown & D. Bristow (Eds.), *Post Memes: Seizing the Memes of Production*, Punctum Books, 2019, p.103.

3 남은주, 〈순식간에 확산되고 무한대로 변조된다〉, 《한겨레》, 2019.10.19.

4 이길호, 《우리는 디씨》, 이매진, 2012, 228쪽.

5 권김현영, 〈영 페미니스트, 넷페미의 새로운 도전: 1990년대 중반부터 2000년대 중반까지〉, 페미니즘 라운드 테이블 기획, 《대한민국 넷페미史》, 나무연필, 2017, 59~60쪽.

6 김학준, 《보통 일베들의 시대》, 오월의봄, 2022, 36쪽.

7 김학준, 앞의 책, 34쪽.

8 김학준, 앞의 책, 80쪽.

9 이정국, 〈된장녀 만화 그린 누리꾼 "재미삼아 만들었다"〉, 《한겨레》, 2006.8.10.

10 지주형, 《한국 신자유주의의 기원과 형성》, 책세상, 2011, 460쪽.

11 유지현, 〈된장녀부터 알파걸까지, 2007년 한국 여대생의 현주소〉, 《헤럴드POP》, 2007.3.6.

12 양재찬, 〈국가고시 女風거세다〉, 《월간중앙》, 2008.12.19.

13 윤보라, 〈김치녀와 벌거벗은 임금님들: 온라인 공간의 여성 혐오〉, 현실문화 편집부, 《여성 혐오가 어쨌다구?》, 현실문화연구(현문서가), 2015, 25쪽.

14 한국여성정책연구원, 〈국가고시 합격자(성별)〉, 2025.3.20. https://gsis.kwdi.re.kr/statHtml/statHtml.do?orgId=338&tblId=DT_1HB1009R(접속일: 2025.4.16.).

15 이상연, 〈올 주요고시 女합격자 비율 급감, 왜?〉, 《법률저널》, 2009.12.11.

16 김병권, 《2009년 경제 위기는 여성경제의 위기다》, 새로운사회를여는연구원, 2009, 5쪽.

17 유지현, 앞의 기사.

18 윤보라, 앞의 책, 22쪽.

19 김학준, 앞의 책, 329~331쪽.

20 윤보라, 앞의 책, 19쪽.

21 권김현영, 앞의 책, 40쪽.

22 윤보라, 앞의 책, 19쪽.

23 김수아, 〈남성 중심 온라인 커뮤니티에서의 페미니즘 주제 토론 가능성: '역차별' 담론 분석을 중심으로〉, 《미디어, 젠더&문화》 32(3), 한국여성커뮤니케이션학회, 2017, 14쪽.

24 Dan Bristow, "The Work of Art(iculation) in the Age of Memic Rhythmicality: Memes between Form, Content, and Structure", A. Bown & D. Bristow (Eds.), Ibid., pp.115~136.

25 배은경, 〈군가산점 논란의 지형과 쟁점〉, 《여성과 사회》 11, 한국여성연구소, 2000, 100쪽.

26 김수아, 앞의 논문, 14쪽.

27 Dan Bristow, Ibid., p.129.

28 전명훈, 〈팬덤정치 3.0 진화?…이대남 커뮤니티서 발화한 '킹준석' 신드롬〉, 《연합뉴스》, 2021.6.14.

29 앤절라 네이글, 김내훈 옮김, 《인싸를 죽여라》, 오월의봄, 2022, 37~38쪽.

30 로라 베이츠, 성원 옮김, 《인셀 테러》, 위즈덤하우스, 2023, 290쪽.

31 맥심 편집부, 《맥심 MAXIM》 2019년 8월호, 와이미디어, 2019, 82쪽.

32 맥심 편집부, 앞의 책, 2019, 86쪽.

33 맥심 편집부, 《맥심 MAXIM》 2022년 3월호, 와이미디어, 2022, 13쪽.

34 맥심 편집부, 앞의 책, 2022, 13쪽.

35 맥심 편집부, 앞의 책, 2022, 100쪽.

36 맥심 편집부, 앞의 책, 2022, 71쪽

37 맥심 편집부, 앞의 책, 2022, 52쪽.

38 맥심 편집부, 앞의 책, 2022, 130쪽.

39 맥심 편집부, 앞의 책, 2022, 171쪽.

40 이주영, 〈고대에 이번엔 "김치녀는 안녕들하십니까" 대자보〉, 《오마이뉴스》, 2014.1.16.

41 안상수 외, 《남성의 삶에 관한 기초연구(Ⅱ): 청년층 남성의 성평등 가치 갈등 요인을 중심으로》, 한국여성정책연구원, 228쪽.

42 안상수 외, 앞의 책, 114쪽.

43 안상수 외, 앞의 책, 165쪽.

44 안상수 외, 앞의 책, 190쪽.

45 안상수 외, 앞의 책, 187쪽.

46 윤보라, 앞의 책, 43쪽.

8장 윤석열은 어떻게 극우 청년들의 우상이 되었나: 12.3 비상계엄에서 1.19 백색테러까지

1 백소아, 〈우리의 '가장 소중한 빛' 민주주의 위해 꺼내들다〉, 《한겨레》, 2024.12.14.

2 유튜브 '딴지방송국', 〈[김어준의 다스뵈이다] 2024년 마지막회 유시민의 내란 해설〉, 2024.12.27., https://www.youtube.com/watch?app=desktop&v=-ZwuJgl5YFQ&feature=youtu.be(접속일: 2025.5.12.). 이 영상은 2025년 5월 12일 현재 400만 회 이상의 조회수를 기록했고, 더쿠를 비롯한 대표적인 여초 커뮤니티에서도 이 영상에 대한 호의적인 반응이 여러 건 올라왔다.

3 진주원, 〈[7차 촛불집회] 페미존, "우리는 서로의 용기다"〉, 《여성신문》, 2016.12.10.

4 김주희, 〈[특집] 동시대 '여성' 봉기, 움직이는 몸들의 '팀플'〉, 《문학동네》 122, 문학동네, 2025, 112~123쪽.

5 전홍기혜, 〈'남태령 대첩' 통해 '말벌 동지'로 거듭난 시민들, 앞으로 30년 싸운다〉, 《프레시안》, 2025.4.11.

6 이수민, 〈7일 여의도 찬핵집회 28만명 왔다...가장 많이 나온 세대는 '20대 여성'〉, 《경향신문》, 2024.12.24.

7 카스 무데, 권은하 옮김, 《혐오와 차별은 어떻게 정치가 되는가》, 위즈덤하우스, 2021, 26~33쪽.

8 김주희, 앞의 글.

9 이동수, 〈2030 남성, 윤 대통령 탄핵보다 이재명 집권 가능성에 거부감〉, 《한국일보》, 2025.2.3.

10 전혜원, 〈함께 끌어안을 세력, 단호히 결별할 세력〉, 《시사인》, 2025.2.24.

11 오원석, 〈이수정 "30대 아들 성정과정 잘 알아...이준석과 대화할 것"〉, 《중앙일보》, 2021.11.30; 주형식, 〈신지예, 새시대위 수석부위원장 사퇴〉, 《조선일보》, 2022.1.3.

12 김승재, 〈심상찮은 2030⋯한달새 여당 지지율 급등〉, 《조선일보》, 2025.1.17.

13 최원정·최윤선, 〈과격행동 거듭하는 '디시의 청년들'⋯한국판 재특회 꿈꾸

	나〉,《연합뉴스》, 2025.2.17.
14	로버트 O. 팩스턴, 손명희·최희영 옮김,《파시즘》, 교양인, 2005, 126쪽.
15	기독교 복음주의와 청년 우익 운동과 관련해서는 다음을 보라. 김진호, 〈'태극기집회'와 개신교 우파: 또 다시 꿈틀대는 극우주의적 기획〉,《황해문화》 95, 새얼문화재단, 2017, 76~93쪽.
16	정용인, 〈극우 유튜버 퇴출, 그 후〉,《경향신문》, 2020.8.29.
17	유성운 외, 〈尹 탄핵 침묵하던 2030 남성…왜 뒤늦게 거리로 몰려나오나〉,《중앙일보》, 2025.1.25.
18	팟빵 '그것은 알기 싫다', 〈360b. 헬마우스 코너:극우 유튜브 4대천왕(2/3) 유튜브 /헬마우스〉, 2020.4.24., https://www.podbbang.com/channels/7585/episodes/23484966(접속일: 2025.5.12.).
19	전혜원, 〈서북청년단 깃발 든 아스팔트 극우의 맨얼굴〉,《시사IN》, 2014.12.16.
20	Ernst Fraenkel, translated by E. A. Shills and Edith Lowenstein, *The Dual State: A Contribution to the Theory of Dictatorship*, Oxford University Press, 1941.
21	로버트 O. 팩스턴, 앞의 책, 197쪽.
22	조문규, 〈野 "윤상현의 '월담 17명 곧 훈방' 말이 법원 습격 도화선"〉,《중앙일보》, 2025.1.19.
23	권김현영, 〈폭주하고 격노하는 남성성과 민주주의의 적〉,《한겨레》, 2024.12.13.